辽篮全体将士签名

我们是冠军

——辽篮冠军之路全纪实

（上册）

刘放　高鹏／著

长江出版传媒
湖北科学技术出版社

图书在版编目(CIP)数据

我们是冠军：辽篮冠军之路全纪实/刘放，高鹏著. —武汉：湖北科学技术出版社，2019.1（2019.3 重印）

ISBN 978-7-5706-0574-3

Ⅰ.①我… Ⅱ.①刘… ②高… Ⅲ.①篮球运动-俱乐部-概况-辽宁 Ⅳ.①G841.62

中国版本图书馆 CIP 数据核字(2019)第 007218 号

策　　划：李大林　陶　冶　　　　责任校对：傅　玲

责任编辑：张波军　徐　竹　　　　封面设计：采　矗　喻　杨

出版发行：湖北科学技术出版社　　　　电话：027-87679468

地　　址：武汉市雄楚大街 268 号　　　　邮编：430070

（湖北出版文化城 B 座 13—14 层）

网　　址：http://www.hbstp.com.cn

印　　刷：武汉市金港彩印有限公司　　　　邮编：430023

787×1092　　1/16　　23.5 印张　　358 千字

2019 年 1 月第 1 版　　　　2019 年 3 月第 3 次印刷

定价：98.00 元

序

欣闻《辽沈晚报》两位资深记者刘放、高鹏的新作《我们是冠军——辽篮冠军之路全纪实》即将付梓。祝贺之余，细细品读，更觉这是件十分有意义的事。

十几万字是一段历史的记录、一个模式的总结、一种精神的传承。

辽宁男篮夺得2017—2018赛季CBA总冠军，攀上了中国职业篮球的最高峰，这是一段值得铭记的历史。留下这么一段记忆，不仅是为了书写今天创造辉煌的人，也是为了致敬一代又一代的辽宁篮球人，他们是奠基者、建设者，同样是辽宁篮球的功臣。

回顾辽宁篮球的奋斗历史，我们看到了蒋兴权、吴庆龙、李晓勇、郭士强等数十个熟悉的、亲切的名字，这些不仅是辽宁篮球值得骄傲的名字，这一批又一批的人才，也是辽宁篮球对中国篮球的最大贡献。本书两位作者接力报道辽宁男篮近20年，把一个个拼搏的故事记录下来留给我们，激励着辽宁体育人继续勇攀高峰。

在25年的职业化历程中，辽宁男篮有巅峰也有低谷，但总的来说，不仅一直保持在国内篮坛的前列，而且持续不断地为中国男篮培养着最优秀的人才，这两方面的贡献，使得回顾辽篮历史、挖掘其中可借鉴的经验这件事，变得更有价值。

辽宁男篮夺得CBA联赛总冠军，是衡业集团多年持续投入结出的硕果。在职业化体育大潮中，企业的鼎力投入是职业体育俱乐部取得成功的重要保障。

在此基础上，辽宁男篮的成功又有其独特的经验。辽宁衡润飞豹篮球俱乐部多年来一直坚持企业和辽宁省体育局合作的模式，辽宁队夺冠、多年保持在CBA强队行列、为国家持续培养优秀人才，都从不同侧面证明了合作模式的可行性和可借鉴性。

职业体育时代，政府部门如何积极作为，既做好服务又不越位，统筹协调好“市场的手”和“政府的手”，让两只“手”同向发力，这是辽宁男篮成功的又一重要启示。

回顾辽宁男篮职业化25年的风雨历程，体育局和俱乐部一直并肩作战，尤其是在衡业集团扛起辽宁男篮大旗后，双方在资金投入、日常运营、人才培养、后勤保障等方面各司其职，保证了俱乐部和球队的健康发展，为中国职业篮球探索出了一种合作共赢的模式。

辽宁男篮夺冠后，辽宁体育系统一直号召各运动队向辽篮学习。“辽篮精神”是什么？它是一直苦练内功，把汗水流在训练场上；它是一直不断学习，用先进的理念提高自己；它是越挫越勇、永不放弃，狭路相逢勇者胜。辽宁男篮在人员配备、经济实力并不都是最雄厚的条件下，靠拼搏、靠团队，勇夺总冠军，这是他们给全省运动队伍、给全省人民留下的最宝贵的财富。

体育之所以为全社会所广泛关注，除了其竞技、观赏价值外，始终激励人们昂扬向上也是重要原因。目前，辽宁的新一轮振兴发展正处于滚石上山、爬坡过坎的关键时期，全省正在习近平新时代中国特色社会主义思想的指引下，在辽宁省委省政府的坚强领导下，正奋力开拓振兴发展的新局面。在这个过程中，“越是困难越向前”的辽篮精神就起着鼓舞士气的重要作用。

本书多处展现了辽宁男篮奋斗拼搏、战胜困难的感人细节，这必将凝聚起推动辽宁新一轮振兴发展的强大精神力量，鼓舞包括辽宁体育事业在内的辽宁省各项事业取得新成绩。

走下领奖台，一切都从零开始，辽宁男篮亦是如此。此书是一段总结，更是一种激励。借《我们是冠军——辽篮冠军之路全纪实》的出版，再次祝愿辽宁男篮团结拼搏，再创辉煌。

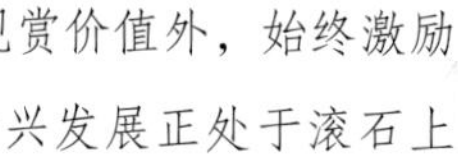

辽宁省体育局党组书记、局长　宋 凯

目 录

CHAPTER 1 第一章 夺冠夜

CHAPTER 2 第二章 冠军季

CHAPTER 3 第三章 集结号

LIAONING
13
ups
中国人寿
CHINA LIFE
13

CBA
总决赛
MVP
LI-NING
一切皆有可能

TAG Heuer
0:000

LNSY
辽宁先

人防

中国
CHINA

第一章 1
CHAPTER

夺冠夜

当比赛还剩最后 8 秒钟的时候，李晓旭拿到了防守篮板。他没有像以往那样将球第一时间交给身边的郭艾伦，而是自己带球，慢慢地跑向了中线附近。

在终场哨声响起前的时刻，李晓旭跳起来，用尽全身的力气将篮球砸向了地板——篮球高高弹起，辽宁体育馆内 1.2 万多名球迷高高举起双臂，发出山呼海啸的欢呼声，见证了辽宁篮球历史性的时刻，辽宁本钢男篮以 4 ： 0 的总比分击败浙江广厦男篮夺得 2017—2018 赛季 CBA 总冠军！

辽宁飞豹
2017–2018
中国男子篮球职业联赛
总冠军
TAGHeuer

那一刻，我们是冠军

事实上，就在李晓旭拿到 2017—2018 赛季 CBA 的最后那个篮板球的那一刻，他的队友们就已经按耐不住心中的激动了：韩德君高高举起双臂击掌后握紧双拳，他的队友莱斯特·哈德森则与身边距离最近的浙江广厦猛狮外援考特尼·福特森率先拥抱致意，随后是郭艾伦拥抱了浙江猛狮的得分后卫林志杰……

当李晓旭快要走到中线附近的那一刻，早已按捺不住的球队其他人员，都已经提前离开了替补席的区域，陆续走进场内迎接场上的 5 名球员。当然，这种时刻裁判也丝毫不会计较这种小小的违规，因为，整个体育馆已经成了一片为辽宁男篮尽情欢庆的海洋。

在夺得 23 年 CBA 历史上首个冠军的那一刻，辽宁男篮的表现其实要比想象中更为克制一些，没有出现那种从替补席上一路狂奔冲进球场，第一时间聚在一起疯狂庆祝的场面，而是非常有风度地率先与场上的对手

在漫场的彩带飘飞中，辽宁衡润飞豹篮球俱乐部董事长刘景远将象征着 CBA 总冠军的至尊鼎传递到了球队成员们的手中

握手或拥抱。的确，辽宁男篮应该感谢广厦这个对手，也包括他们一路走来所面对的每一个对手，正是这些伟大的对手成就了他们这支伟大的球队。

一直到广厦球员逐渐退场之后，场地中央才终于成为辽宁男篮教练组和球员之间彼此庆祝、享受荣耀的舞台，他们相互击掌，相互拥抱，脸上带着发自内心的笑容，大声喊着连自己后来也说不清的古怪音节。

最后，还是队长杨鸣陆续将大家召集到了一起，在场地中央聚拢成一圈，相互搭着彼此的肩膀，压低了头，齐声呼喊庆贺，直起身后所有人伸出手臂聚在中间，这才算是完成了庆祝仪式。

在结束这一切之后，原本大家是准备按照事先的计划暂时离开球场，回到更衣室去准备下一步的颁奖环节，但是，就在这时候李晓旭却玩了一个小花招。

他先是在大家即将散开的那一刻迅速贴近哈德森的身后，然后喊了两遍距离自己不远的钟诚的名字，又向对方使了一个眼神，让后者留意到自己已经不声不响地从后面锁住了这位美国外援的双臂。钟诚心领神会，迅速扑过去，一把从身后紧紧地抱住了哈德森，这时候哈德森似乎也意识到了将要发生一些什么，但是在身高力大的钟诚面前，他已经没有了挣脱的可能。接下来，其他人陆续反应了过来，加入其中。在杨鸣、丛明晨和刘志轩等人的齐心合力下，大家一起将哈德森抬了起来，高高抛向了空中。

让时间回到 2017 年 9 月 8 日，差不多 7 个月之前，这些辽宁球员就曾经历过相似的一幕。当时，面对队史上的首个全运会冠军，他们同样兴奋不已，而享受被全队高高抛起特殊待遇的，则是率队实现了历史性突破的主教练郭士强。

如今，享受特殊待遇的换成了哈德森，这也是全队对他的一种认可、一种答谢。毕竟，这次总决赛哈德森展现出了他最好的状态，场均能够给球队贡献 30.3 分、8 个篮板、5 次助攻，可以说是球队胜利的最大功臣。尤其是 G2，这场总决赛最为激烈，第四节他投中了两个不可思议的超远三分球，哈德森完全是凭借神奇的个人表现将辽宁男篮从最危险边缘拉了回来。

尽管 CBA 官方没有赛后第一时间宣布获得总决赛 MVP 的人选，但是每个人都清楚，这个荣誉只能颁给哈德森，他是当之无愧的总决赛 MVP，也是 2017—2018 赛季当之无愧的最佳外援。

在全队准备离开场地走向休息室的过程中，郭士强依然站在那里，他依次拥抱了每一名球

从投资辽宁女篮到入主辽宁男篮，辽宁衡润俱乐部投资人、现任中国篮协副主席、辽宁省篮协主席刘景远终于“守得云开见月明”，将CBA联赛的冠军鼎揽入怀中。

刘景远的辽宁衡业集团于2011年接手处于低谷中的辽宁队。他当年便发下宏愿：“三年打基础，五年争冠军！”七年过后，他接手当时常规赛提前三轮告别季后赛的辽篮，终于如愿以偿获得总冠军。

在几代辽宁体育人的努力奋斗下，辽宁男篮终于登上最高峰

员——没有加入刚才的场地狂欢之中，甚至脸上都没有表现出太强烈的喜悦感。但这并不是因为他不高兴、不兴奋，而是因为在这之前他所背负的东西太过沉重，以至于在真正成功的那一刻，他终于放下所有的包袱，那种如释重负的感觉让他反而显得格外疲惫。

当然，那一刻的郭士强内心同样是被幸福感充满的，他的眼眶微红，尤其是在拥抱着郭艾伦的时候，他更是在努力克制着自己的情绪，生怕泪水夺眶而出。毕竟，为了这一刻的成功，他付出了太多的心血，也背负了太多的压力，这让性格有些内敛的郭士强一时间还没有找到最好的宣泄方式。

更衣室里的尽情释放

在终于实现夺冠的心愿之后，辽宁男篮也少见地面向媒体开放了自己的更衣室——这里，历来被视为辽宁男篮最为神秘的地方，多年来他们始终坚守着封闭更衣室的传统，将这里划为球队最隐私的一块空间，即使是媒体记者，能够进入这里一探究竟的次数同样是屈指可数。

这一次，虽然包括我在内的多家媒体的工作者进入了更衣室，但辽宁男篮的球员们并没有因此而显得拘束，他们仍然沉浸在欢庆的氛围中，而且在情绪的释放上远比在场内时更为彻底，更为张扬。

让人印象最为深刻的无疑还是郭艾伦。之前从场内即将进入球员通道的时候，他的情绪就已经有失控的迹象了，从原本咧着嘴大笑着、叫喊着、蹦跳着，变成了止不住的泪水在脸上肆意流淌，甚至一度坐在场边抱头痛哭。

后来很多人在形容那一刻时，说郭艾伦哭得“像个孩子”。事实上，他的的确确就是一个孩子，一个内心单纯到极致的大男孩。你很难见到郭艾伦在情绪上有什么隐藏，高兴的、不高兴的，所有的内心情感永远直接展现在脸上，即便是在紧张激烈的比赛中也是如此，更不用说这样一个可以尽情释放内心情感的时刻了。所以，对于郭艾伦会是那个全队中将情绪宣泄的最为彻底的人，我也没有丝毫意外。

在更衣室里，郭艾伦也是 CCTV 直播信号第一个要采访的对象，但此时的郭艾伦还没有从那种喜极而泣的极端情绪中脱离出来，于是通过电视直播信号，无数人目睹了郭艾伦失声痛哭的一幕，通红的眼眶、满脸的泪水、哽咽的话语，凝合成了那个夺冠夜里最令人心动，也最令人心碎的画面。

“我没想过真的能走到今天，这一路上特别不容易，最近这些天我从来没睡过好觉，这种比赛对身体和精神的折磨都是非常大的。本来今天中午是我睡午觉的时间，但是躺在床上根本睡不

ups
LIAONING
13

着，整个系列赛的时候睡不着的时候特别多。我不想说感受，只想说经历了什么。我现在体会到了什么是冠军，成为冠军的艰辛程度和以前打那些常规赛的消耗就是两种篮球。怪不得大家那么想拿冠军，原来是这样不容易。”

这是郭艾伦面对镜头断断续续说完的一段话，过程中伴随着几度哽咽。坐在他右手边的是室友丛明晨，更为年轻的小丛显然还无法体会到郭艾伦身上所背负的沉重压力，但这并不妨碍他认真地去倾听这一切，而且第一时间取过来纸巾盒，抽了几张纸巾递给郭艾伦，示意他擦一擦脸上的泪水。

在室友暖心的举动之下，郭艾伦的情绪也逐渐平稳了一些，但是他仍然有很多心里话不吐不快：“我为什么现在情绪比较激动，因为我经历了这些，我们队一直被质疑，我天天被质疑，全队也被质疑，没人说我好，我也不知道为什么，可能人们就是喜欢说吧。所以我一直在忍，我一直忍到今天。现在我们拿到了全运会冠军和联赛冠军，现在不知道大家还能说什么，对我们这个队伍说什么，我经历了什么他们永远不知道，可能他们比我聪明，他们比我智商高，但是我就是一个最好的典范，就是我智商没别人高，可是我走到了今天，这个故事是更唯美的，尽管那么不容易。”

的确，可能很多人看到的只是郭艾伦表面上的风光无限，诸如“本土第一控卫”“亚洲第一控卫”这些赞誉之词被一次次提及。但事实上，他所承受的压力也是球队里其他队友所无法相比的，尤其是在本赛季，他更是因为常规赛阶段状态不佳，遭到了铺天盖地的质疑和指责，但人们却完全忽略了在这背后他所承受的伤病、疲劳等因素。

如果不是在这样一种情境下说出这样的一番话，可能很多人都无法想象郭艾伦那种被失眠折磨的痛苦，那种面对质疑时的隐忍，还有那种陷入低谷时的自嘲与自勉，除了一直陪伴在他身边的家人之外，恐怕就连教练和队友也未必完全能够知道这些情况。

而在这一晚过后，听过了郭艾伦的这一段心声，有更多的人或许会明白，为什么郭艾伦会在这样一个原本应该高兴地庆祝的时刻却哭得如此投入，也会明白为什么在这样一个时刻，他为什么会不走寻常路地说：“我现在只想说这些天的精神状态，只想说最真实的我，不想说什么感谢大家的话，这些话留给别人去说吧。”

辽宁本钢

莱斯特·哈德森的小恶作剧

当辽宁男篮在比赛结束后回到更衣室的时候，工作人员早已将这个小空间布置成了与平时不同的样子。每个人的衣柜里都挂好了一件专属的夺冠 T 恤，还摆放了一顶夺冠纪念帽。球员们在彼此分享着喜悦的同时，也被队务大声提醒着尽快换好衣服，准备去参加接下来的颁奖环节。

就当我用手机环拍一片忙碌热闹景象的更衣室时，哈德森突然出现在镜头里，他坐在自己的更衣柜前，已经很利索地换好了身上的 T 恤，戴上了帽子，但却没有和其他人一起交流，而是独自坐在那里，左手托腮，仿佛在思考着什么事情。当他的视线抬高发现了我正举着手机面对他的时候，仿佛突然想到了什么好点子一样，马上冲我招了招手："过来，过来一下……"

在声音嘈杂的更衣室里，哈德森似乎是生怕我听不清楚他在说些什么，站起身来示意我跟着他走，然后迅速钻进了旁边的设备间里，过程中还隐蔽拽了一下身旁的大外援巴斯和俱乐部副总经理承相，并且小心地留意了一下四周，好像生怕别人留意到自己的举动。

最后进入设备间里的一共有 5 个人——承相又不声不响地把韩德君给叫了进来。在这个相对狭小的空间里，哈德森带着一种狡猾的表情给大家讲述了自己的一个计划，或许说是小恶作剧更为合适一些。

"我们要用冰袋去淋教练（郭士强）的头，你帮我们把这个过程都录下来。"哈德森转过头来特地对我说道，还生怕我听不清楚又让承相帮他用中文重新向我强调了一次。直到我明确表示了解了他的整个计划之后，才放心地点了点头，开始和两名队友一起着手准备冰块。我这时才明白过来为什么他们要躲进这间屋子里，因为设备间原本就是存放球队器材的地方，自然也包括队医的冰桶。

于是我率先离开了设备间，回到喧闹的人群当中，找好了一个角度，等待着接下来的好戏上演。

果然，趁着郭士强背对着设备间，正准备招呼球员们安静一下听他说两句的时候，3 个早有预谋的家伙从后面突然冲过来，将 3 袋冰块就这样出其不意地浇在了郭士强的头顶，引来了更衣室里的一片惊呼与尖叫声。

其实对于哈德森策划出这样一幕针对主教练的小恶作剧，我还是多少有些意外的，这也多少再一次颠覆了我心中对哈德森的印象。或许正是因为在这样一个特殊的欢庆时刻，每个人都在更加尽情地释放自我，难免做出一些和平日里相比有些“出格”的举动，就连哈德森也无法例外，他流露出平日略显冷漠的外表下，难得一见的搞怪一面。

另外，在这次小恶作剧的背后，其实也是透露出哈德森的一些心思，毕竟他与郭士强之间，有过太多特殊的故事。就拿这个赛季来说，辽宁男篮能够一路走到最后，夺取总冠军，最应该感

谢的人绝对是哈德森，但反过来同样可以说，哈德森能够在 CBA 见证自己生涯的圆满也要感谢辽宁男篮，尤其要感谢主教练郭士强。

因为在这个赛季里，哈德森经历了他在辽宁男篮最为艰难的一段时光，自身的状态起伏不定，甚至连续刷新的自己单场表现的“最差”纪录，这不可避免地让他遭遇了有史以来最猛烈的质疑，伴随着他年龄不断增大的现实，更是显得他在辽宁男篮的位置已经岌岌可危，关于更换外援的呼声已经相当强烈。

但是在这样的局面下，尽管连俱乐部高层都已经开始慎重考虑换掉哈德森的可行性，尽管连一些队友对哈德森的信任都开始出现动摇，但郭士强始终坚持着信任哈德森，而且不惜顶着舆论的压力多次在公开场合力挺哈德森。在 2018 年初的全明星周末期间，他更是明确地表示：“现在完全没有考虑过要换掉哈德森，因为他来到这里已经 3 个赛季了，对我们球队的体系很了解，相互间也非常默契，这都没有一点问题，而且是其他外援暂时不具备的优势。”

郭士强对外界的这些话并不仅仅是表面上说说而已，在球队内部他也始终坚持让哈德森继续作为全队的场上核心，即便是在一些比赛中哈德森的状态明显不好，他也会尽量先从战术上进行调整，去尝试帮助哈德森调整状态。如果回忆起这个赛季辽宁男篮的比赛，应该会有很多人对于这种“全队帮哈德森找手感”的比赛片段抱有深刻的印象，有时甚至在哈德森明显手感不佳，并且已经连续投丢多个三分球的情况下，队友们仍然会在通过战术创造出机会后，将球果断地传给处于空位的哈德森。

当然，郭士强也会在一些时候选择干脆地弃用哈德森，甚至连第三节提前换下哈德森打单外援，或者第四节始终让他坐在板凳上的情况也出现过，这在以往的几个赛季里几乎是难以想象的，但这却并不意味着郭士强对哈德森失去了信任，这只是他帮助哈德森调整状态的一种手段而已。在私下里，郭士强曾多次与哈德森进行谈话，在鼓励他积极调整状态的同时，也非常坚定地告诉哈德森：“你要相信，即使有的时候我会提前把你换下场，也只是场上战术的需要，同时也是需要你能够更冷静地观察比赛的局势，做出更好的调整。你是这支球队的核心，这一点是绝对不会变的。”

正是因为郭士强一直以来的这种信任与力挺，哈德森顺利地度过了本赛季的信任危机，俱乐部将那收到的新外援资料扔进了旧纸堆里，队友们也义无反顾地配合着哈德森来执行场上的战术，哈德森就在这样的环境下一点点地在常规赛阶段调整着自己的状态，一直到常规赛收官阶段开始渐入佳境，再到季后赛里进入了不可阻挡的模式，最后才有了总决赛上那个能够连续用超远三分来拯救球队、各方面表现都无可挑剔的“哈神”。这是哈德森对郭士强和辽宁男篮这支球队最好的一种回报。

显然，在经历了这一切之后，哈德森打心底对郭士强充满了感激，所以在这样一个享受着巨大喜悦的时刻里，他总觉得只是凭借场地里的那一次紧紧的拥抱，或者通过口头上的一些感谢，还不足以表达自己内心的感受，还需要做点什么特别的事情，来宣泄自己内心的情感。

于是，一袋袋冰块化作从天而降的“冰雨”，浇在了郭士强的头顶，当更衣室里响起了各种尖叫声和欢呼声时，哈德森咧着嘴开心地大笑起来，这真是一个圆满的夜晚。

郭士强：“都听好了啊——我们是冠军！”

如果说在这支夺冠的辽宁男篮中选出一名背负压力最大的人，那绝对不会是一度饱受质疑的哈德森，也不是赛后抱头痛哭的郭艾伦，只能是一直极力克制着自己情绪的郭士强。

这个冠军对于他来说，是整整 10 年的等待，是几次起落的人生磨砺，是头上无数青丝变白发的煎熬。郭士强并不是一个喜欢情绪外露的人，即便是在夺冠之后的第一时间里，他在场地内也都是尽量克制着自己，脸上只带着淡淡的笑容去和自己的对手握手致意，和自己的队员深情相拥。

但是，就在哈德森等人完成了自己的小恶作剧，让郭士强经历了一场“冰雨”洗礼之后，他的情绪却在那一瞬间突然迸发出来，仿佛用尽全身力量喊出那最令人振奋的 5 个字——“我们是冠军！”

那种尽情宣泄的感觉，令人有些措手不及。

其实，在那一刻发生之前，郭士强原本就是在大声地招呼队员们稍微安静一下，因为刚刚有工作人员通知了他，辽宁省体育局局长宋凯陪同一些领导会在不久后来到更衣室探望大家，郭士强原本就是想把这个消息告诉球员们。但是对此毫不知情的哈德森，选择在这样一个时间节点来完成小恶作剧，彻底打乱了郭士强的计划，反而成了郭士强好不容易把全队的注意力集中在自己的身上，然后让大家观看了一场自己被淋“冰雨”的表现秀。

不过郭士强的反应也很快，甚至可以用“灵机一动”来形容他接下来的表现——他一点没有抵抗地承受了所有的冰块洗礼，然后只是简单地正了正自己的帽子，随后直起身来挺直了腰板，高举起的两只手都是只伸出食指，摆出了象征着“第一”的手势，然后趁着更衣室里一片惊叫和欢呼后短暂的间歇期，大声向自己的团队喊着：“都听好了啊——我们是冠军！”

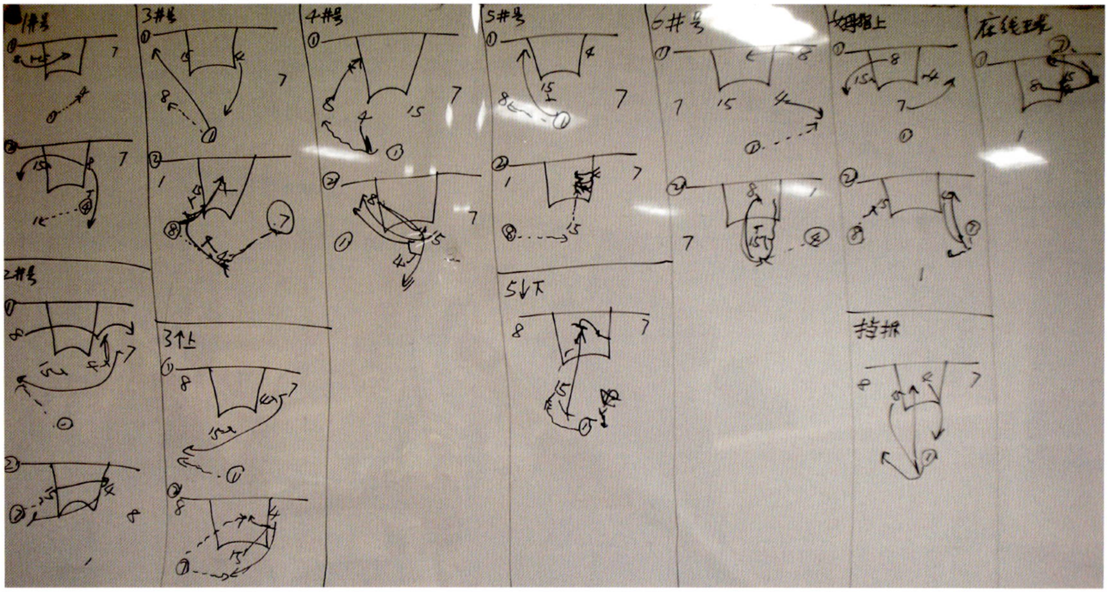

郭士强在辽篮的主场球队更衣室中画的战术图

在最后的“冠军”两字出口之前，现场的每一个人其实都已经心有灵犀地知道了郭士强将要喊出什么话来，即便如此，所有人的情绪还是不可抑制地被点燃了。那一刻整个更衣室的房顶仿佛都要被巨大的声浪掀起，就连耳中的鼓膜都有一点刺痛的感觉，但是没有人会去捂耳朵，因为每个人都忙着高高举起双手庆祝，或是用力地拍手鼓掌。

“我们是冠军！”这么短短的一句话，凝聚的却是郭士强 10 年的辛酸与心血，同样也是这支球队里所有人几个赛季以来的艰辛与付出，更是所有辽宁篮球人在 23 年 CBA 历史中不断的积累与追求。正是这些才让这样一句简单、直白的短短话语，显得分量十足、厚重十足。

要知道，在本赛季，辽宁男篮曾不止一次在客场遭遇过被人嘲讽“千年老二”的待遇，尤其是在总决赛第二场中，广厦主场的球迷更是在看到自己主队胜利在望的情况下，不断地齐声高喊这个带着讽刺味道的口号，试图扰乱辽宁男篮将帅的心态。

这一幕在当时刺痛了很多辽宁球迷的心，同样也刺激到了身处现场的辽宁男篮将帅，主力中锋韩德君在事后回忆道：“反感谈不上吧，因为他们说的可能也是事实，但确实刺激了我，刺激到我内心了。其实在第四节，有一种身体都有种虚脱的感觉了。他们一个劲地喊、一个劲地喊。印象最深的，在我扣篮 2+1 以后，那时候比分差一两分，我一开始罚篮他们就喊‘千年老二’。我内心只想一件事，这球我必须罚进。因为他们喊的我实在太不爱听了。”

那一刻的郭士强，虽然在场边依旧面不改色，但其实内心也深受触动：“虽然这些年 CBA，我们打客场时被喊‘千年老二’这种口号也适应了，但当时我感觉他们越是喊出这样的口号，越是激励我们要做得好，用我们的实际行动去反驳他们对我们球队的侮辱。事实上，我们确实也做到了。”

的确，郭士强做到了，韩德君也做到了，辽宁男篮的每一个人都做到了他们所渴望做到的。在那场顶着漫天嘲讽的比赛中，辽宁男篮在第四节的最后关头，凭借哈德森逆天改命般的神奇发挥，上演了一出绝地求生的好戏。不仅成功地追平了比分，并且将比赛带入加时赛，一举逆转场上局势，反败为胜。

同时，那场比赛的转折，也仿佛是整个总决赛的一个重要拐点，带着 2 ：0 的总比分回到自己的主场之后，他们再也没有给对手任何的机会，也再没有听到过那句讽刺的口号。如今，已经手握全运会和 CBA 联赛双料冠军的他们，更是永远也不会再听人提起那句曾刺痛几代辽宁篮球人的口号！

“我们终于摘下了‘千年老二’的帽子了。”郭士强这样说道。

李晓旭求得圆满

在当时的更衣室里，只有少数的几个人和郭士强一样曾经历过 10 年前的那次总决赛，经历了整整 10 年的等待与轮回，李晓旭就是其中之一。李晓旭或许算不上这次总决赛上的绝对主角，但是他的多次得分都在最关键的时刻给球队带来巨大的帮助，比如 G3 中那两记干脆利落的三分球。

当辽宁男篮最终锁定胜利的那一刻，球恰好在李晓旭的手中，他没有抱着球让故事以一种平淡的方式收尾，而是用尽全身力气将球砸在了球场的地板上。那一声清脆的撞击声，即便隔着电视屏幕都能够让人清晰地感受到，仿佛砸进了大家的心坎里，击中了内心里最不愿触碰的柔弱。

对于李晓旭来说，能够用这样一种方式结束这个漫长的赛季，是一种圆满。砸出这个球之后，李晓旭仰天长啸，用一声声的怒吼宣泄着自己心中积压已久的情绪。的确，对于这个有着“本土魔兽”“铁人”等称号的东北汉子来说，此时的内心里不仅仅是创造历史后的狂喜，还有很多不同的滋味翻滚着涌上心头，以至于在赛后留下了那句后来被无数球迷善意调侃的经典语录：“我此刻的内心是‘五谷杂粮’的……”

了解李晓旭的人都清楚地知道，所谓的“五谷杂粮”只是他情绪激动之下一时的口误，原意则是想表达自己内心的“五味杂陈”。当然，这个口误无伤大雅，反而从另一个角度让人们看到了这个外表铁骨铮铮的男儿复杂且细腻的内心世界。

酸甜苦辣咸，一起翻涌上心头的滋味何其复杂，这背后离不开的是李晓旭跌宕起伏的人生经历，是 10 余年联赛搏杀的积淀与磨炼。谁能想象，这个 1 年多前还因为跟腱断裂险些毁掉整个职业生涯的球员，如今却站在 CBA 总决赛的赛场上，成了见证历史性一刻的关键人物。

时间回溯到距离比赛结束还有 8 分钟的时候，广厦大外援博罗西斯情绪失控下咆哮裁判出言不逊，导致他吃到技术犯规并被换下场去。这让辽宁男篮和广厦都提前换上了小外援，开始进入

最后的决胜时刻中。此时，李晓旭也随着巴斯的下场而重新回到场上，并且在最后这 8 分钟的时间里起到了关键的作用。

有球迷开玩笑说，李晓旭在这 8 分钟里最大的贡献，就是在其被派上场不久之后，就在右侧 45° 的位置上命中一记三分球。要知道，这个球一方面是帮助辽宁男篮将领先优势一举扩大到了 15 分，给最后的胜利奠定了坚实的基础；另一方面则是关于李晓旭个人的一个小小“趣闻”，那就是在这个夺冠的赛季中，李晓旭在最后一战之前曾有 18 场比赛投中过三分球，而这 18 场比赛里辽宁男篮的战绩是 17 胜 1 负，因此李晓旭也被称呼为球队胜利的“晴雨表”。这一次，李晓旭再次命中三分球，这是他本赛季有三分球进账的第 19 场比赛，最终也让他的这个小纪录被提升到了 18 胜 1 负。

事实上，李晓旭在场上的作用却远不止这个三分球，他在防守端的作用才是辽宁男篮最为倚仗之处。在第四节重新登场之后，他在第一个回合里就错位防住了对面的小外援福特森，在长达

10 余秒钟的时间里，他在上线以大防小的情况下牢牢限制住了福特森的持球进攻，没有给对方任何摆脱防守的机会，最终导致福特森只能在进攻时间还剩不到 3 秒钟的情况下匆忙传球，由队友赵岩昊草草地出手三分球，结果自然也是弹框而出，反而给了赵继伟一次快速反击上篮得分的机会。

2017—2018 赛季，李晓旭的数据并不算显眼，在他总共出战的 49 场比赛中，场均只拿到了 5.9 分和 5.4 个篮板，这个数据不管是在辽宁男篮还是在其他 CBA 球队中，显然只算得上是一个轮换登场的角色球员。即便是和李晓旭自己相比，这也是他除了自己在 2005—2006 这个处子赛季之外，数据最为惨淡的一次。

但是尽管如此，却没有人怀疑李晓旭对于辽宁男篮的作用，更没有人质疑他的能力与水平。因为所有人都清楚，这个铁骨铮铮的内线“魔兽”，是经历过怎样的艰难与考验，才重新站回到这片球场上的。

2016 年 8 月 31 日，这一天对于李晓旭来说无疑是噩梦般的一天。在 2016—2017 赛季 CBA 开始之前的例行体测中，李晓旭因为折返跑项目中的一次意外，导致自己的右脚跟腱断裂，在经过医院的初步诊断后，就已经宣告了他将缺席接下来的整个赛季。

这在当时对于辽宁男篮来说是一个非常沉痛的打击，因为在此前两个赛季中，球队连续杀入了总决赛，虽然最终都与冠军失之交臂，但是这并没有完全磨灭这支球队的斗志，而是重整旗鼓正准备再接再厉去冲击一次。在这个时候传出内线大将重伤的消息，无异于一个晴天霹雳，队长杨鸣在体测现场的一番话就足以看出当时整个球队的心态：“其实在体测开始前，我对于新赛季的期待还是非常大的，但是现在二弟受伤了，让这种期待感也没有那么强烈了，在即将到来的新赛季里我更希望的是看到他的伤病能够早日康复。”

期待李晓旭早日康复，这不仅仅是球队的心愿，更是所有辽宁球迷共同的期盼。如果要说打击，可能任何人都比不上当事者李晓旭自己了，要知道在此前两次打进总决赛的赛季里，李晓旭分别能够贡献“8.3+8.7”和“11.1+8.7”这样的准两双数据，无论是得分还是篮板球，都是球队非常重要的一部分，李晓旭自己也在经历了几次积极的治疗与康复之后，正逐渐走出此前腰部旧伤对他的困扰，并且主动降低了体重以便让自己保持在一个更加出色的状态中。

可是这次意外的伤病打乱了他所有的计划，不仅让他此前的很多付出与准备都付之东流，更可怕的是跟腱断裂这种伤病，对于一名职业运动员来说几乎是摧毁职业生涯的大伤，即便能够从伤病中康复，恐怕也很难恢复从前的水准。

直到如今重新回到球场并且到达了荣誉的巅峰，李晓旭回忆起那时的情形仍然心有余悸。

“应该说离自己受伤也有一年半了，我从打球到现在，确实没有想到自己会受这么重的伤。受伤的时候，我自己都不知道怎么面对，当时感觉眼前一黑，冠军奖杯直接从我眼前划过一样。当时我整个人就傻住了，面对这个落差，我自己没有很及时地调整，导致自己整个意志比较消沉。确实那时候比较彷徨，也不知道怎么去选择，整个人都飘乎乎的。对自己的心理上还有意志上都是摧毁性的打击，还好在季后赛窗口期，教练、家人以及球迷一直在鼓励我，让我从中慢慢走出来。确实，当一个球员受到巨大伤病的时候，心理康复的重要性要远远大于身体上的康复。”

严重伤病的恢复过程，对于任何运动员来说都是一种煎熬。在李晓旭最困难的那段日子里，离不开来自队友、亲人的关怀与鼓励，但同样重要的还有他自己内心的坚定与执着。在北京顺利完成手术之后，李晓旭经人推荐来到了美国，找到了著名的运动康复专家埃迪来制订接下来的康复方案。

对于李晓旭这个患者，每年要接待无数专业运动员的埃迪也留下了很深刻的印象，为了帮助李晓旭顺利恢复健康，他也专门设计了一套极其复杂的康复方案。

“术后6周，我们才开始做真正的康复。术后12周左右，我们才开始在泳池里做一些开走训练。术后 16 周，我们才在泳池里做一些慢跑训练。术后 20~24 周，才开始一些小的跳跃训练。直到术后 6 个月，才开始真正接触篮球的训练。”

当李晓旭在 2017 年 3 月 CBA 半决赛期间归队，并且申请了体能补测的时候，距离他受伤整整过去了半年的时间。虽然那次补测，以及关于“火线救主”的传闻让很多人对于李晓旭充满了期待，但事实上李晓旭自己却非常清楚，自己仅仅算是完成了复出之路的第一步而已。

毕竟，身体上的康复可以通过科学的手段循序渐进，但是漫长的康复周期对于球员心理上的考验才是真正的难关。在那段时间里，李晓旭同样面临着很多的难关，他也时刻在提醒自己要保持耐心和信心。

只不过有些事情，并不是一味地心理暗示就可以解决的，李晓旭的心态调整也不是一蹴而就的，而是经历过许多的波折与起伏，他曾坦言自己的身体情况恢复得比预计中要更好一些、更快一些，这样的情况自然也就下意识地帮他对自己的复出抱有了更高的期望值。但随之而来的，则是不可避免的更多心理压力，以及一种落差感。当他在回到激烈的赛场上，却发现自己的状态起伏不定，常常在比赛中有心无力的时候，内心的沮丧可想而知，甚至一度怀疑对自身情况的判断。

这个过程基本上贯穿了 2017 年全运会和 2017—2018 赛季的整个常规赛阶段，尽管在外表上刻意保持轻松与沉稳，但李晓旭的内心则一直有些焦躁不安，他一面安慰自己“慢慢来，别着急”，一面又盼着能早一点恢复到更佳的状态，给球队带来更大的帮助。这其中的煎熬滋味，外人自然是难以体会的，恐怕就连李晓旭自己也很难说得清楚，否则就不会出现那一句经典的“五谷杂粮”了。

时间再次回到总决赛第四场的最后时刻，距离比赛结束不到 2 分钟了，广厦还在努力追分，并且将分差缩小到 8 分。对于辽宁男篮来说这是一个并不算太安全的领先优势，但偏偏郭艾伦的一次进攻又被判罚为走步违例，给广厦留下了充足的反扑时间。

幸好李晓旭在这段时间里始终保持了高度的注意力，在距离成功最接近的那一小段时间里，没有人敢放松精神，李晓旭的心中更是紧紧绷着一根弦。他先是连续抢下篮板，保护住了球队的后场篮筐，随后在比赛还剩最后 24 秒钟的时候果断地空切篮下，接到郭艾伦的突分后冷静打板命中 2 分。

这是全场比赛命中的最后一球，让辽宁男篮的得分刚好停留在了 100 分。这似乎是一个非常有意思的巧合，100 分虽不是篮球比赛中的最高分，但通常却意味着满分，有一种圆满的意思在其中。这对于辽宁男篮、对于李晓旭来说，都无疑是一个非常圆满的结局。

ups
中国人寿
CHINA LIFE
LIAONING
22
22

韩德君要求电视直播："亲爱的，我爱你！"

更衣室里另一个经历过 10 年前那次总决赛的人是韩德君，在那个所有人都忙着分享喜悦的时刻里，韩德君也不例外地咧着嘴，脸上挂着看上去颇为憨厚的笑容。但出乎很多人意料的是，在性格上显得有点内敛的韩德君，这一次竟然敢于在电视直播的镜头前奔放了一把，当着千千万万的观众说出了一句最动人的情话："亲爱的，我爱你！"

这句话是韩德君说给自己的妻子的，简单朴实，但至情至性，可以说是当着全国球迷的面秀了一把恩爱。但是在这句情话中，除了流露出韩德君对妻子浓浓的爱意之外，在其背后还隐藏着一丝丝的愧疚，那是因为韩德君曾对妻子许下的一个诺言。

其实关于这段故事，很多球迷都早已是耳熟能详。在 2013 年第十二届全运会期间，当时韩德君正随着辽宁男篮全力准备冲击冠军。在一次接受媒体公开采访的时候，韩德君被问到了有关个人婚姻方面的问题，于是他当时有点半开玩笑地说道："还没能帮助辽宁拿过一个冠军就结婚，那我多对不起辽宁的球迷啊。"

没想到在那一年的全运会上，辽宁男篮虽然一度拥有很好的机会，但最终还是在决赛上不敌易建联领衔的广东队，再次遗憾地错失冠军。这让韩德君之前说过的那句话，竟变相地成了他和妻子之间的一个承诺，或者说是约定，关于韩德君"不夺冠就不结婚"的说法，从那时起就开始广为流传了。

但是过了没两年，大家却突然发现韩德君虽然一直没有传出来结婚的消息，但却已经有儿子了！这还是因为在 2015 年初国家队集训的时候，宫鲁鸣一次说走嘴泄露的消息，当时韩德君曾推迟向国家队报道，理由就是尚在襁褓的儿子生病了需要照顾。这一下可让不少球迷感到惊喜的同时，又不禁纳闷，这丝毫没有结婚的消息就突然先有了这么大的儿子出来，到底是怎么一回事儿？

不过韩德君对于外界的种种猜测丝毫没有在意，反而是在 2016 年重新开启了个人微博之后，

中国人寿
CHINA
LIAONING
55
ups
CBA

突然变身为“晒娃狂魔”，频频发布自己与儿子互动的照片、视频，也算是间接地证实了自己已有接班人的事实。

一直到 2017 年的全明星赛期间，我曾经借一次单独采访的机会和韩德君聊起了这个话题，韩德君才第一次袒露心声，谈起了自己与妻子、儿子之间的一些故事，并解释了自己“未婚先有子”的原因。

事实上，韩德君也算不得真正的“未婚”，他和妻子早在 2013 年全运会之后就走进了婚姻的殿堂，只不过他们仅仅是低调地到民政局登记并领取了《结婚证》，却并没有举办正式的婚礼。关于这一点，韩德君在当时也坦言：“我还欠她一个婚礼没有办呢！”

原来，韩德君的老家在大连旅顺的农村，按照当地的习俗，结婚的新人如果没办过婚礼喜宴，就算不得真正的结婚。当然，这只是一种民俗，并不与国家法定的婚姻事实产生矛盾。但韩德君却因为当初许下的那个承诺，一直希望能够真正做到夺得一次冠军之后，再和妻子补上婚礼。

在和我谈到这个话题的时候，韩德君正随着辽宁男篮经历那个格外艰难的 2016—2017 赛季，多名主力因伤缺阵，再加上此前两个赛季连续与冠军失之交臂，当时让韩德君对于自己是否真能等到实现承诺的那一天，也显得有一些迷茫。他说内心里其实很感激妻子的体贴与理解，从来没有在办婚礼这件事儿上催促过自己，但是他也不想让妻子就这样一直等着。韩德君甚至在内心里做了最坏的打算：“如果一直等到我退役了，还没能拿个冠军的话，我肯定也会给她一个交代！”

幸好这个“交代”并没有等得太久，在 2017 年的第十三届全运会上，韩德君就跟随辽宁男篮夺得了球队在 58 年全运会历史上的首个冠军，从那一刻起韩德君其实就已经完成了自己的承诺，帮助辽宁男篮拿到了一个很有分量的冠军。

但是在那个时候，距离新赛季 CBA 联赛开始也已经近了，而且韩德君和他的队友们也都还对联赛冠军抱有十分的渴望，更是期待能够借助全运会夺冠的这股气势，在联赛中再次发起冲击。因此韩德君在全运会夺冠后对妻子说的第一句话就是，“联赛让我再努力下，再等我 1 年！”

这一等，不到 1 年，韩德君终于实现了心中最圆满的夙愿，全运会和联赛的双料冠军，这已经是一个最为圆满的故事结局，韩德君也终于可以和妻子补办上这个迟来的婚礼。

只不过略微有些遗憾的是，韩德君还是决定将婚礼再推迟一段时间，他解释说，自己太看重

这个婚礼了，非常希望能够自己亲自参与到策划当中，给妻子办一个完美的婚礼。但是因为在联赛中的出色表现，他再次接到了国家队的征召，2018 年夏天的大部分时间都将要随国家队一起集训、比赛，这势必让他很难抽出时间去亲力亲为地策划一场婚礼。

所以在这样的情况下，韩德君才不得不做出再次推迟婚礼的决定，这样一番解释想必也能够为妻子所理解。只不过他自己心中也清楚，这必然还是对妻子有所亏欠，毕竟她已经等了自己那么长的时间，却还要继续再等下去，所以最后韩德君当着全国观众面说出的“亲爱的，我爱你！”，既是最动情的表白，也是对妻子的感激！

更衣室里的特别来宾——77岁的队医杨宗群

其实在球队夺冠之后的这段时间里，更衣室里还出现了一个非常特殊的身影，那是一位白发苍苍的老人，甚至连走路都已经有些颤颤巍巍。他并不是一名曾在篮球场上叱咤风云的名宿，甚至算不上一个绝对意义上的篮球人，但却是辽宁男篮历史上占据了非常重要笔墨的一位功勋人物，他就是已经 77 岁高龄、曾服务辽宁男篮 10 余年的老队医杨宗群。这一次，他也是受到俱乐部的邀请来到现场见证球队夺冠的这一历史性时刻。

悉心服务球员使得杨宗群深得大家的尊敬，也包括了球队的外援

杨宗群不仅仅是辽宁男篮历史上的一名功勋队医，更是辽宁体育界的一位传奇人物，他最了不起的一个成就是，从 1959 年开始，他以射箭运动员的身份出道，随后又转职为队医，以不同的身份参与了整整 12 届全运会，这是全运历史上的一项纪录，更是在第十二届全运会时让他成为各路媒体争相追逐报道的场外人物。

杨宗群和男篮的渊源其实从 20 世纪 60 年代就开始了，不过当时他并非男篮的专职队医，而是要兼顾很多运动队，一直到 2001 年以后才逐渐变成了专职，跟随辽宁男篮。那个时候，郭士强还是球员的身份，目前这支冠军队伍中的球员更是还没有人进入到一线队。可以说从那时开始，杨宗群就一直兢兢业业地扎根于辽宁男篮，每一个队员都是他看着进队，然后一点点在眼前成长起来，对于每个人的身体状况更是了如指掌。

虽然那时的他就已经年过花甲，但是一直保持着非常健康的身体，每一赛季都要跟随球队在主客场之间来回奔波。这位郭士强口中的“杨头儿”、张庆鹏口中的“杨姥爷”、小队员们口中的“杨爷”得到了球队上下无微不至的照顾，韩德君、廉明这些球员经常主动帮他提设备。“重活儿一点都不让我干。”杨宗群回忆那个时候说道。

杨宗群曾跟我说过，他这辈子做运动员的时间比较短，大部分时间都是在做队医，但这一点也不妨碍他享受比赛的快乐，尤其最开心的时候是能够看到自己服务的队伍赢得比赛。“辽足‘十连冠’那会儿，我背着药箱在场边走，腰板都是直的。”

而跟随辽宁男篮十几年来，杨宗群印象最深的一场比赛还是 2007—2008 赛季 CBA 季后赛第一轮，辽宁男篮主场绝杀八一队。“说实话，在最后一个球之前，我已经木了，投两分就平，投 3 分就赢。刘相韬出手的时候，我眼睛一直瞅着大屏幕上的比分，脑子一片空白。等我身边的人‘嗷’地一嗓子喊出来，我这才反应过来，进了！辽宁队赢了！”

后来，辽宁男篮在那一年重新回到总决赛，让杨宗群更是心中暗暗激动，只可惜最后不敌如日中天的广东队。杨宗群也因此感到颇为遗憾，在他的个人收藏品中，就包括那一年总决赛前为辽宁男篮球员提前制作好的手膜，只不过最终没有用上。

一直到 2014 年，当时已经 73 岁高龄的杨宗群才因为身体原因算是真正地“退休”了，但是他的心中也一直留下了一个遗憾，就是始终没能看到辽宁男篮在联赛中拿到一次冠军。在 2015 年和 2016 年辽宁男篮连续两次杀回总决赛的时候，老人的身体状况并不理想，但仍然坚持每场比赛都守在电视机前，就是盼着能够亲眼见证辽宁男篮夺冠的那一刻。

2016 年，辽宁男篮于赛季之初特地在主场举办了一个暖心的仪式，授予杨宗群“功勋队医”的荣誉，并且将一件印有“76 号”的球衣送给了他，意味着他永远是球队中的一员，这件事儿也成为 CBA 中的一段佳话，更说明了杨宗群在辽宁男篮人心目中的地位。如今，当辽宁男篮 23 年来终于无限接近创造历史的那一刻，俱乐部也没有忘记再次请来这位已经 77 岁高龄的老人，让他在现场见证了这样的时刻。

在赛后的更衣室里，杨宗群并没有说太多的话，他只是轻轻地和球队里的每一个人拥抱，然后大部分时间都安静地坐在一旁，带着慈祥的笑容看着这些年轻的孩子呼喊、欢笑，对于老人来说，这恐怕就是最幸福的一种感觉。

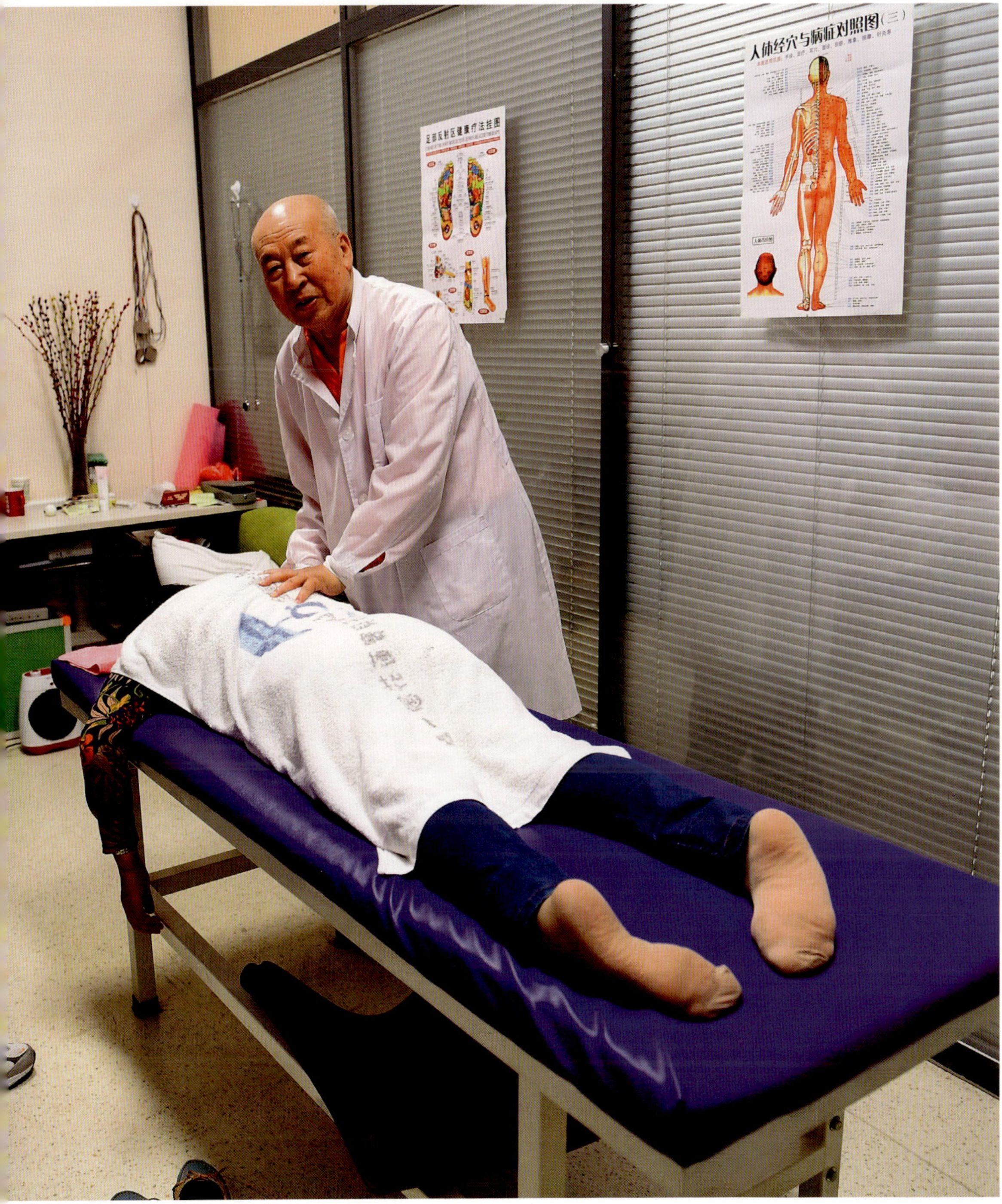
足部反射区健康疗法挂图
人体经穴与病症对照图（三）

他们，举起了“至尊鼎”

当辽宁男篮全队离开更衣室，再一次回到球场内的时候，他们已经换好了洁白的夺冠纪念 T 恤，头上戴着同样红白配色的夺冠纪念帽。无论是胸前还是头顶，都可以醒目地看见鲜红色的“第一”两个字，象征着他们此时享受的荣耀。

球队再次返场只有一个原因，那就是参加即将开始的总冠军颁奖典礼。

当所有人走到场地中央排成一行的时候，他们首先迎来的是见证总决赛 MVP 诞生的那一刻。毫无悬念，哈德森当选为本赛季 CBA 总决赛 MVP，他在总决赛四场比赛中稳定且出色的发挥，是辽宁男篮能够夺得总冠军的最大保障，尤其是在 G2 大战中最后 3 分钟里，他用连续两记超远三分球为球队逆天改命，随后又在加时赛中打出统治级表现，凭借个人的能力一举决定了总决赛的走势。所以这个总决赛 MVP 的荣誉，对哈德森来说是当之无愧。

在球迷们的掌声与队友的祝福声中，哈德森走到了一张桌子前准备印下自己的手膜，这样的待遇显然哈德森也是第一次经历，在球场上素有大心脏的他竟然略显一点紧张，和工作人员再三确认之后，才双手齐动，用力地向两块模具按了下去。身边的队友赵继伟似乎也生怕哈德森因为紧张而印的效果不好，还直接伸手按在哈德森的手背上，帮着他一起使了一把劲。

接下来就是全队一起享受总冠军荣耀的时刻了，他们终于等来了这个梦寐以求的最高荣誉。在接受奖牌的时候，辽宁男篮不仅是所有球员和教练组成员都走到了场地中央，还包括队医、队务、翻译，这个团队中的每一个人都在这一刻站在一起，共同见证这个历史性的时刻。

当金灿灿的奖牌挂上每个人的胸前之后，身穿西装的俱乐部董事长刘景远终于也来到了队伍当中，他独自站在队伍的正中央的前方，从中国篮协主席姚明的手中接过了象征着 CBA 总冠军荣誉的“至尊鼎”。当刘景远将“至尊鼎”高高举过头顶的那一刻，全场再一次沸腾了，场地内

漫天飞舞的彩絮笼罩在了欢庆的队伍上空，看台上无数球迷也点亮了手机的闪光灯打造出一片繁星点点。

从 2011 年接手这支球队以来，身为俱乐部投资人的刘景远带领辽宁男篮开创了一个属于衡润飞豹的时代，他们经历了 3 个赛季的新老交替过渡之后，让球队形成了以郭艾伦、韩德君、李晓旭等一批当打本土球员为核心的成熟阵容，开始迈入了 CBA 顶级序列，并对总冠军发起了持续的冲击。一直到本赛季，辽宁男篮终于如愿以偿，刘景远作为球队的老板同样创造了属于自己的一份成功。

当晶莹的“至尊鼎”在球队中彼此传递的时候，每个人望向它的眼神都是那样的热切，每个人拿到手中都忍不住细细地抚摸，感受它的温度。他们面前的闪光灯不停闪烁，无数镜头记录下了这最激动人心的一刻，更多的人则将这一刻永远地印刻在了自己的脑海里。

主播

第一

现场感言

夺冠夜最后一项公开的庆祝活动，就是颁奖仪式后的新闻发布会了。一改以往赛季期间主教练带领一名球员参加发布会的惯例，这一次郭士强将全队的 12 名球员全部带到了发布会的现场，在台上坐满了整整两大排。

郭士强代表全队率先做总结发言："今天是我第一次带所有人来到发布会，因为这是一个值得庆祝的日子。首先还是非常高兴，确实，我们等这个冠军的时间有点长，但好事多磨，我们终于还是拿到了这个冠军，这是 23 年 CBA 历史上我们第一次夺冠，也是创造中国篮球和辽宁篮球历史，确实来之不易。"

面对媒体的镜头，郭士强在这天晚上说得最多的就是"感谢"二字，在他看来辽宁男篮的这个冠军的背后，实在包含着太多人的支持和鼎力相助。

但是最为值得感谢的，无疑还是他们自己，在这些年里无论是教练还是球员，都付出了很多很多的艰辛，夏季里的艰苦训练、冬季里的激烈联赛，很多人带着伤病一路咬牙坚持，为了梦想而坚持。

"当他们全队状态不好的时候，外界也有很多质疑声音，但我一直鼓励大家，只要相信自己，相信身边的每个队友，我们就能渡过难关，因为我们最优秀的，辽宁男篮的这种韧性和精神，值得大家尊重。"

最后，郭士强再次引用了他曾经在 2017 年天津全运会上夺冠后说的那句话，来作为自己这一番总结的收尾："还是那句话，我不优秀，我的队员优秀！"

尽管家乡是吉林省而不是辽宁省，但同样是东北姑娘，中国首位短道速滑1500米冬奥会金牌得主、中国最年轻的冬奥会冠军、冬奥会历史成功卫冕短道速滑女子1500米的第一人、2018平昌冬奥会中国体育代表团开幕式旗手、2022北京冬奥会组委运动员委员会委员的中国女子短道速滑队运动员周洋，从不掩饰对辽篮的热爱，夺冠夜现场与队员们合影

接下来，按照发布会的程序应该是球员代表来发言，只不过因为这一次所有球员到场的特殊情况，临时调整成了每位球员都说一句话，让大家用精练的语言来表达出这一刻的夺冠感言。

韩德君率先发言，他紧紧接上了前面郭士强的结束语："我想说的是，郭导你也很优秀，我们所有人都很优秀，因为拿冠军不是那么简单的！"

李晓旭紧随其后，他说道："非常感谢所有人，是我的教练和队友们，让我赶上了这支最好的球队，我为你们骄傲，也为自己骄傲，冠军不是白拿的，是我们一起努力得来的。"

哈德森："首先感谢球队从教练组和所有队员，对我的信任和支持，我自己常规赛打得不太好，但大家仍然一直支持和信任我，才让我在最后能为总冠军贡献一份力量。”

巴斯：“主要是感谢俱乐部和教练组，把我今年找来和大家一起奋斗，很荣幸成为球队一部分。今年教练组带领我们刻苦努力，最后赢得比赛，感谢所有人。”

赵继伟：“感谢俱乐部，感谢教练，感谢队友，这个冠军确实不太容易，大家付出了所有。能在辽宁队打球，能成为这里一员，是我这辈子最骄傲的事情。”

刘志轩：“我要感谢我们这个团队，包括所有的后勤人员，我们能拿冠军和他们也是分不开的。还要感谢我的队友们，在最困难的时候也没有放弃，始终相信自己。”

钟诚：“很荣幸成为这个团队的一员，感谢教练和队友，还有广大球迷对我们的支持。”

丛明晨：“我很幸运能留在辽宁队！”

贺天举：“一句话，我们是冠军，接下来继续努力！”

卫猛：“希望以后越来越好，创建我们队的王朝。”

郭艾伦：“刚才在更衣室我喝了两口香槟，感觉有点喝多了。我就说一句话，但绝对不是酒话——我不知道你们这辈子最荣耀的是哪一天，但对于我来说就是今天！”

最后为这段夺冠感言做收尾发言的是队长杨鸣。他的话是所有球员中最长的，也是最为特别的。

杨鸣说道：“感谢团队里的每一个人，这个冠军和大家都分不开，我第一年上队是辽宁男篮最低谷的时候，一直到今天，职业生涯末期，能拿到冠军，我觉得电视剧本都写不出来这个美妙的过程，让我感到为辽宁的坚守是最荣耀的。我很幸福，此生足矣！”

这段话除了说出杨鸣此时心中最真切的感受，其实还有一个隐藏的背景在其中，因为这个赛季夺冠之后，杨鸣也将随之告别自己的球员时代，在未来将以教练员的身份开始另一段征程。这个冠军对于杨鸣来说，无疑是告别球员生涯的最好的礼物，更成就了一个关于忠诚与坚守的故事。那是一个人，选择了一支队，坚守于一座城，奉献其一生的故事！

这个故事开始于 2004 年，那年夏天辽宁男篮内部安排了一场内部教学赛，比赛一方是征战联赛的一线队中处于大名单边缘的球员和上个赛季一直在养伤的球员，另一方则是青年梯队。那场比赛中，原本打算给青年队上上课的一线球员们，却被对方一名生猛的小后卫冲击得狼狈不堪，后来这名后卫立刻被蒋兴权调进了一线队，参加了 2004—2005 赛季的 CBA 联赛，他的名字叫杨鸣。

杨鸣一踏入职业联赛，就立刻吸引了无数的目光，这一方面是因为他俊朗的外貌，另一方面则是他令人惊叹的赛场表现。在自己的处子赛季中，杨鸣很快就获得了稳定的出场时间，而且还入选了全明星候选阵容，以及尤纳斯的国家队集训大名单。

到了第二个赛季，杨鸣已经坐稳了辽宁男篮的主力控卫，那一年可以说是杨鸣最为意气风发

LIAONING
11
LIAONING
22
LIAONING
12
22
12

的一年，也是表现最为巅峰的一年，不仅多次单场得分超过 30 分，而且还创造了单场 44 分的个人生涯纪录。这对于一个二年级的新秀来说，无疑是一种巨大的荣耀，但从杨鸣整个生涯来看，这样的巅峰背后却也是一种无奈的悲哀。而谈及造成这一局面的原因，就不得不提到杨鸣职业生涯中最为著名的那一场“断腕之战”。

那是在 2006 年初，辽宁男篮客场挑战当时因巴特尔回归而如日中天的北京队，那是一场对于辽宁男篮来说非常关键的比赛，但是因为张庆鹏此前意外受伤没有跟队来到客场，因此杨鸣不得不继续出现在球队控卫的位置上，即便那时的他已经被诊断出左手手腕骨折。

带着这样的重伤，杨鸣在那场比赛中打满了 48 分钟，疯狂地砍下了 35 分，尤其是他在关键时刻的 9 次连续抛投命中，帮助辽宁男篮拿下了最终的胜利。杨鸣的出色发挥让现场球迷感到绝望和恼怒，面对全场的骂声，那时年少轻狂的杨鸣甚至做出了用双手傍耳畔倾听的动作，来作为回应，这成了他职业生涯中的一个经典瞬间。

但是同样是因为这场比赛，让杨鸣的手腕伤势严重恶化，这不仅让他不得不在职业生涯的上升期时就进入长期养伤的状态，还导致他的手腕留下了长久的伤病隐患，从此以后进攻中的投篮稳定性大幅下滑，再也不复当年对手篮下得分如探囊取物一般的锐不可当。

后来在回顾当年那场比赛的时候，杨鸣曾这样说道：“那时的我是最佳新秀，得分能力极强。但当时的形势很清楚，我手腕骨折，而球队客观上又需要我去打那样一场关键比赛。我带伤出场的结果只有一个，那就是必然严重影响到我个人的竞技能力。我一秒钟都没有犹豫，义无反顾决定带着骨折的手出场。后来，我付出整整两年的时间才康复了伤势，但我个人再也不复当年之勇，再也没有回到断腕之前的巅峰状态。”

即便如此，杨鸣从未对自己当年做出的决定而感到后悔。在养伤归来之后的那几年时间里，他依旧是辽宁男篮控卫线上当之无愧的首选球员，也随球队一起经历了在 2007—2008 赛季杀入总决赛的辉煌与失落。

一直到 2012 年，随着边强、谷立业、刘相韬等一批球员的退役或离队，杨鸣成了球队中年龄最大的那个人，也成了球队的队长。但也正是从这一年开始，队长杨鸣开始逐渐淡出 CBA 最耀眼的行列之中，开始为了给年轻人创造更多的机会，而甘愿牺牲自己的出场时间，即便这时的他才仅仅 27 岁而已。

曾经是球场上的领袖，还是 CBA 的偶像，但在辽篮夺冠的时代却只能是精神领导，这一切，杨鸣都接受了。其最终目的，又是为了辽篮夺冠——毕竟，当 2011 年 11 月 11 日衡业集团接手辽宁队时他已经是队中唯一的老将，而郭艾伦还是小孩子；现在，郭艾伦是亚洲第一控卫，杨鸣则更多地投身慈善活动

在随后的这些年里，杨鸣的出场时间逐年下滑，辽宁男篮开始进入了属于郭艾伦和赵继伟的双子星时代，杨鸣则成了板凳席上那个随时准备救场的精神领袖。对于这一点，杨鸣却看得很淡然："随着郭艾伦和赵继伟的成长，我的出场时间非常有限。但我对此没有任何怨言，并且愿意为他们让路，并提供一切可能的帮助。"

杨鸣的这番话并非是表面上的客套，因为他自己也曾经历过这样相似的一幕，在 2004 年他刚刚加入球队时，郭士强的处境就和如今的他一样。当时为了给新秀杨鸣足够的成长空间，郭士强主动减少了自己的出场时间，换来的是杨鸣的飞速崛起。到了杨鸣的第二个赛季，郭士强就直接退役成为球队助理教练，那一年的郭士强才刚刚 30 岁。如今的杨鸣，看着球场上的赵继伟，心中更能够体会到当年郭士强的感受，他将这种感受凝聚成了一个词，那就是辽宁男篮最核心的财富——传承！

其实在这个过程中，杨鸣并非没有机会去换一个环境，重新证明自己的价值。几乎每一年夏天，都有一些外地的俱乐部与他进行接触，希望说服这名正处于黄金年龄的控卫离开辽宁男篮，而且开出的待遇也远比他在辽宁男篮所得到的要好得多。杨鸣坦言自己并不是没有想过换一个环境去证明自己的价值，但是每一次他最终都选择了继续坚守家乡，一次次地与辽宁男篮签下续约合同，因为他也一直希望能够在辽宁男篮见证球队夺冠的那一刻。

在 2017 年全运会前，杨鸣用“1+1”的方式与辽宁男篮又一次续下两年合约，这一次几乎意味着他将在辽宁男篮结束自己的球员生涯，在续约后杨鸣自己也坦言终于可以如愿在辽宁男篮从一而终。此时的杨鸣，其实早已获得了教练员资格，并开始为自己退役后转型做教练着手进行铺垫和准备。同时，他因为无数次的坚守，也成了辽宁男篮这支球队中“忠诚”的化身。

上天对于命运多舛的杨鸣终究是公平的，在他职业生涯的最后时刻，给予了他一个完美的结局。2017 年的全运会冠军和 2018 年的 CBA 总冠军，让杨鸣在自己即将告别球员生涯的时刻，迎来了最为期待的收获。

他从辽宁男篮的低谷中起步，一直走到球队的巅峰作为告别，这一条跨越了 14 年的漫漫长路，让杨鸣百感交集，但更加增添了故事的传奇色彩。“我很幸福，此生足矣！”这是最精辟的感慨，也是一个最美好的告别！

……………………………………

关于这个夺冠的夜晚，还有一个最有趣的小花絮，那是关于主教练郭士强的一句诺言，关于一句被重新定义了的成语。

……………………………………

在当天晚上发布会的最后阶段，有记者问了郭士强一个问题：“郭指导，我知道您平时都是不饮酒的，那么在今晚这样一个欢庆夺冠的时刻，你会破例喝酒吗？”

面对这个问题，郭士强先是有些不好意思地笑了起来，回头说道：“我也不知道一会儿会有怎样的庆祝安排，因为在比赛之前我们完全没有想过这方面的事情，所以至于后面能不能喝酒，我也不知道……”不过紧接着，郭士强的话锋一转，出乎所有人意料地突然说出了一句颇为豪迈的话来，“但要是有庆祝的话，我定会一醉方休！”话音一落，现场便立刻响起了一片掌声，甚至还有口哨声。因为这种“豪言壮语”在平时的情况下，实在是太难从郭士强的口中听到了。

只不过当时现场的每一个人都没有想到，郭士强口中的“一醉方休”真的不仅仅是说说而已，这个平时近乎滴酒不沾的东北汉子，将那种说到做到的决心和他平日里那股子做事的执拗劲头发挥到了极致，在夺冠后第二天举行的庆功宴上，真的将自己彻底灌醉，而且还因为饮酒过量被送进了医院。当这件事儿通过网络传播被更多人知道的时候，郭士强的形象也从人们原本印象中的

第

沉稳严肃，变得更为生动与真实了。

在 3 天后，郭士强也在辽宁省体育局表彰大会上做发言时，也狠狠地调侃了一把自己：“辽宁男篮能夺冠，我心里真的是太高兴了！高兴到什么程度呢？我都把自己喝住院了，你们说我到底有多高兴！”

其实，如果想要明白郭士强为何如此放纵自己的情绪，就必须先明白他在这次夺冠的背后背负着怎样的压力。无论是 10 年前那次总决赛留下的心结，还是最近这几年里两次总决赛折戟带来的遗憾，都是郭士强心头始终无法放下的沉重。

而在 2017 年全运会前，郭士强更是义无反顾地签下了全运会与 CBA 联赛的双重军令状，要在这不到 1 年的时间里完成两个冠军的突破。这种军令状在如今的职业联赛中几乎是不可想象的，毕竟对于夺冠这种事儿来说，往往并不取决于主教练一个人，而是涉及方方面面的因素，甚至有时场外因素或者虚无缥缈的运气都会成为影响最终结果的关键因素。

但郭士强仍然签下了这样的军令状，或许也只有他这种性格的人，才会如此孤注一掷地把自己置于破釜沉舟、背水一战的绝地之中。我们无法想象如果辽宁男篮最终没能夺冠会是怎样一种结局，一旦郭士强“下课”离开，辽宁男篮又会面临怎样的动荡与重建，毕竟在这个赛季之初他们毫无冠军相露出，甚至在季后赛首轮中都显得有些“死里逃生”的味道。

所以我们也不会知道，在那些最为困难的时期里，郭士强是如何用自己挺直的腰身和坚毅的眼神去顽强对抗无比的压力，或许只有那满头青丝化白发可以让我们一窥背后的呕心沥血，去尝试着体会这一年之内两夺冠军的不易。

当你了解了这些，或许就会更容易理解郭士强在赛后更衣室里的那一声“我们是冠军！”，更容易明白郭士强在庆功宴上的痛饮一醉。那是置之死地而后生的尽情宣泄，那是不成功便成仁下的纵情狂欢。

当然，郭士强用自己的实际行动重新定义了“一醉方休”的标准，也为辽宁男篮这次创造历史的夺冠，留下了一段球场外的佳话美谈。

对话郭艾伦：
总冠军是上天给我的回报

笔者：艾伦你好，在夺得总冠军的那一刻，大家看到你流下了激动的泪水，当时心里是怎样一种感受？

郭艾伦：主要是有点不敢相信，我第一反应就是我们就是冠军了？这是真的吗？我当时第一感觉就是这样。我们真的夺得冠军了，因为从来没夺过，所以当你真的拿到这个冠军的时候，你当时就有点感觉不真实。

笔者：那么当自己感觉平静一些之后，是如何看待这个冠军的？

郭艾伦：后来我觉得付出了这么多，可能也是上天也是觉得该给我们回报的时候了。就是我们在训练啊，我们的每场比赛，我们在季后赛期间，在总决赛期间，在场外，这些对精神上，对心理上的那种承受能力，这种打击，我觉得确实是扛过来了，然后我们就夺冠了。

笔者：这个冠军来之不易，是不是觉得也是对自己多年来坚持的一个回报？

郭艾伦：从我开始走上篮球这条路，一直到今天都没变的就是一点，就是想做事，就踏踏实实地努力去做，然后每天都不能放松。想把自己的极限逼出来的话，就是要努力去做，不论是在什么行业里，不论是在什么情况下，可能我就是一直逼自己去做，自然而然情况就到了今天了。上天可能也给了我一些回报吧。

笔者：你也说过自己就像一个笨小孩，但一直能够坚持下来走到成功这一天，是什么样的动力在支撑你？

郭艾伦：我觉得当你看不到希望的时候，你去努力，是因为大家都看不上你，都觉得你不行，我当时努力的方向就是我感觉自己能行，我不想让别人这么看我（觉得我不行），我想让别人对我刮目相看。当我在青年队取得一些成就的时候，在青年队也小有名气的时候，我的心情就不是这种心情了。我的心情就是想做得更好，我既然已经看到一些希望了，达到一些成功了，那我觉得我还能做得更好，还能打得更好一些吧。然后我就更加去努力了。在这两个阶段的想法是不一样的，但都是想让自己变得更好。

笔者：夺冠后你说自己最荣耀的一刻就是“今天”，那么在这之后，你觉得自己还有怎样的目标呢？

郭艾伦：跟我刚才提到的一样，为什么不能做得更好一点？我都已经到这个份儿上了，又不是不打了，那就要打得更好，能够像那些超级球星去学习，就像詹姆斯、科比这些，已经非常非常出色了，但每天都在刻苦训练，这种例子真的太多了。所以这种没斗志的事情在我身上是不会出现的，打到这个份儿上，就是想要做得更好。

笔者：说说这个冠军赛季吧，其实不是那么一帆风顺的，常规赛的时候好像并没有太多人看好你们能够夺冠？

郭艾伦：对这个赛季来说，其实并没有太大的起伏，但是有的时候会有一些小的，比如说球队状态不好，连续输掉了比赛，可能大家调整调整，后面两场又打得恢复起来了，然后打了几场好球后，可能又会有一两场波动，就是来回在这种起伏下，不是说那种特别的稳定，但是也没有出现很大的问题。所以说这就是为什么我们这个赛季能在常规赛取得第二名，后来在季后赛能越打越好，最后拿到总冠军。我觉得还是大家特别努力的结果，但是我能看出来大家也都特别疲劳，因为之前夏天的时候大家都打了很多的比赛，比如全运会这些，包括我还参加了国家队，就是一直在连着，从我自己身体来说，我感觉疲劳程度特别大，我觉得这一个赛季来说，就是能在这种疲劳程度下打出这种状态，我觉得我们队还是真的挺不错的。

笔者：其实当时你的状态也不是很稳定，也因此遭受了很多的质疑，当时让你感受到更多的压力吗？

郭艾伦：就被质疑这些事情来说，自己还是没有过多去想，有时候打得不好的时候心情特别沮丧，训练得不好或者训练少，我自己也感到有些不满足，就是感觉有些迫切，因为每一天都很重要，尽量在有限的时间去提升，这些才是我所注重的。而外界可能觉得在我身上才有话题可聊，所以才不去讨论其他人。这个赛季里的一段时间，我确实有累的感觉，会感觉不好，心情也不好。但是，这就是我的生活我的事业啊，再累也得坚持！这么多年了，别患得患失就对了。

笔者：有时候感觉郭士强指导也会对你特别严格，比别人要更严格一些，甚至在场边就批评你，你自己有觉得这样吗？

郭艾伦：郭指导，在队里来说，他的执教风格就是比较严格，可能我的情绪就是比较直，有的时候就是容易冲动，就是下来以后，自己都会理解，现在就是通过这一系列的比赛，我会变得更加成熟吧。

笔者：记得你自己在微博上也说过，最初很多小伙伴都认为你是因为有郭士强这么个叔叔才能留在队里，这让你受到很大困扰吗？

郭艾伦：其实说什么的都有，我也不会去想别人会说什么，我觉得想在我的身上找话题还是比较看得起我，别人想说什么都行，我只需要做好自己就行了。

笔者：经过这一次夺冠之后，也打破了辽篮“千年老二”的魔咒，是不是对大家从心理上、心态上都能有一种提升？

郭艾伦：心态这方面，现在大家也都知道了该怎么做了。前几年我们的积累，包括我，每打完一场球，不管是好还是坏，我都不会过多地去考虑，就是打得好了，我也不会过多地去喜悦，因为你还有下一场，所以我不会去高兴，因为你要是太高兴了，就容易乐极生悲吧，下一场就容易打得很差。所以说尽量让自己的心态保持平稳。

笔者：从个人的角度，在未来还想在哪些方面继续有所提高呢？

郭艾伦：我各方面都想提高，自己去尽力吧，但主要一点是要放轻松，不会去刻意地加强，而是先把身体的恢复放在首位，有一个好的精神状态，比赛就算是技术不行但是心态要好，再一个就是要去享受，轻松地打球。

笔者：夺冠之后，给自己的休假计划是什么样的？

郭艾伦：休赛期我想的就是好好睡觉，真的是太累了，虽然我想好好训练，但是恢复身体状况才是更重要的。所以当我的身体状态达到极限的时候，我就不会有太多的想法，而是加强身体恢复。

第二章 2
CHAPTER

冠軍季

夺冠的那一夜，在球场内人潮沸腾的背景下，郭艾伦坐在场地边上抱头痛哭，这一幕成了关于辽篮夺冠的记忆中，一个最为经典的瞬间。

“好好打，不要再丢了。”这是半决赛 4 ∶ 1 击败广东队晋级后，老大哥易建联对郭艾伦叮嘱的一句话。郭艾伦还清楚地记得，在两年之前他也曾在同一个场景下听到同一个人说过一句类似的话——好好打，总冠军！

“一切都是那么相似，不同的是那次我激动得哭了，不知道为啥这次我没有。希望这次结果也能不同，大家加油！我期待着能再次等到让自己激动得哭出来的那天出现。”自我勉励的话语仿佛犹在耳边，郭艾伦终于突破了自我，等到了让自己可以尽情释放眼泪的那一天。

而这一天，在他自己看来，绝对是自己这一生中最为荣耀的时刻！

郭艾伦的2008—2018及成长轨迹

1993 年 11 月 14 日，郭艾伦出生于辽宁省辽阳市，能够与篮球结缘主要还是受到了家庭环境的影响。

众所周知，郭艾伦的叔叔郭士强在 20 世纪 90 年代已经开始崭露头角，成为辽宁男篮的一员新秀，也是老郭家走出的第一个职业球员。郭艾伦的父亲郭宏是郭士强的二哥，他虽然没有像弟弟那样走上职业球员的道路，但同样非常热爱篮球，而且从小和弟弟一起练习篮球，年轻时也是单位篮球队里的绝对主力。

在这样的环境影响下，郭艾伦在很小的时候就在父亲的带领下开始接触篮球了，一开始的时候郭宏也没有想着一定要让小艾伦成为职业球员，毕竟从自己和弟弟的亲身经历中，郭宏明白篮球这条路同样非常艰辛，尤其是在辽宁这个底蕴深厚的篮球大省，想要最终成为辽篮的 12 人之一，无疑是格外地艰难。

不过郭艾伦却很快就对于篮球这项运动表现出了极度的痴迷，在那个很多小孩子还需要家长或教练去监督着练球的年纪里，郭艾伦只用了不到一年的时间就从被动变为主动，不但不需要任何人的督促，反而父亲郭宏时常可以用“不让打篮球”这件事儿作为一种“威胁”。“比如你想让他干点啥，他闹别扭，只要说不干完今天就别去打篮球了，他立马就服从。”父亲郭宏这样说道。

看到郭艾伦越来越痴迷于篮球，妈妈田玉娟其实一开始的时候还不是很情愿，因为在她眼中，郭艾伦一直是一个学习成绩出色的聪明孩子，每次学校考试他都是前几名，甚至有一次田玉娟开玩笑似的跟郭艾伦说：“儿子你给妈妈考个双百呗。”结果郭艾伦就真的在那次考试中考出了双百成绩，这让田玉娟感到特别高兴的同时，也坚信就像学校老师所评价的那样：“郭艾伦将来考大学没问题”。

说到学习，就不得不提到那篇著名的作文，在辽阳市的一次小学生作文比赛中，郭艾伦写了一篇题目为《我与 CBA》的参赛作文，最终在全市获得了二等奖。虽然因为后来搬家的原因，这篇作文的原文已经找不到了，但是当时的证书和报纸上的报道，都被田玉娟仔细地保存了下来。

郭艾伦之所以会写这样一篇作文，则是因为他的童年里充满着太多关于 CBA 的记忆。2001 年辽篮就曾将辽化体育馆设为主场，在 2003 年辽篮进入盼盼时代之后，更是将主场变更为辽阳体育馆，在那段岁月里，郭艾伦几乎是一场不落地到现场观看了辽篮所有 CBA 比赛。

在那个时候，还曾发生过一件很有趣的事儿。那是在辽篮将主场搬到辽阳的第一个赛季里，有记者在前往辽阳体育馆采访郭士强的时候，遇到了陪着奶奶一起来看比赛的郭艾伦，当时只有10岁的郭艾伦在听说记者想采访自己后，丝毫没有“认生”的表现，反而是主动拉住记者的手说道:“叔叔，你要采访我吧，你就写我基本功扎实、投篮准、技术出色、速度快。”

在当时，这篇只有寥寥数百字的稿子或许并没有吸引太多人的注意，但是在版面上仍然配发了一张当年稚气未脱的郭艾伦身穿辽篮球衣、抱着篮球的照片，并在下面配上了这样一行图片说明：让我们记住郭艾伦这个名字，也许将来他就是辽宁队的组织后卫。

令人没有想到的是，在10余年后的如今，这份报纸的截图突然又一次在网络上“火”起来了。回头看去，仿佛当年的这篇报道就像一个关于郭艾伦的“预言”，而且还是贼准贼准的那一种。

······································

扎实的运控基本功，出色的行进间技术，还有反击时快如闪电的推进速度，都是郭艾伦一路成长过程中最为突出的标签。即便是几年前被认为是他最为薄弱环节的投篮能力，如今也得到了极大的提升，在2018年总决赛的4场比赛中，他两分球和三分球的命中率都达到了50%，这在国内球员中已属于佼佼者。从如今这样的表现中也可以看得出来，当年的小艾伦绝对是没有“吹牛”的。

当然，如今的郭艾伦已经不仅仅是辽篮的组织后卫，更是中国男篮的组织后卫。他凭借连续几个赛季以来不断进步的数据和总决赛上出色的发挥，已经坐稳了本土第一控卫的宝座。而凭借过去几年在亚锦赛、奥运会这些重大国际赛事上的表现，他更是已经闯出了“亚洲第一控卫”的名声。此时的郭艾伦，已经可以用一句“天下谁人不识君”来形容，他已经让无数人记住了自己的名字。

当然，郭艾伦这一路走来也并非一帆风顺，他从很早开始就经历聚光灯下的荣耀与夸赞，但也相应地承受了比别人更多的质疑与苛责。他不断享受着篮球带给他的欢乐与成就，也一路伴随着不同滋味的泪水与汗水。

郭艾伦的眼泪对于球迷来说已经并不陌生，因为性格上的原因，郭艾伦的情绪很难隐藏，他总是用最直接的方式表现出自己心中的喜怒哀乐。尤其是最近几年里，几乎每一年都能在赛场上见证郭艾伦的眼泪，从2015年总决赛上被北京队击败之后不甘的泪水，到2016年半决赛击败广东时的热泪盈眶，再到2017年夏天全运会夺冠之后的喜极而泣，最后是2018年夺得CBA

总冠军之后那种酣畅淋漓的宣泄。

每一次的泪水，都有不同的滋味。每一次的泪水，都见证了郭艾伦的成长。

……………………………………

说到郭艾伦的成长之路，绝对可以用年少成名、历经坎坷来形容。早在 2008 年的时候，郭艾伦就入选了国家少年队，并参加海外集训；2009 年，郭艾伦率领国青队在首届 U16 亚洲青年男篮锦标赛上以全胜战绩夺冠，场均可以贡献 19.3 分、5.5 个篮板和 2.6 次抢断。此时的郭艾伦，在中国篮坛已经算是小有名气，也吸引了不少球迷的关注。

2010 年对于郭艾伦来说是非常有意义的一年，在这一年里他经历了自己职业生涯的一个重大转折。首先在年初举行的 U17 世青赛，要算得上是郭艾伦真正的成名之战，他以国青队长的身份在 8 场比赛中 7 次拿到“20+”得分，其中对埃及比赛得到 30 分的世青赛单场最高分，以场均 22.4 分毫无争议地获封世青赛得分王，同时他场均 5.5 次的助攻也排在第三位，最终在郭艾伦的率领下，国青队历史性地拿到第七名的好成绩。

随后，他也凭借世青赛上的优秀表现，在这一年的 7 月 24 日，入选国家队，参加了姚基金的一场慈善赛，从而完成了自己国家队的首秀，并得到 11 分、5 个篮板和 5 次助攻；8 月 25 日，17 岁的郭艾伦正式入选了国家队 12 人大名单，并赴土耳其参加世锦赛，创造了最年轻国家队队员的纪录。

土耳其归来之后，郭艾伦便与当时的辽宁盼盼俱乐部签下了自己的第一份职业合约，正式开始征战 CBA 联赛。而在这个过程中还发生了一个当时在中国篮坛引起很大震动的事件，按照当时 CBA 的相关规则，国内球员只有年满 18 岁之后才具备报名参加 CBA 联赛的资格，但是在 2010—2011 赛季开始之前，中国篮协在公布的《2010—2011 赛季中国男子篮球职业联赛竞赛规程》中，对国内球员的参赛资格做出了调整，在未满 18 周岁不得上场比赛的条款后面多了一个备注——国家队正式队员不受此限制。因为当时受益者只有郭艾伦一个人，所以后来这也被称为“郭艾伦条款”。

之所以会有这样的条款出台，其实也是缘于当时的辽篮迫切希望郭艾伦能够加入球队中征战联赛，以便弥补张庆鹏离开之后的后场空缺。但是因为郭艾伦是在 11 月出生，如果按原先的规定等到他年满 18 岁的话，就要再晚 1 年才有机会打上 CBA。所以当时的盼盼俱乐部就在 CBA 俱乐部会议上主动提议，希望新赛季每支球队都可以注册一名 18 岁以下队员。

辽宁本钢
13
郭艾
ups
14
14

虽然明眼人都可以看出，该条款显然就是在有目的地为郭艾伦创造条件，但该条款一提出后还是马上获得了大多数俱乐部的同意。因为各个俱乐部都有不少潜力新人，此前篮协对于国内球员需满 18 岁的限制，虽然一定程度上保护了球员，避免其在激烈的联赛中受伤，但与此同时也限制了一些年轻球员们的成长和锻炼。

……………………………………

无论如何，最终凭借这份在 CBA 历史上赫赫有名的“郭艾伦条款”，让郭艾伦在 2010—2011 赛季正式开启了自己的 CBA 生涯。同年 12 月 12 日，刚刚满 18 周岁的郭艾伦在面对青岛男篮的比赛中，完成了自己的 CBA 首秀，他在 17 分钟的出场时间内，得到 10 分 2 篮板。

相比大多数的 CBA 新秀，郭艾伦的起点还是比较高的，自己的处子赛季里就能够场均获得 25 分钟以上的时间，而且得分也突破了两位数，场均拿到 10.3 分，还有 3.1 次助攻。对于一个一年级的菜鸟来说，这已经是一份非常出色的成绩单了。

在经历了两个新秀赛季的适应之后，郭艾伦从 2012—2013 赛季开始成了辽篮的首发控卫，平均出场时间也猛增到 34 分钟以上，个人数据更是上涨到场均 16.1 分和 4.3 次助攻，并且在赛季结束后的评选中，当选为该赛季的“最佳组织后卫”，同时还获得了“最快进步奖”。

尽管在接下来的 2013—2014 赛季里郭艾伦遭遇了自己步入 CBA 以来最严重的一次大伤，但这并没有怎么拖慢他成长的脚步。在养好了右手手腕骨折的伤病之后，他在 2014—2015 赛季开始，与辽篮一起进入了 4 年三进总决赛并最终夺得总冠军的巅峰时期。在这个阶段的连续 4 个赛季里，郭艾伦始终稳坐球队的本土控卫位置，场均时间也没有再低于过 30 分钟。

他不但在这几个赛季里始终有着非常出色的发挥，而且还能够让人感受到他不断地进步。从 2014—2015 赛季的场均 13.7 分 5.1 助攻，到 2015—2016 赛季的场均 15.9 分 6.0 助攻，再到 2016—2017 赛季的场均 19.9 分 4.2 助攻，郭艾伦的数据稳步上升，赛场上的表现也越发成熟。

……………………………………

在这期间，郭艾伦虽然两次错过了总决赛登顶的机会，但是在 2015 年夏天的男篮亚锦赛上，

他还是迎来了个人篮球生涯的一次辉煌——作为中国男篮的主力控卫随队夺得了亚锦赛冠军，同时还凭借以场均 10.9 分、3.2 个篮板、4 次助攻、1.3 次抢断的数据进入了赛事最佳阵容。那一年的长沙，中国男篮在《歌唱祖国》的歌声中重回巅峰，而郭艾伦也终于在成年组的国际赛场上第一次证明了自己。

那一年亚锦赛之后，郭艾伦开始被人们称呼为“亚洲第一控卫”，虽然还并不能让所有人信服，但也足以说明他已经能够站在亚洲顶级运动员的序列里。后来，他的那一番关于“亚外”的评论，更是让所有中国球迷听得扬眉吐气，也显示出了他的自信与底气。

“我不觉得说我（数据）像亚洲外援是一种褒奖，因为 2015 年亚锦赛的冠军是我们中国队。我们 12 个人才是亚洲最强的！”郭艾伦说道。

在 2016 年再次经历了里约奥运会的洗礼之后，郭艾伦的技术已经日趋完善，场上的进攻选择也开始变得更为成熟。终于在 2017 年开始，他终于进入了一个真正属于收获的时间段。

尤其是 2017 这一年，对于郭艾伦来说绝对是标志性的一年。因为在这一年里他经历了很多职业生涯中的重大节点，国家队的、俱乐部的、国外的、国内的，可以说许多个里程碑式的时刻，串联起了他这丰富多彩的一年。

尤其精彩的是，这些经历绝非是一帆风顺的，而是在顺境与逆境的交织中，夹杂着许多汗水与泪水的喜怒哀乐。这样的复杂感受，也让郭艾伦自己在年末回首这一切时，给出了一个“比较完美”的评价。的确，郭艾伦的这一年或许还算不上特别完美，但已经足够精彩。

在 2017 年 8 月份的男篮亚洲杯上，初次分成红、蓝两支国家队的中国男篮迎来新的检验，在易建联缺阵的情况下，郭艾伦成了男篮蓝队中当之无愧的核心。这也被视为是他初次以国家队领袖的身份，带队踏上了国际赛场。甚至国际篮联在展望这届亚洲杯的时候，也指出这应该是属于郭艾伦的一届赛事，并相信他能够扛起带领中国队得分和前进的重任。

郭艾伦也的确在亚洲杯上释放出了自己的光芒，无论是面对卡塔尔队时独自砍下 30 分率队取胜，还是对阵伊拉克队的最后时刻连得 10 分一手导演逆转好戏，都可以成为郭艾伦作为国家队核心的代表之作。

当然，在郭艾伦第一次承担起核心职责的过程中，并非是一帆风顺的，尤其是在小组赛的第

一场比赛中，他就遭遇了一次比较沉重的打击。面对 2015 年男篮亚锦赛决赛对手菲律宾队的来势汹汹，郭艾伦在上半场打得非常迷茫，下半场虽然有所起色，并且凭借自己的连续得分在第四节里成功地帮助球队反超比分，但是在最后的关键时刻他领到了第五次犯规，只能遗憾地在场下眼看着球队陷入混乱，然后输掉了比赛。

那场比赛对于郭艾伦的影响是巨大的，让他真正地感受到了身为国家队核心在享受荣耀的同时，也必须承担起沉重的责任。在回顾那场比赛的时候，郭艾伦也不无遗憾地认为，自己在思想准备上的确有所不足。“就是自己的犯规太多了，没能想到裁判的尺度，赛前也没有做好这方面的思想准备，只能说非常遗憾吧，最后时刻如果能够在场上的话，也许能给队伍做出更多的贡献吧。”

就是这样一场失利，让男篮在后面的赛程里不得不提前遭遇头号种子澳大利亚队，最终只能再次争夺第五名。而郭艾伦也带着这样的遗憾，结束了自己作为国家队核心的初体验，他证明了自己有着接班易建联的潜质，但也明白了自己仍有一段路要走。

亚洲杯回来之后，郭艾伦很快就迎来了另一个非常重要的时刻，那就是在天津举行的第十三届全运会。2017 年 9 月 8 日，辽宁队在第十三届全运会男子篮球成年组的决赛中击败新疆队，夺得冠军。这是辽宁队在 58 年全运历史上的第一个冠军，是打破纪录创造历史的一个冠军。而在这一场比赛中，郭艾伦拿下了 22 分、9 个篮板和 4 次助攻，无疑是夺冠的最大功臣。

当时很多人不知道的是，在这样一份荣耀的背后，却是郭艾伦近乎身体透支的拼命付出。在比赛结束后的第一时间里，我和其他同行一起在球员通道口拦住了他准备进行采访，可是郭艾伦刚刚说了几个字，就突然出现脱力的状况，站立不稳，只好单膝跪倒在地，并伴随着剧烈的咳嗽。后来，在身边工作人员的帮助下，郭艾伦才重新站起来继续接受采访。对于自己当时的状态，郭艾伦这样形容说，“我的身体早都已经到了一个疲劳期，我特别疲劳，但为了球队我还是坚持到了最后。”

……………………………………

事实上，在全运会决赛期间，郭艾伦不仅带着刚刚从男篮亚洲杯归来的疲惫，还有一身的伤痛，他的大腿拉伤没能痊愈，脚部又出现新的状况，几乎每一次想要起速蹬地的时候，都要忍着剧烈的疼痛。但即便是在这样的情况下，依旧每一场比赛都拼尽了全力，尤其是决赛中他在比赛的最后一节里就独自砍下 14 分，几乎连续上演 1V3 或 1V4 的突破上篮，因为那一刻他知道自己距离这个非常渴望的冠军越来越近了。

“上一次全运会在辽宁的时候，我们就有机会，但是特别遗憾最后还是差了那么一点，所以这一次我们一定要拿到这个冠军，不管对手是谁都一定要战胜他们。”带着这样的信念，郭艾伦如愿地帮助球队拿到了这个冠军，实现了几代辽宁篮球人一直苦苦追寻的梦想。

……………………………………

在收获了自己国内赛场的第一个有分量的冠军之后，郭艾伦和队友们一起将下一个目标锁定在了 2017—2018 赛季 CBA 联赛上。当时很多人也认为，借助全运会夺冠的这股势头，郭艾伦和辽篮都有很大的机会在新赛季里一鼓作气再做突破。

尽管最后他们的确做到了这一点，但是从过程来看却远比想象中更加艰辛。就郭艾伦个人来

2017年9月8日，辽宁队在第十三届全运会男子篮球成年组的决赛中击败新疆队，夺得冠军。决赛中，郭艾伦拿到22分9篮板4助攻，其中第四节砍下14分

说，在 2017 年几乎达到个人职业生涯巅峰的情况下，也出乎意料地遭遇了自己职业生涯以来最为低谷的一段经历。

反击上篮不进，运球脱手出界，传球直奔裁判……郭艾伦在新赛季开始之后的表现几乎可以编写一部《控卫失误大全》，糟糕的身体状态不仅让他在比赛中手感全无，就连曾经独步赛场的速度优势也正在逐步失去，更不用说场上数据的大幅下滑。面对这样的低迷，郭艾伦也不可避免地遭受到铺天盖地的质疑与批评。

当然，郭艾伦遭遇低谷也是有原因的，在 2017 年里他接二连三地征战大赛，国家队与全运会的双线作战，让郭艾伦的身体一直处于高度疲劳之中，始终没能得到机会好好地休息调整。在天津全运会之后他就曾表示，自己需要好好休息一下，但是随着新赛季的临近，留给他的时间也只不过是十余天而已，相对于他体能上的透支还有伤病的影响来说，这不过是杯水车薪。

身体与心理上的双重压力，让郭艾伦在这个赛季常规赛阶段的很长一段时间里，都很难真正地快乐起来，但是如此艰难的现状也未曾动摇他对于篮球的热爱，更让他学会了如何用沉默和行动去应对状态上的低谷。“现在我确实很累，心情也不太好，但毕竟篮球是我的生活和事业啊，再累也得坚持！”面对重重压力，他坦言自己情绪不佳，但也从未动摇他坚持到底的决心。

事实上，这个夺冠的赛季中，并不仅仅是郭艾伦遭遇了低谷，整支辽篮的状态也并不算特别好，尤其是在赛季的开局阶段，他们的表现似乎比上个赛季缺兵少将之时还要略微不如，这主要是因为夏天里全运会的周期与联赛存在一定的冲突，在全运会结束后只有一个多月的时间来备战联赛，这期间还要有十余天的休假，这让球队的备战工作很难做到尽善尽美，整个球队的状态处于一种并不稳定的情况下。

但是这种情况并没有影响到辽篮要在这个赛季继续冲击总冠军的决心，或许是过去 3 个赛季里的一些经历，让他们真正开始变得成熟起来，他们不再刻意地去追求常规赛的战绩，甚至不会太在意一两场比赛中的得失。对于这个赛季中所遭遇的很多困难，尽管在外界看来似乎非常严重，但其实早已在球队教练组的预料之中，所以尽管这期间曾打出了像主场不敌江苏队那样近几个赛季以来罕见的糟糕表现，但始终没有动摇这个团队的信心，也始终能够保持一个非常平稳的心态去面对联赛，甚至带有了一点利用常规赛来磨合球队、调整状态的味道。

最终，辽篮能够在常规赛接近尾声的时候调整好自身的状态，然后在季后赛中开始渐入佳境，这绝非一种偶然，而是在球队精心的计划，以及后勤保障等方面通力配合之下的必然结果。

事实上，辽篮无论是在俱乐部层面还是球队本身，都从未像外界一度猜测的那样因为全运会的夺冠而丧失掉在联赛中继续冲冠的信念，反而是从 2017 年的上半年开始，就着手为新赛季能够对总冠军保持冲击力而做出了许多准备工作，在资金的投入上也加大了力度。

这其中最有价值也是最见效果的投入，无疑是两名新球员的到来，内援钟诚的加盟和外援布兰登·巴斯的签约，可以说是为辽篮的冠军阵容镶嵌上了两块最为关键的拼图。

钟诚的成长轨迹及被他打破的“纯正血统”

先说钟诚，这可能算是辽篮队史上第一个真正意义上通过职业化运作带来的本土球员，而且是非辽宁籍球员，这对于辽篮这支一直以来就以“血统”闻名的球队来说，算得上是一个很大的突破。其实球队上一次出现的非辽宁籍球员也就是在几年之前加盟的卫猛，只不过当时卫猛是以大学生球员的身份被辽篮自由签约的，算是一个联赛的新人，和钟诚这种通过运作转会而来的当打球员还有很大的区别。但值得一提的是，这支冠军阵容中仅有的两名非辽宁籍球员，他们竟然是河北老乡，而且还都是出身于校园篮球的运动员，这也不得不说是一种难得的巧合了！

钟诚的到来在大多数人眼中都是一个很大的意外，毕竟在辽篮的历史上，他们一直以来都是对外输出球员的大户，从其他球队引进、交流的情况几乎是从未有过。因此当 2017 年 7 月 18 日，辽篮官方突然宣布将与吉林队进行一项涉及多名球员的交流计划时，吃惊的可不仅仅是辽宁球迷，毫不夸张地说，真的是有点震惊了整个 CBA。

这份涉及多名球员的交流计划，主要是辽篮将廉明、柴长易和高诗岩三名球员送到了吉林队，换取了在吉林队已经效力多年的钟诚加盟。这其中柴长易和廉明都属于长期交流，换而言之就是永久转会至吉林队，“95 后”的年轻后卫高诗岩则采取“1+1”的租借方式；同时，钟诚则以一份“1+1”的合同转投至辽篮。

当时在很多人看来，辽篮用“3 换 1”的方式获得钟诚，体现出了非常大的魄力。但实际上，这次球员交流堪称 CBA 的经典案例，辽篮换得了钟诚这样一名有经验、有能力的“即战力”，而吉林队虽然看似缺少了一个内线的强点，但却丰富了整个球队的板凳深度，尤其是重点弥补了控卫线上的薄弱，这对两支球队来说绝对是一次皆大欢喜的双赢。

对于钟诚这名球员，即便是辽宁球迷也可以说是比较了解的，毕竟他已经在 CBA 中征战多年。钟诚出身于校园篮球，曾效力于清华附中（高中）男篮，期间率队两次夺得中国高中篮球联赛总冠军，

并获得“联赛最有价值球员”称号。2008 年，钟诚从清华附中直接加盟吉队，从高中生直接跨入职业生涯，随后便一直为吉林东北虎效力。2013 年，钟诚首次入选国字号球队，随国奥队参加了一届四国邀请赛。在 2014—2015 赛季里，钟诚场均上场 32 分钟，能够贡献 7 分、6.3 个篮板，帮助吉林队打入季后赛并取得联赛第五名的好成绩。

辽篮之所以将钟诚招揽至旗下，主要就是为了增加内线的轮换深度。在过去几个赛季里，即便是两次杀入总决赛的期间，辽篮在内线的轮转其实都是相对吃力的，主要依靠韩德君、李晓旭和“大外援”三人之间进行轮转，作为第四内线的廉明出场机会不多，只能偶尔扮演奇兵的作用，第五内线卫猛更是整个赛季都很难获得几次出场机会。

随着李晓旭在 2016 年体测中跟腱断裂，让辽篮的内线轮转在 2016—2017 赛季中更是雪上加霜，被推上主力位置顶替李晓旭的廉明，也因为伤病的原因没能表现出自己应有的实力，韩德君的出场时间又必须得到控制，卫猛虽有所进步但仍不足以承担起更多职责，更年轻的孙锴祺进入轮换阵容也尚有不足。种种原因之下，让辽篮对于内线轮转的渴望日益加深。

在展望新赛季的时候，球队深刻地意识到，内线在轮转方面的隐患依旧严重，即便迎来了李晓旭的伤愈复出，但是通过全运会预赛时的观察，显然李晓旭还需要经历很长一段时间才有可能恢复到他的最佳水平，但是新赛季继续冲击总冠军还是势在必行，在考虑到内部挖潜暂时没有可能的情况下，他们不得不打破常规开始将目光投向 CBA 的球员市场。

事实上，在引进钟诚之前，辽篮也曾考虑过其他内线球员，比如之前一直效力于江苏男篮的常林，为此辽篮与江苏男篮和常林个人都进行了积极的沟通，虽然一开始还是比较顺利的，但最后由于种种原因双方还是未能实现合作。只不过这次失利并没有动摇辽篮寻找一名内线轮转球员的决心，接下来他们将精力重点投向了自己的东北兄弟吉林队。

其实辽篮与吉林队之间的关系，在 CBA 这个圈子里可以说是最为亲密的了，两支球队不仅仅在地缘上属于近邻，有天然的东北情结作为纽带，同时在 CBA 的历史上也是球员交流最为频繁的两支球队——当然，在过去的那些年月里基本上都是辽篮向吉林队输送球员。从 CBA 最早时候的接君、于学鹏，到后来的卢伟、路遥，再到最近几年的柴长易，在吉林队的阵容中一直可以看到辽宁球员的身影。两家俱乐部之间也保持了这非常亲密的合作关系，每年夏天都会在一起进行很多内部交流。

在这样的历史渊源之下，这一次 CBA 罕见的“3 换 1”也就变得不难理解，甚至从一定程度上来说，吉林队还是实实在在地给辽篮帮了一个大忙。毕竟后来的联赛过程已经证明，钟诚的到来的确给辽篮带来了很大的帮助，虽然作为一名轮换球员他的出场时间不多，但是每次登场几乎都能够给球队带来立竿见影的帮助，比如季后赛中面对北京队时的关键抢断，半决赛面对广东队时对易建联做出的致命封盖，这些都是在一定程度上影响了比赛局势的重要细节，是辽篮一路过关斩将重返总决赛不可或缺的因素。

另外，在高诗岩的租借上，辽篮也不得不承情吉林队。这名年轻的后卫虽然在进入联赛两年以来一直没有获得太多表现的机会，但还是通过全明星星锐赛等有限的机会，让人们注意到了他的潜力，因此他始终在辽篮未来的计划当中，只不过因为目前辽篮后卫线上郭艾伦、赵继伟正处于强势期，还有经验丰富的杨鸣压阵，高诗岩实在很难获得足够的出场时间。能够以租借的方式送出去获得打球的机会，这对于高诗岩个人来说是一个难得的机会，对于辽篮来说也是一个缓解自身后卫线储备过盛的一个绝佳选择。当然，高诗岩个人也并没有辜负两家俱乐部为他创造出的这样一个机会，在吉林队的一个赛季，他获得了极大的信任与重用，也打出了非常抢眼的表现，并且在这个赛季结束后首次入选了国家队的集训大名单。

对话钟诚：夺冠很幸运也很荣幸

笔者：刚刚加盟辽篮就拿到了总冠军，这是一种怎样的感觉？

钟诚：应该说非常兴奋，也感觉自己很幸运吧，更感觉这是一种荣幸，能够成为这样一支团队中的一员。我得感谢我的教练和队友，对我一直以来的帮助，还有广大的球迷也给了我很多支持。

笔者：你在这个赛季前刚刚加盟辽篮时，想到这样的结果了吗？

钟诚：这个当时并没有想得太多，但是我很清楚辽篮一直就是以总冠军为目标的球队，来到这里之后我也亲身感受到了这一点，每个人都在为此而拼尽全力。

笔者：在季后赛中，你有好几次关键的防守令人印象深刻，如何看待自己的表现？

钟诚：其实我在来的时候，就知道辽篮找到我就是看中了我在内线的防守能力，因为辽篮有很多优秀的球员，他们在进攻端有很多选择，所以我就更侧重于在防守上发挥出自己的作用，很高兴能够给球队带来了帮助。

巴斯可是对抗过姚明和奥尼尔的

说完了钟诚，再说说大外援巴斯。在落实了钟诚加盟的事宜之后，辽篮新赛季的阵容中，只差最后一个位置，那就是大外援。

早在 2016—2017 赛季结束后不久，辽篮就基本确定了不再续约此前两年为球队效力的大外援兰多夫，最终在 2017 年 6 月双方彼此祝福之后“和平分手”。但随之而来的问题就是：辽篮需要寻找一个什么样的继任者，来弥补兰多夫留下的空缺？

这个继任者并不怎么好选，兰多夫毕竟已经是 CBA 内数得上的优秀大外援，尤其是在进攻能力上绝对是属于一线行列，但是兰多夫最大的问题在于他身上有着太多的伤病隐患，这对于激烈的季后赛来说，仿佛一颗随时可能引爆的炸弹，也是辽篮最终决定放弃他的最主要原因。

在这次外援选择上，辽篮显得格外地谨慎，也抱有着很大的期望。他们甚至考虑过选择一名像新疆队布莱切那样的“超级外援”，来顶替哈德森成为球队新的进攻核心，为此他们甚至主动接触了曾在上海队和山东队效力过的比斯利，但遗憾的是比斯利更倾向于留在 NBA 发展，让这次接触很快就没了下文。

2017 年的整个夏天，堆在总经理李洪庆和主教练郭士强桌子上的外援资料几乎成了一座小山，所有经纪人都知道辽篮现在迫切需要找一个强力的大外援，于是都把自己手中每一个看似符合条件的球员推荐了过来。只不过这一次，辽篮寻找一个优质大外援的决心虽然强烈，但是并没有急切做出决定，而是非常有耐心地反复考察、比较，一直到临近 8 月末全运会即将开幕之前，才确定了最终的人选。

当辽篮正式宣布签约巴斯的时候，在 CBA 也引起了不小的轰动。一方面声音认为，辽篮这一次真是淘到宝了，毕竟巴斯无论是从 NBA 履历还是个人实力上都是比较有保证的，而且在刚刚结束的 2016—2017 赛季 NBA 联赛中，他还代表快船队打了 52 场比赛，场均出战 11 分钟，可以得到 5.6 分、2.5 个篮板的数据，投篮命中率 57.5%，三分命中率 33.3%。可以说，如果巴斯能够保持这样一个水平来到 CBA 的话，绝对可以有很大的作为。

但是也有另一方面的声音认为，巴斯未必是一个适合辽篮的选择，毕竟作为一名身高只有2.03米的矮个子内线球员来说，即便是在 CBA 的环境下，也很难承担起大中锋的职责，恐怕只能作为一个 4 号位的大前锋使用，无法像之前的兰多夫那样在 4、5 号位之间进行摇摆，这样一来辽篮在中锋位置上依然要过多地依靠韩德君。

不过对于这些细节上的问题，俱乐部和教练组其实也有自己的考量，郭士强就曾很直接地表示，主要是看重了巴斯的综合能力：“从俱乐部给我们提供的比赛视频资料和从美国方面了解到的技术特点来看，巴斯的防守比较强悍，篮板球能力很好，而且除了篮下进攻，中远投也有较高的命中率。综合各方面的情况来看，教练组认为在候选人中，巴斯是最适合球队的。”

在各种期待与质疑的声音中，巴斯还是在新赛季开始之前如期来到了辽篮，对于自己首次来到中国打球，巴斯对此也充满了新鲜感，他曾这样形容自己的 CBA 之旅：“我是第一次来到海外打球，对这里的一切都很陌生，所以谈不上什么期待，但我很乐意好好体验这一次经历，并尽可能给球队带来帮助。”

也有记者在巴斯刚刚亮相之后就毫不客气地向他提出了关于身高方面的担忧，认为他在 CBA 的内线竞争中可能也很难占据太大优势。对于这一点，巴斯还是显得非常有信心的，而且他当时的回答也非常机智：“确实，我并不算太高大，但是我在 NBA 的时候也是打内线的，在面对那些比我高的球员时，自然有我自己的一套办法，别忘了我还对位过姚明、奥尼尔这样的顶级中锋呢！”

当然，从后来整个赛季中巴斯的表现来看，身高上的劣势的确在一定程度上制约了巴斯的发挥，毕竟在 CBA 的赛场上也不乏遇到一些身材高大且强壮的强大内线对手，让巴斯在一些场次中会陷入内线进攻非常艰难的局面。但是巴斯的优点同样很突出，一个是他非常出色的爆发力，可以一定程度上弥补身高的不足，在篮下完成强硬的进攻。另外更主要的就是他有一手稳定的中距离投篮能力，更是给辽篮带来了非常重要的帮助，弥补了这支球队在进攻体系上原本最薄弱的一个环节。尤其是在总决赛的 4 场比赛里，巴斯的中投始终保持着一个稳定的命中率，成为辽篮在僵持阶段咬住比分的重要手段。

在确定了钟诚和巴斯这两名内线球员的加盟之后，辽篮终于完成了他们冲击总冠军的最后拼

在 NBA 有过单场 19 分 17 篮板的表演，布兰登·巴斯的职业生涯后期在 CBA 找到了自己的演武场

图。为此，俱乐部在预算上的投入也比上个赛季增加了不少，尤其是巴斯作为上赛季还在 NBA 有着稳定出场时间的球员，身价要比已经离开 NBA 多年的兰多夫高出不少，再加上年初给几名本土球员的续约中也都有薪金上的涨幅，这让辽篮仅仅在球员工资这一项上追加就超过 1000 万元，如果再加上其他方方面面的投入，整体上要比上一个赛季多出了差不多 2000 万元的投入。

作为一家民营与体制共建的俱乐部，辽篮在整个 CBA 的大环境中算不上财力雄厚，差不多只能算是中下游的水准。即便是本赛季追加了 2000 万元的投入，和其他一些竞争总冠军的球队相比也仍然不算显眼。但是从辽篮自身的情况来说，能够拿出这 2000 万元来还是很不容易的，也足以让人感受到俱乐部继续冲击总冠军的决心。

对话布兰登·巴斯：明年我也争当总决赛 MVP

笔者：恭喜你布兰登，说一说现在夺冠之后的感受吧？

巴斯：这真是一个令人高兴的结果，主要是应该感谢俱乐部和教练组，今年把我找来和大家一起奋斗，很荣幸成为球队一部分，并且在来到这里的第一个赛季就和大家一起拿到了冠军。这个赛季里，大家都付出了很多，教练组带领我们一起克服了很多困难，最后赢得胜利，感谢所有人为此的付出。

笔者：说说你的老乡哈德森吧，你觉得他在总决赛上的表现怎么样？

巴斯：我们非常钦佩哈德森，他在总决赛上每一场都发挥得非常出色，所以我们才能拿到 4 ： 0 的这样一个令人骄傲的战绩，所以说最后他能够获得总决赛MVP的奖项是实至名归的，也让全队都对他佩服得五体投地！

笔者：你也提到了4∶0这样一个比分，说实话在总决赛开始之前你有想到会是这个结果吗？

巴斯：我们从来没认为拿冠军会很轻松，只有你在场上时，才知道有多难。广厦队的实力很强，与我们不分伯仲。比赛中，我们表现得更出色，更坚决。这个赛季，我们是最出色的球队。

笔者：接下来你会有怎样的安排，会和辽篮续约继续留在这里吗？

巴斯：让我先和队友们一起享受一下欢庆的时刻，然后我也要回到家里去好好享受一个假期。至于辽篮，我非常期待能够和他们在下个赛季继续合作，这个夏天我也一定会认真地训练保持好自己的状态。

笔者：那么下个赛季你的目标会是什么，像哈德森一样拿一次总决赛MVP吗？

巴斯：为什么不呢？每支球队都向往总冠军，每个球员也都希望获得总决赛的MVP！

AKB

辽宁体育馆

服务球员：比赛计划、航班预订及液氮治疗设备

带着这样的决心，辽篮开启了又一次冲击总冠军的征程。关于过程中的曲折，前面已经说过，辽篮在常规赛前半程表现出的状态不稳，其实很大程度就是源于球员们夏天积累的疲劳。因为从专业竞技体育的角度看，对于比赛周期的规划是非常关键的，尤其是储备体能的过程需要一个科学的计划，才能确保球员在比赛真正到来的时候，能够达到一个身体状态上的巅峰。

在 2017 年的夏天里，因为球队的备战周期是完全按照全运会来准备的，全队的体能在全运会期间就是处于一个最为巅峰的状态，所以当结束了全运会的赛事之后，必然是要开始进入一个回落的过程，这是不可避免的规律。而此时距离联赛开始只有 1 个多月的时间，中间还有大约半个月的休假期，所以想要重新再将球队的体能状态在联赛开始前推向一个巅峰，那根本是不可能的，甚至能够从回落期转变为上升期都很难做到。

所以在常规赛的前半段里，以郭艾伦为代表的辽篮大部分球员，身体状况都仍然处于一个回落期，缺少了体能上的保证，让球员们大多数都处于一种状态起伏不定的情况之下，很少有能够连续几场稳定发挥的时候。尽管在外界看来这种情况非常危险，球队的表现也有些跌跌撞撞，但事实上这种局面早已在辽篮俱乐部和教练组的意料之中，对于球员们的身体状况可以说没有人比郭士强和他手下的体能教练更为了解。

因此在这种显得有些艰难的情况下，郭士强始终没有苛责球员们的表现，而是和教练组一起制订了一个非常大胆，但也是迫于无奈的计划，那就是在常规赛阶段“以赛代练”，在尽可能保证排名的情况下，帮助球队通过常规赛来进行身体状态上的调整。这个计划主要有两个部分：一部分在球场之上的排兵布阵手段上，另一部分则在日常的训练、康复甚至是各项细节工作之中。

在比赛中，郭士强在这个赛季格外注重球员的轮转，很少让某一个人长时间地留在场上，避免出现过度的消耗。整个赛季下来，郭士强在球员场均出场时间方面的控制可以说是非常理想的，

全队只有 3 个人场均出战超过 30 分钟，其中出场时间最多的哈德森也只有 36 分钟，相当于 3 节比赛。这也是哈德森加盟辽篮的 4 个赛季中，场均出场时间唯一一次低于 40 分钟。

另外两个出场时间较多的人是大外援巴斯和郭艾伦，他们的场均出场时间都只有 31 分钟多一点。尤其是郭艾伦，场均约 31 分钟的出场时间，是他自从在 2012—2013 赛季开始担任球队首发控卫以来，出场时间最少的一次。（其中不包括 2013—2014 赛季手腕骨折后仅出战 6 场的数据。）

这样做最大的好处，就是让每个人都尽可能地将体能保持在最佳状态，避免让个别一两个人因为出战时间太长而导致体能上的透支。在这一点上，打进本赛季四强的另外 3 支球队都无法和辽篮相比。其中广东队有 5 人场均出场时间超过 30 分钟，这导致他们遭遇的体能问题最为严重；山东队同样也是有 3 人的场均出场时间达到 30 分钟以上，但他们的场均出场时间都要比辽篮的 3 人更多一些，尤其是本土核心丁彦雨航，场均 37 分钟的出场时间给这个年轻的核心带来很大的身体负担；广厦队的情况其实最好，他们只有两人出场时间超过场均 30 分钟，但是整支球队对于这两人的依赖性太高，尤其是福特森场均出战达到 40 分钟，这显然是一个并不太合理的时间安排。

凭借更加合理的轮转，辽篮很好分配了场上各个球员的出场时间，避免了球员体力透支情况的出现，这对于原本身体状态就比较疲劳的球员来说，最大限度地减少了体能方面的压力，无疑对于他们重新调整体能储备是一个很大的缓冲。

而在赛场之外，从俱乐部层面也下了很多功夫来给球员提供帮助。首先在医疗保障方面，在赛季之初就非常有针对性地增加了一名队医，让队医组达到了 3 人，这样做最主要的好处就是提高了在比赛结束后给球员们进行按摩治疗的效率，让球员们都可以更早地做完按摩，放松好肌肉，然后去休息睡眠。

同时，在赛季期间的出行上，俱乐部也花了不少心思。频繁地在不同的客场与主场之间飞行往返，对于一支球队的体能消耗其实也是不少的。而在这个赛季里，除了辽篮在保留了过去几个赛季以来一直让主力球员坐头等舱的惯例之外，在航班的选择上也做出了一些调整，改变了过去几个赛季尽可能订早上航班，下午抵达目的地休息的做法，现在尽可能地选择一些中午或下午的航班，确保球员们在上午能够有更多的休息时间。

这个细节的变化其实影响很大，因为按照一般情况来说，在前一天晚上打过一场比赛，球员

誓夺冠

军

TAGHeuer
TAGHeuer

们回酒店吃过饭以后，需要花费很长一段时间接受治疗或者按摩，最晚的时候到凌晨两三点钟还没能入睡是很正常的，等回到自己房间躺下来准备睡觉，有时候甚至就快要到凌晨 4 点钟了。

在这样的情况下，如果第二天不需要乘坐航班长途飞行的话，球员们通常会睡到上午 11 点钟左右，这样才能保证足够的睡眠质量。但是如果第二天需要转战客场或者返回主场，那么航班的时间就显得格外重要了。在过去几个赛季中，因为航班订票等方面的种种原因，球队会经常赶早上八九点钟的航班，最早的时候需要球员 6 点钟左右就集合出发，这样一来基本上没什么时间睡觉，只能在航班上去补一下觉了。这在球员体能恢复效果上的差别，还是非常明显的。

但是在这个赛季，球队只有很少的几次不得已赶了早间航班，大多数情况下都通过种种努力去预订了中午或下午的航班，给球员们提供了充足的睡眠时间。为了做到这一点，俱乐部也和一些航空公司展开了深度合作，比如与中国南航就建立了大客户合作关系，球队在旅途中会尽量选择南航的航班，因为在订票、预留座位、办理登机、行李托运、便捷安检等一系列环节上，都可以享受到很大的便利。这些便利对于单独一次的出行来说，可能感觉不会很深，但是一整个赛季下来，其实在出行这个环节上，还是帮助球队节省了很多时间和精力的。

如果说这些出行保障方面的细节工作还属于软支持的话，那么俱乐部花费 100 多万元人民币购买的一台“液氮治疗”设备，可以说绝对是为了调整球队体能而付出的硬投入了！这套内部温度达到 -170° 的超低温治疗的体能恢复系统，能够让球员们在训练、比赛之后，体能得到很好的恢复。

虽然外界看来，液氮治疗有点“黑科技”的味道，但事实上这种治疗设备在几年前就开始在 NBA 投入使用了。它的原理类似于早先的冰桶治疗，让球员在高强度的训练、比赛后马上进行冰敷，或者直接坐进冰水池中，这样做可以有效地减少身体的肿胀并缓解一些疼痛，同时还有助于消除炎症。如今的液氮治疗，就是冰桶治疗的升级版，它营造出的超级低温环境，相当于冰桶治疗十倍的效果。

在 NBA，最早使用液氮治疗的是太阳队的医疗组，后来，液氮治疗逐渐在整个联盟中流行开来。像詹姆斯、库里这样的顶级球星，也都是非常喜欢通过这种治疗方式，帮助他们时刻保持最佳的身体状态。而在 CBA，最早引进这种治疗方式的是深圳男篮，随后辽篮在别人的推荐下，也开始注意到了这套设备。

李洪庆曾经透露，俱乐部在购买这台液氮治疗设备之前曾咨询过深圳男篮，也征求了队内球员，尤其是外援的意见。这个过程中，哈德森也给球队提出了非常重要的意见，因为他在 NBA 时就曾使用过这套设备，而且感觉很有效果，所以当听说辽篮也考虑购买一台的时候，便极力赞成。

因为在前期考察、联系生产厂家到运送到国内这些环节上花费了一定的时间，因此这套设备在这个赛季的中期才被送到俱乐部手上。不过这个时候，恰好是辽篮经过一段常规赛的调整之后，基本上度过了体能回落期，开始进入一个为季后赛进行体能储备的新的周期里，所以从此时开始使用这套设备，也算得上是一个比较好的时机。

一开始，辽篮的大多数球员对于这套设备都是抱着一种试探性的心理，不过哈德森和巴斯这两名外援可是非常熟悉这一套的，马上就成了这套设备使用频率最高的人，几乎每次训练和比赛结束后都要马上使用一次。在他们的带动下，其他本土球员也开始陆续尝试，很快大家就发现效果的确不错，甚至不少人还对于这种治疗方式表现出痴迷的程度。

其实这套设备的工作原理并不复杂，球员们会进入一个只露出头部的液氮罐里，最初里面的温度一般在 -110℃，然后会持续降温到 -170℃。当然，在这种超低温的环境下，每次治疗时间也不能多久，通常是 2 分半到 3 分钟时间，而且绝对不能超过 3 分钟，否则还是会有被冻伤的危险。

正是这种软保障和硬投入的双管齐下，辽篮在体能上逐渐恢复到了以往的水准，毕竟在过去几年里这支球队就一直是以体能好而著称的，一旦他们调整好了自己的身体状态，这种优势依旧可以得到很好的体现。

尤其是在进入季后赛之后，他们在三轮系列赛中展现出非常明显的体能优势，而且越是到了每场比赛的后期，这种优势就体现得更为明显，使得重新找回来当年那种“末节惹不起”的感觉。不得不说这也是“工欲善其事，必先利其器”的一个典型案例。

郭艾伦常规赛收官阶段的手腕受伤与轮休

在常规赛收官阶段，郭士强还做了一个很有魄力的决定，可以说某种程度上对辽篮最终夺冠起到了非常关键的作用。那就是在常规赛收官阶段，果断地让郭艾伦在手腕出现一些伤病问题的情况下，进入轮休状态，接连在主场迎战浙江队和客场挑战吉林队的比赛中坐在替补席上，没有被派上场哪怕一分钟。这样做的原因，也是根据队医组提供的专业意见，认为应该让郭艾伦适当地休息，避免手腕的伤势进一步恶化。

这个决定从球员的角度来说无疑是非常人性化的，但是从教练的角度出发，则也担着不小的风险。毕竟当时辽篮在积分榜上的排名情况并不稳固，他们在暂居第二名的情况下，既有继续追赶第一名的机会，但也有随时会被身后第三名、第四名球队反超的危险，可以说在那一段时间里，辽篮如果想要按照既定目标拿到常规赛前三名的位置，几乎每一场比赛都不容有失。

从当时的结果来看，郭艾伦休战养伤的两场比赛，辽篮都取得了最后的胜利，同时郭艾伦的手腕在经过这几天关键的休养之后，也确保了他在接下来的收官之战和季后赛的比赛中保持一个理想的状态。这样一来，郭士强的这次决定得到了最大化的收益。

但是从整个季后赛，以及最终总决赛的结果来看，当郭士强做出让郭艾伦休战两轮来养伤的这种决定时，就已经注定了辽篮会是最后的赢家。即便因为郭艾伦的缺阵输掉了一两场常规赛，导致他们的常规赛排名下滑一点，但是能够换回一个在季后赛中让身体健康和体能储备都处于绝佳状态的郭艾伦，这对于辽篮来说就是“稳赚不赔”的买卖！

随着球队在体能调整策略上的成功，以及在伤病控制上的刻意保护，郭艾伦如愿地在进入季后赛之前找回了自己最好的比赛感觉。一旦恢复了充沛的体能，郭艾伦自然也就能够更好地发挥出自己的技术特点，在他的带动下，辽篮充满信心地开启了自己的季后赛之旅。

媲美
LIAONING
13
13

2017—2018 赛季，辽篮的季后赛分组形势很有特点，包括需要率先进行一轮资格赛的北京队和上海队在内，辽篮所在的下半区还包括了广东队和新疆队。这样一来，该半区内除了辽篮之外，全部都是曾获得 CBA 总冠军的球队。这和上半区 5 支球队全部未曾获得过总冠军形成鲜明的对比，同时也让辽篮在 4 支总冠军球队围剿下能否顺利突围杀入总决赛，成为当时季后赛中最大的看点。

但是没有人想到，在季后赛的首轮比赛中，辽篮就遭遇了异常猛烈的阻击，带给他们如此压力的则是 3 年前曾直接击碎过他们总冠军梦想的北京队。双方 4 场较量下来，总比分竟然是打平的，辽篮虽然以 3 ： 1 的总比分晋级，但是他们赢球的 3 场比赛中，分差最多的一次才赢了对手 4 分，分差最少的一次仅仅 1 分险胜，而且还有一次是打了两节加时赛才 3 分小胜。这样的比分足以令人感受到比赛过程中令人窒息的胶着感。

在这一轮的 4 场比赛中，郭艾伦的表现其实是可圈可点的。首战他就拿下了 13 分、10 次助攻、7 个篮板的准“三双”数据，带领球队在客场先声夺人；次战虽然被对手扳回一局，但是他个人仍然打出了 22 分、8 次助攻的出色表现；抢夺“天王山”的关键第三战，郭艾伦拼到六犯离场，但依然交出了 18 分、8 个篮板、5 次助攻的全面数据。

最后完成晋级的第四场比赛，在回到北京队的主场之后，郭艾伦因为在客队酒店中因为入住刚装修完毕的房间，意外地甲醛中毒，而且引起了低烧。所以那场比赛中他只被间歇性地派上场十几分钟，也没有获得什么数据。但是最终辽篮还是再一次客场击败对手，挺进半决赛。

事实上，辽篮在这一轮面对北京时陷入的大麻烦，主要还是出在内线环节的两名球员身上。第一个是韩德君，虽然在进攻中韩德君能够表现出明显的优势，但是在防守中却被北京队非常精准地抓住了他移动相对缓慢的弱点，借助挡拆频频创造空间在中距离制造得分机会，让辽篮在防守中极为被动；另一个人则是大外援巴斯，在经过常规赛相对中规中矩的表现后，这名新加盟球队的外援在季后赛首轮就遭遇了极大的信任危机，因为在同北京的前三场较量中，他场均只能贡献 8.3 分和 5.3 个篮板，这种数据对于一名外援来说已经是非常不合格的了，更何况他还有场均 3.3 次的失误，同时，原本在常规赛阶段一直保持不错的投篮命中率也下滑到了只有 30% 多一点。

胜也爱你 败也爱你 不拼不爱
辽宁本钢
30
巴斯
LIAONING
13
BEIJING
7

广厦控股
29

22
BEIJING
41

展全民健
活动
辽宁本钢
13
郭艾伦
30
23
中国
CHINA

13
10

BEIJING
51
LIAONING
22

其实巴斯的糟糕表现也并不完全是他个人能力上的问题，郭士强曾在面对媒体质疑时表示，巴斯主要存在的问题还是因为第一次来到 CBA 打球，也是第一次打季后赛，对于比赛的节奏和强度都还没有完全适应。

这事实上也是辽篮在整个常规赛阶段，除了调整球员身体状态之外同时进行的另一项重点任务，那就是找一切机会来磨合球队的战术体系。毕竟在这个赛季中有钟诚和巴斯这样两个新面孔加入球队当中，而且都是在距离联赛开始不到一个月的时候才同球队汇合，想要让他们在这么短的时间里融合到辽篮固有的战术体系中，并不是很容易实现的。所以在常规赛阶段尽可能地去尝试各种人员搭配，去帮助他们熟悉不同的战术配合，也是非常重要的一个任务。

相比之下，钟诚面临的困难要小一些，一来他在 CBA 已经算是一名久经战阵的老将，对辽篮的情况相对也要了解一些，二来他作为一名内线轮换球员，出场时间也并不算多。巴斯就显得比较重要了，作为大外援通常是球队的内线主要进攻点，同时也在防守中承担着很重要的作用，场均 30 多分钟的出场时间里，如果不能和身边的队友形成足够的默契，那么对球队来说就将是一个巨大的隐患。

果然，尽管巴斯在常规赛阶段基本上表现得中规中矩，但是在刚刚一进入季后赛，立刻就遭遇了很大的麻烦，这种麻烦如果从数据上看，可能会让人觉得巴斯面对季后赛级别的防守有些无所适从，投篮命中率大幅下降。但事实上，巴斯遭遇的最大问题恰恰不是进攻，而是防守。

北京队在告别了马布里时代之后，在希腊人雅尼斯的带领下，被塑造成了一支非常欧式的球队，他们在一次进攻中所进行挡拆掩护次数可能是冠绝 CBA 的，而且场上的 5 个人都能够快速地跑位，而且都具备一定的终结进攻能力，这让他们的进攻很难因为一两个人的状态起伏而受到影响，始终保持着很强的侵略性。

面对这样的进攻体系，辽篮最大的问题就是该如何在防守中破解对方的挡拆。在这个问题上，以郭士强为首的教练组还是倾向于使用人盯人防守，对方挡拆后马上换人的策略，限制持球人的进攻空间。但是对于这个策略，巴斯却显得并不是很适应，因为以往在 NBA 打球时虽然也是以人盯人为主，但美式篮球体系中很少遇到这种频繁挡拆跑位的欧式风格，他更多的时候都是专心地和自己的内线对手去纠缠对抗。

可是这一次在 CBA，他却要频繁地遇到换防到高位，形成大防小的错位防守，这让他感到不太适应，同时效果也并不是很理想，导致在情绪上出现了一些波动，很难在比赛中冷静下来，

这才影响了他在进攻上一些时机的选择，也变得不那么合理了。

幸好的是，经过 3 场比赛的磨合之后，巴斯基本上还是认可了教练部署的防守体系，也对于这种频繁扑到外线的防守方式更为耐心了一些，这让他在情绪上也稳定了许多。于是，在第二次回到北京队主场之后，巴斯终于在季后赛中第一次迎来爆发，抛开了防守端的心理包袱，在进攻中放开了手脚。

那一场，巴斯拿到了 22 分、15 个篮板的大号“两双”，虽然投篮命中率依旧不算理想，但是巴斯在内线的表现却更为强硬，频繁地依靠自己出色的身体去冲击对方篮下，使得北京队的内线陷入了犯规麻烦，光用在巴斯一个人身上的犯规次数就达到了 10 次之多，不仅主力内线常林六犯下场，还送给了巴斯 14 次站上罚篮线的机会。

这场比赛，不仅仅是巴斯的自我正名之战，同时也是辽篮将全队战术体系进一步凝聚的关键一战，从此之后的比赛中，巴斯更为坚决地执行球队的防守策略，也让辽篮在攻防两端不再有明显的漏洞。

刘志轩对北京的致命抢断及成长轨迹

击败北京队进入半决赛，对于辽篮来说，距离自己总冠军的目标更进了一步，这个系列赛带给辽篮的财富其实远远比胜利本身更多，不仅帮助巴斯在防守端完成了最后的磨合，同时也让辽篮在那种长时间处于胶着的比赛中，学会了更有耐心地应对，并且能够在关键时刻把握住机会。

还有一点很重要的是，辽篮也找到了在主力球员状态不佳的情况下，如何去应对比赛的方法。比如在和北京队的第四场比赛中，郭艾伦受低烧影响，比赛中仅仅打了十几分钟，没有任何得分数据。但是在这种情况下，辽篮仍然能够找到办法去弥补这部分损失，以往的那些角色球员们也能够更多地站出来为球队分担重任，比如那个一直低调得令人感叹的后场多面手刘志轩。

首轮 G4，辽篮在客场再次击败北京，比赛的最后时刻刘志轩上演了一幕致命抢断。当时距离比赛结束已经不足 24 秒钟，辽篮领先 2 分，但北京队拥有前场进攻机会。略显急躁的北京队球员连续几次出手都弹筐而出，可辽篮也始终没能控制住篮板球，始终没能解除被绝杀或被扳平拖进加时的危机。

就在这个关键时刻，又一次篮板争抢后，段江鹏在左侧三分线附近抢到了弹出来的篮球，但是在丛明晨的逼迫下，他没有时间调整自己的平衡，只能匆忙地将球抛向另一端方硕所在的位置，可是就在方硕跳起来准备接球的那一刹那，原本还在三秒区内的刘志轩突然快速地冲了出来，然后高高地跃起，在球即将落入方硕手中的那一刻，抢先从下面托了一下……

当刘志轩落地后控制住球的时候，他的面前已经是一马平川，他从容地带球杀向对面的篮筐，轻松上篮拿下 2 分。这个球让辽篮在距离比赛结束还剩下 10 秒钟的时候，将领先优势扩大到了 4 分，为接下来的胜利奠定了重要的基础。

当然，这个球并非是刘志轩在那场比赛中的唯一亮点，全场比赛他拿到了 10 分 7 助攻的不

俗数据，这可能不是他职业生涯最好的数据，但是在这场关键的比赛中，他却很好地承担起了一名角色球员的应负责任。甚至在郭艾伦状态不佳的情况下，他还更多地承担起了全队的进攻组织，全场送出多达 7 次的助攻，不但占据辽篮全队助攻数的一半以上，而且也是两队所有球员中助攻数最高的。

有 3 分，善防守，还能送助攻，这样全面的技术特点，正是刘志轩成为一名后场多面手的重要因素，也因此让他成了辽篮阵中不可或缺的一块拼图。不过，在刘志轩的职业生涯中，最初的路走得并不算是一帆风顺，但正是这些坎坷的经历，恰恰帮助他获得了最为宝贵的经验，才有了真正进入职业联赛后的厚积薄发。

很多人认识刘志轩，是从 2012—2013 赛季开始的，那一年他第一次征战 CBA 联赛，但很快就吸引了人们的眼球，而且迅速成长为一名在 CBA 中小有名气的年轻球员。但实际上，早在 2010—2011 赛季，刚满 18 岁的刘志轩就曾进入过辽篮的注册大名单中，可是因为当时辽篮后场阵容比较完整，又有郭艾伦这样的超级新星提前上队，让刘志轩的“第一个赛季”只是在纸面上度过了——一整个赛季他都未曾进入过比赛的 12 人大名单。

刘志轩是辽宁队的 11 号，周鹏是广东队的 11 号，区别只是，当两人在半决赛的大舞台相遇前，后者的名气要大些。相遇后便是刀兵相见，结果则是刘志轩的球队闯入了总决赛并首次举起了 CBA 的“至尊鼎”

到了 2011—2012 赛季，随着张庆鹏回归，辽篮的后场阵容更加充实，刘志轩这一次甚至连纸面名单都进不去了，有些心灰意冷的他只好暂时离开了职业队，走进了大学校园，并且参加了那一年的大学生超级联赛（简称“大超联赛”）。

让刘志轩没想到的是，那一年的大超生涯帮助原本险些和职业联赛无缘的他，实现了一次重要的人生转折。“当时那种情况心里肯定很失落，一队的竞争远比青年队残酷，但一年大超经历却对我提高挺大，因为在大超的时候，我在队里就像核心一样，因此对我的提高是全方位的。”刘志轩回忆那段时光时曾发出了这样的感慨。

更有趣的是，当时刘志轩的身高是 194 厘米，在大学联赛中其实已经算是比较高的个子了，所以他此前在辽青时虽然是作为后卫被训练的，但是到了大超联赛这个环境，却可以凭借身高的优势胜任更多的位置，从 1 号位到 3 号位都算得上得心应手，甚至在内线因为犯规过多而缺人时，他还可以摆渡到 4 号位上去顶一阵。

这一段经历帮助刘志轩体验了在篮球场上打不同位置的感觉，也为他日后成长为一名真正的球场多面手做出了非常重要的铺垫。同时，凭借在这一年大超联赛中的优异表现，刘志轩也重新引起了辽篮教练组的注意，在 2012—2013 赛季时重新把他找了回去，让他再度回到了梦寐以求的职业联赛中。

重回 CBA 的舞台后，刘志轩在短短几个赛季里迅速成长起来，成为辽篮在联赛中的主力队员，一直到 2017 年更是成了中国国家队的正式国手。在这个过程中，除了他个人的努力外，先后执教过刘志轩的两任辽篮主帅也都给予了他非常重要的帮助。

2012—2013 赛季重回辽篮一线队后，刘志轩很快就迎来了一次宝贵的机遇。在常规赛阶段，刘志轩出场的机会并不算多，但是在进入季后赛后的首场比赛，时任球队主教练的吴庆龙却出人意料地将刘志轩排入了首发阵容当中，结果在不到 18 分钟的出场时间里，刘志轩交出了 5 分、5 个篮板、2 次助攻的数据，这样的表现对于一个首次打首发的“一年级”球员来说实属不易。

而在接下来的几场比赛中，刘志轩的表现越来越好，到了与新疆男篮第五场生死决战的时候，他竟然全场出战超过 42 分钟，俨然已经是场上的绝对主力，数据上更是拿到 15 分、2 次助攻。尽管辽篮没能在那一年晋级半决赛，但是刘志轩的惊艳崛起却给很多人留下了深刻的印象。

在随后的几个赛季里，刘志轩延续了自己稳定的表现，而且逐步提高。在郭士强接手球队后，刘志轩基本已经固定在锋线位置，成为贺天举的重要轮换，也被誉为球队至关重要的“第六人”。

刘志轩在场上大部分时间都出任球队的外线防守尖兵，郭士强则经常鼓励他大胆出手参与进攻，让他在球场上成为球队外线一个重要的火力点。过去三个赛季，即便是在刘志轩一度陷入低迷的 2015—2016 赛季，他也保持了 36% 的三分球命中率，另外两个赛季他的三分球命中率更是达到了 44%。

在前后两任主教练的重用与指点之下，刘志轩在球场上的表现越来越全面，似乎辽篮在任何位置上缺少轮换的时候，刘志轩都可以顶上去，并且能较好地完成战术任务。有了这样的表现，刘志轩进入国家队的呼声自然也越来越高，最终成为国家队红队的一员，并且在世界杯预选赛这样的正式比赛中拥有足够的出场时间，这些已经足以说明他的成功。

如今的刘志轩，给人们留下的最深印象，就是他多面手的技术特点。在他首次代表国家队出战中伊对抗赛的时候，中央电视台解说员就在介绍刘志轩时提到，“这名球员可以胜任多个位置，甚至从 1 号位到 4 号位都可以”。这话说得略有一点夸张，毕竟身高只有 197 厘米，而且身材明显偏于单薄的刘志轩是无论怎么看都归不到内线球员的行列中的。但是，刘志轩却是真的打过 4 号位的，那是在 2016—2017 赛季的季后赛中，在极端情况下被迫使用“一大四小”阵容出战的辽篮，就是把刘志轩安排在了 4 号位的位置上，并依靠这个阵容成功在首轮淘汰了广厦队，进入半决赛后，辽篮继续沿用了这套阵容，刘志轩甚至在防守中正经地对位过俞长栋这样的纯内线球员。

当然，这只是球队在极端情况下的一种战术安排，但也足以看出刘志轩这名球员的确可以在多种位置上发挥出自己的特点，尤其是在外线的 1 号位到 3 号位之间，他更是可以摆渡得如鱼得水，无论被安排在哪个位置上，都可以很准确地找到自己的定位，发挥出应有的战术价值。

除了多面手的技术特点之外，刘志轩在这个赛季还给人留下了一个新的印象，那就是他在比赛中展示出的那种斗志与拼劲。尽管脸上常常是一副面无表情的样子，但是刘志轩依然是充满了热血，正如他在同北京队最后一战中的奋力一跳，完成了致命的一次抢断。而当辽篮进入到半决赛之后，刘志轩又上演了另一次惊人的奋力一跳！

那是在同广东队的 G3 大战中，刚刚进入第四节不久，辽篮逐渐拉开了比分，获得领先优势，广东队则受困于体能不足，开始在场上变得有些步履维艰。周鹏在一次后场发球之后，未过中线就被刘志轩上前逼停，当周鹏想要尝试将球从刘志轩头顶抛向前场的时候，却被反应极快的刘志轩扬手阻拦了一下，然后球弹出一道高高的弧线之后，落向了边线外。

这个时候，周鹏只是象征性地慢慢跑向球的落点，因为在大多数人看来，这个球必然要落到界外，广东队将继续发后场的边线球。但是刘志轩却在第一时间用冲刺的速度追向了边线，并在跑出边线之前奋力一跳，在空中接住下落的篮球后未等自己双脚落地，就在空中再次展腹用力将球抛向身后的球场内。

后来，刘志轩曾回忆这个球时说过，当时自己脑子里的第一反应就是，“这个球还有得救”，但是在空中接到球的那一刻，他并不知道背后球场内的情况，也不知道他的球会落到谁的手中，只不过他有一个模糊的印象，按照球队的战术布置，队友赵继伟在这个时候应该是停留在中圈附近的，“我就尽可能地调整了一下角度，把球向着广东队篮筐的方向抛了出去，感觉赵继伟如果反应快的话，应该有机会追上”。

刘志轩瞬间的判断完全准确，甚至赵继伟比他想象的还要更早一点就意识到了可能出现的机会，在刘志轩冲向界外高高跃起的时候，身处于中圈内的赵继伟就开始启动向前冲刺了，接下来在广东队所有球员都还没有反应过来的时候，赵继伟就已经顺利地接到了落下的篮球，轻松地上篮再添 2 分，将辽篮的领先优势扩大到了两位数。

事实上，这个球不仅仅展示出刘志轩临场判断的精准和队友之间心领神会的默契，以及刘志轩令人惊叹的身体素质，最为重要的是让人们看到了刘志轩身上闪现的那种对每一个球都决不放弃，始终充满斗志的精神。是这种精神，让刘志轩在已经打了 3 节比赛的消耗之下，依然敢于做出全力以赴的冲刺去尝试救球；是这种精神，让刘志轩在原本球队大比分领先的情况下，依然毫

不松懈地面对每一个可能出现的机会。这种精神，同样是属于辽篮的精神，在如同马拉松式的半决赛鏖战中，他们就是凭借着这种精神才笑到最后。

对话刘志轩：
我并没有想到自己的进步有那么大

笔者：夺冠之后，第一时间想到的是什么？

刘志轩：最想到的还是我们终于实现了总冠军的梦想，心里非常激动。虽然说起来有点俗套，但当时真的心里非常感激教练和队友们，在最困难的时候也没有放弃，始终相信自己。是我们这个团队共同的努力赢回了这个冠军，也包括所有的后勤人员，我们能拿冠军和他们的功劳也是分不开的。

笔者：在总决赛 G4 开始之前，蒋兴权指导就点名提到你是这个赛季球队进步最快的球员，你如何看待这个评价？

刘志轩：能得到蒋指导的肯定，我非常高兴，也非常感激他。其实我并没有想到自己的进步有那么大，但我一直都在告诫自己要努力训练，到场上认真防守，做好教练布置给我的工作，我觉得就是全力争取给球队带来最大的帮助吧。

笔者：你上队之后，也经历了这四年的 3 次总决赛，对你而言有什么样不同的感受？

刘志轩：4 年前第一次打总决赛的时候，对手还是北京，那时候自己的经验还是不足，毕竟才是我上队后的第三个赛季，前两个赛季打的也不是很多，所以感觉没有能够在比赛中给球队带来太多帮助，这让我感到很遗憾，也非常不甘。但是到了这个赛季，经历过这么多之后，自己的心态也变得更好了，到了总决赛的时候也能够排除干扰，将注意力集中到每一场比赛中，不去多想，我觉得也就是一种成长吧。

笔者：接下来，给自己定了怎样的新目标？

刘志轩：从球队来说，肯定是希望能够和大家一起向下一个总冠军发起冲击。我个人来说，之前也一直在身体训练上下功夫，当然希望能够继续练得强壮一些，对抗能更好一些，同时一些行进间的技术也都需要再扣得细一点。

贺天举对广东的单场100%命中率及成长轨迹

很多人都将辽篮与广东队之间的这次半决赛，与两年前的那一次作比较。2015—2016 赛季，两支球队同样在半决赛中遭遇，同样是辽篮最终击败了这个辉煌的王朝球队，重返总决赛。

郭艾伦在半决赛结束之后，也同样比较过这两次半决赛，因为在赛后，老大哥易建联都曾对他说过一句简简单单的祝福，只不过上一次是“好好打，总冠军”，而这一次则是“好好打，不要再丢了”。在郭艾伦的感受中，两次半决赛的经历虽然如此相似，但也有一些不同的滋味，至少这一次他没有在赛后哭出来，因为他想等到最后夺冠的那一刻再释放自己的泪水。

但是无论是对于郭艾伦来说，还是对于辽篮这支球队而言，同广东队的这次半决赛，其实在某种意义上来说，和两年前的那一次有着一个非常重要的共同点，那就是这支王朝之师用自己的实际行动，给辽篮上了最关键的一课——在最终胜利到来之前永远不要太早去庆祝胜利。

在上一次双方的半决赛时，采用的还是 5 局 3 胜的赛制，辽篮同样占据常规赛排名的优势，在客场先带回一场胜利后，他们在自己的主场再下一城，以总比分 2 ： 0 拿到赛点。在接下来的 G3 大战之前，辽篮仿佛已经提前看到了胜利，准备在自己的主场见证重返总决赛的时刻。但是最后时刻，周鹏的一记准绝杀却给辽宁球员当头浇下一盆冷水，他们不得不在第二天重新带着行李踏上飞往广东的航班。虽然最终的结果是辽篮 3 ： 1 淘汰了广东队，但是这一场胜利却给辽篮敲响了警钟。

两年之后，双方的又一次半决赛交手，仿佛完全复制了当年的故事。这一次虽然已经是 7 局 4 胜的赛制，但辽篮依旧是很痛快地打出一个 3 ：0 的总比分拿到赛点。但是在第四场比赛中，他们又犯了一次幼稚的错误。或许是面对胜利近在咫尺时有些兴奋过度，也可能是对于广东队誓死反扑的决心准备不足，辽篮完全失去了一个正常的比赛心态，打出了一个灾难级的上半场。尤其是在首节比赛中，他们草率的进攻和漫不经心的防守直接导致了攻守两端的崩溃，单节 9 分创

LIAONING
6

下了球队历史的最差开局纪录。

郭艾伦当时也没能避免出现这样的问题，在上半场比赛中他竟然 1 分未得。当然，这并非是他一个人的问题，这种心态上的失衡如同病毒一般在整个球队中传播，尤其是在首发的 5 人中，包括郭艾伦在内，哈德森、刘志轩和韩德君同样都是在上半场一分未得，首发阵容中只有李晓旭拿到了 7 分，剩下的全靠替补阵容来撑一撑门面。结果是他们在上半场就为自己挖下了一个 30 分以上的大坑。尽管在下半场，辽篮及时醒悟后开始奋力追赶，但是上半场留下的巨大的分差还是让广东队有惊无险地将优势保持到了最后，辽篮再一次没能实现对广东队的横扫。

这是两次几乎一模一样的深刻教训，第一次的时候辽篮并没有真的往心里去，所以才会有了后来总决赛上 G1 大胜之后的兴奋过度，在 G2 大比分领先的情况下被对手翻盘，从而葬送掉了整个总决赛。

而这一次，显然他们在经历过如此多的一切后，终于认真地反思和牢记了那些惨痛的教训，甚至可以说广东队的这一次教训，来得既深刻，又及时，彻底击碎了辽篮身上的最后一丝浮躁，弥补了这群年轻人身上最后的短板。这种收获，对于辽篮来说是巨大而宝贵的，其价值远远比4：0横扫广东队晋级要好得多。在经历过这一次之后，辽篮终于变成了一支在心理上无懈可击的球队，他们在接下来的总决赛中表现出的冷静心态，甚至令人觉得有些可怕。

……………………………………

从某种意义上来说，辽篮的这个联赛冠军，其实早在全运会夺冠的那一刻起，就已经埋下了种子。突破 58 年全运会无冠的历史之后，这一批球员终于经历过一次夺冠的体验，他们的心气也被彻底打开。而这一次半决赛上的经历，相当于又给他们在最关键的时刻提了一个醒。

然而对冠军已经渴求到极致的辽篮，并没有因此而完全放下心来，在总决赛开始之前的这段时间里，球队依旧将心理调整的重要性置于技战术调整之上，毕竟经历一个赛季的磨合之后，无论是球员个人的身体状态还是技术能力，都已经达到了极致，全队的配合也已经趋于成熟稳定。唯一令人不太放心的，仍然是心理这一关。

为了力求更加稳妥一些，俱乐部在总决赛开始之前特地又给球队安排了一堂心理课，邀请了北京体育大学的心理学博士、哲学博士张力老师主讲了《大赛心理的十大要点》。这样的一堂课受到了球员们的普遍好评，就连两名外援也在翻译的陪同下认真听了整节课，巴斯还特地在下课后不断地称赞俱乐部的这个主意“实在是太棒了”。

从俱乐部的层面来说，安排这样一堂课自然是希望能够在辽篮已经饱受锻炼的心理承受能力上再加一道保险，毕竟这一次的总决赛是他们第一次在主场数不占优势的情况下进行，而且还是要先打连续两个客场，这种赛程所导致的心理压力可想而知。

事实证明，没有什么付出是完全没有作用的，可能就连俱乐部高层在安排这样一堂心理课的时候都想象不到，这一次讲座上张力老师所说的一些道理，真的被不少球员都听进了心里面，从而让辽篮在最危难的时刻从中获益，间接造就了 G2 那一场神奇的大逆转。

在很多人眼里，总决赛 G2 是属于哈德森的神奇一战，但不可否认的是，除了哈德森神奇的发挥之外，全队在陷入绝境下的毫不放弃、毫不慌乱，是这场大逆转的基础所在。要知道，在首战就先声夺人的情况下，辽篮已经提前完成了“从两个客场至少带走一场胜利”的心理底线，哪怕是最苛刻的球迷也认为辽篮即便在 G2 中被扳回一场也是可以接受的。但是辽篮的教练员、球员并不这么想。

“当我们感觉最困难的时候，我突然想到了张老师讲过的那些话，我觉得他说得很有道理，对手在这个时候一样是非常困难的，只要我们能够再坚持那么一会儿，对方肯定就会先崩溃的，后来果然……”这是在那场比赛之后，赵继伟在更衣室里和李洪庆说的一番话，胜负往往也就是一念之间，这一堂课对于辽篮来说上得实在太值了！

在这一届的总决赛上，其实还有很多很多值得回味的故事，辽篮这支冠军团队中的每一个人，在面对这次千载难逢的夺冠良机时，都有自己独特的心路历程；在经历了这一次总冠军的洗礼之后，都有自己特殊的心灵感悟。在面对如此多的人物和故事中，在我看来，最为特殊的一个应该属于贺天举。

恐怕没有任何一个人能够想到，在总决赛的第一场比赛中，贺天举会出现在辽篮的首发阵容当中，而且以首发的身份打完了连续 4 场总决赛。要知道，他上一次以首发身份出现在赛场上，还要追溯到 2016 年初的那一次总决赛上，但是在那之后，贺天举遭遇了整整两年最为难熬的时光。

贺天举也算得上是辽篮诸多球员中年少成名的典型，在 2009—2010 赛季时，年仅 19 岁的他就踏上了 CBA 赛场，随后在自己的第二个赛季中就开始成为球队重要的轮换球员，当时的他身高条件优越，身体素质出色，还有一手精准的投篮，被视为小前锋位置上最有潜力的新秀。

但是贺天举的职业生涯总是伴随着伤病的打击，在刚刚打了一个赛季之后，他就遭遇了第一次重大的受伤，膝盖不得不接受手术治疗，这不仅让他休养了大半年的时间，而且也给自己的膝盖留下了一处伤病的隐患。

2012—2013 赛季开始，贺天举已经成为球队小前锋位置上的首发选择，他的出场时间和各项主要数据都大幅上涨，场均可以得到 15.2 分，而且在场均能够命中 3 个以上三分球的情况下，命中率能够保持在 39% 的水平上。只可惜在这个让他迎来蜕变的赛季中，他再一次遭遇了伤病的打击，临近常规赛收官的时候，他的手腕在一次碰撞中舟骨骨折，让他提前告别了这个赛季。

这一次伤愈归来后，贺天举的状态多少受到了一些影响，尤其是膝盖上的旧伤让他在球场上的移动速度开始缓慢了下来，但是他依旧凭借出色的进攻意识和柔和的投篮手感，连续三个赛季

都在进攻端保持了高水准的表现，不仅场均得分能够保持在两位数，而且三分球命中率也一直持续在 40% 左右。

这期间他也获得了更多的荣誉，接连获得了全明星票选首发和全明星三分大赛冠军。更为重要的是，在 2015 年，他凭借联赛中的出色表现，吸引了来自 NBA 的目光，受到鹈鹕队的邀请参加了 NBA 夏季联赛。那次夏季联赛的经历让贺天举看到了自己和 NBA 球员之间的差距，也让他有了很多的收获，在从美国回来之后的 2015—2016 赛季中，他展示出了非常好的状态。

但是命运在这个时候再一次给贺天举带来沉重的打击。2016 年 11 月 14 日，贺天举在酒店走廊里的一次意外摔倒，改变了他的职业生涯。在这之前，他刚刚从年初总决赛的手骨伤势中恢复过来，而且熬过了禁赛期，上演了复出赛场的首秀。但是这一次复出之战却成为他再次告别赛场的谢幕演出，而且这一次他离开的时间是前所未有的漫长。

这次受伤给贺天举带来的很大的痛苦，不仅仅是来自身体上的，当第二天他在家人陪同下艰难地一步步走出医院时，膝盖处传来的疼痛感让他直咬牙，但更让他感到痛苦的实际上是来自于心理上的打击。

作为一个刚满 26 岁的篮球运动员，这原本应该是贺天举迈入职业生涯黄金年龄的一个阶段，但是伤病却在这个时候险些彻底击倒他。在原本就带着不少陈旧性伤病隐患的身体上，这一次又新增了一道大的伤口，尤其是那双饱受摧残的膝盖，让他早已从出道时身体素质爆棚、能跑能跳的全能型小前锋，逐渐沦为了外界眼中一座移动缓慢的“高炮台”。

这一次膝盖遭遇的大伤，在很多人看来几乎能够毁掉贺天举的职业生涯，毕竟相对于他目前的身高体重来说，如果一双膝盖已经成了脆弱的玻璃属性，那么在未来的职业赛场上，他无疑会变得举步维艰，而且充满了风险。贺天举自己也深知这一点，这才是最让他感到担忧甚至恐惧的地方。

幸好的是，在 5 天之后进行的手术是非常顺利的，国家队的资深队医杜文亮也给予了他很多的帮助，并比较乐观地告诉他，差不多一周以后就可以进行恢复性训练，不过想要重回赛场至少需要 3 个月以上的时间。

恢复期虽然漫长，但至少给了贺天举希望和动力，他一边关注着联赛的进展，一边积极地配合治疗，盼望着能够早日回到赛场。然而让他自己也没有想到的是，这一次伤病的恢复进展却远比他预料之中要缓慢得多，让他经历了一段最为漫长的煎熬。

在 2017 年 1 月的时候，贺天举就结束了在北京的第一阶段治疗，返回辽宁继续进行康复训练，因为手术的顺利进行，当时的他对于自己的康复充满了信心，甚至在春节后第二次返回北京接受第二阶段治疗的时候，他还乐观地在微博上向球迷们报平安："能小跑了，距离大跳也日益渐近……继续努力！"

然而让他没有想到的是，自己的复出之路远远没有那么顺利，膝盖处时时传来的疼痛感和一次次复诊之后得出的报告都一直提醒着他，距离完全康复显然还需要一段时间。而究竟要等多久，这个问题到后来就连医生也没有办法给他一个确切的结论，因为髌骨的恢复生长情况也是因人而异，只要这一处相对脆弱的软骨始终无法完全长合的话，贺天举就无法承受力量训练带来的压力，更无法进行高强度的身体对抗。这让贺天举在今年 4 月回到球队之后，仍然只能每天在助理教练或体能师的陪伴下独自进行康复训练，始终无法和全队进行合练。

就在这种一天天坚持康复训练，一天天等着伤病恢复的日子里，贺天举终究是错过了或许是自己职业生涯中最为重要的一次大赛——全运会。当辽宁队在 2017 年夏的全运会终于登上最高领奖台尽情庆贺时，贺天举也来到了现场为自己的队友们现场助威，他近距离见证了这一切，脸上带着笑，心里却难免泛起苦涩。

一直到夺冠赛季开始之后，贺天举才在常规赛进行九轮之后的窗口期完成了体能补测，获得了参加本赛季联赛的资格。随后在第 13 轮比赛中，韩德君的因病缺阵给了贺天举一个回到 12 人大名单的机会，他终于在同福建队的比赛中重新回到了赛场。虽然那场比赛中他只上场了短短的 1 分 42 秒时间，甚至还没有机会流汗，但是贺天举终于正式宣告了自己的回归。

接下来的时间里，贺天举会在常规赛中零零散散地获得一些出场时间，并不算固定，大部分

也都是在比赛末节的垃圾时间里。几乎没有人能从中看出他到底恢复到了什么程度，只能从他偶尔的投篮命中率里感受到他柔和的手感依旧没有丢失。

让人们第一次意识到贺天举可能已经完全恢复了状态，是在半决赛同广东队的 G4 大战中，那一场比赛由于球队多名主力球员发挥失常，郭士强不得不将这些心态失衡的球员按在板凳上冷静，而意外地在常规轮换时间里给予了贺天举 9 分钟的出场时间，这不仅是他本赛季回归以来出场时间最长的一次，也是得分最高的一次。这场比赛中，他一共出手 3 次，两分球 2 中 2，三分球 1 中 1，拿到了 7 分，命中率是 100%。这样的表现让很多人对于贺天举的状态有了一个更为大胆的期待。

事实上，在那一段时间里，贺天举已经完全能够适应 CBA 赛场的对抗了，只是教练组一直不确定他是否能够在久疏战阵的情况下，适应得了在比赛中逐步增加出场时间后的局面。但是在总决赛到来之前，一个意外的发生帮助教练组重新做了决定。那是因为在训练中，李晓旭的眼眶不小心被划开一道口子，缝了 5 针，这对于李晓旭的视线多少有一些影响，因此教练组出于稳妥考虑，让贺天举重回首发阵容，而且是顶替李晓旭出现在 4 号位上。

这个变化从整个球队的角度来说，有一点意外的成分，但贺天举自己则始终坚信自己早已具备了重回首发的能力与状态，丝毫没有把自己当作一个临时的替代者，而是将这里当作了宣告那个辽篮神投手正式回归的最好舞台！

告别于总决赛，回归于总决赛，这的确是一个完美的轮回。

对话贺天举：
这次总决赛是我的人生新起点

笔者：这是你第三次参加总决赛了，终于拿到了总冠军，有怎样的感想？

贺天举：能够夺得总冠军，我觉得对于全队上下，包括我个人来说，都是一个很好的证明，我们记得曾经错过的，也留下了遗憾，但是今天我们终于做到了，我们是总冠军，是最棒的球队，我个人也是一样，我坚信我们未来的路会越来越好，大家也会继续努力。

笔者：这次总决赛上你可以说上演了完美的复出，有怎样的感受？

贺天举：从总决赛开始，每一场上场时的感觉，自己的发挥，都是让我特别激动，因为我得感谢这个团队，对于我的信任，给予我支持，我自己也是在之前经过很长时间的训练，重拾信心，在场上一点点地找到了比赛的感觉。所以夺冠的那一刻我特别激动，我们改写了辽宁队的历史，我也把这次总决赛看作我的人生新起点。

笔者：可能没人能想到你会在总决赛时重回首发，而且有出色发挥，你如何看当时这个调整？

贺天举：对于我来说，其实并不觉得意外。安排我首发出场，可能有阴差阳错的成分，因为李晓旭之前在备战当中眼睛是受伤，恢复的时候对视线也稍微有些影响，所以第一场教练就安排我代替他首发先看一下。但是在我自己的心里，我并没有把自己当作一个替代者，我坚信只要我上场就是会有发挥，有作用的，因为我因为为此准备了很久。

笔者：过去几年里的经历，是否也让你在总决赛上改变了许多？

贺天举：其实不只是我，全队上下为了这次总决赛都做出了很多改变，大家也知道这是千载难逢最好的机会，我们为了这个总决赛，都舍弃了很多东西，也汲取了 3 年来的教训。这一次我们面临总决赛的时候全队特别坦然，全队心态也特别成熟。你看我虽然此刻感觉比较平静，其实我的内心也是特别兴奋，因为从系列赛开始，队里每个人都在相互提醒，要吸取之前教训，让自己成熟起来，所以现在这种情绪也是逐渐才释放出来。

第一
第一
2017-2018
MC
ups

辽篮冠军

冠

辽宁

第三章 3 CHAPTER

集结号

对于辽篮而言，这个来之不易的总冠军是 23 年的等待，对于郭士强、杨鸣、李晓旭和韩德君几个人来说则是 10 年的一场轮回。但是对于这支冠军阵容中大部分人来说，这个冠军是最近 4 年里 3 次杀入总决赛的圆满收官。而这 4 年的时间里，对于辽篮来说，最大的变化无疑是哈德森的到来。

哈德森的毛遂自荐与辽篮的再爆发

CBA 总冠军、总决赛 MVP、首个突破 8000 分里程碑的外援、常规赛 MVP、联赛三分王、全明星首发球员……这是哈德森加盟辽篮 4 年时间里所获得的主要个人荣誉。而在来到辽篮之前，他就曾拿到过一个 CBA 总冠军，获得过一次联赛得分王称号，还获得过一次常规赛 MVP。

可以说，哈德森作为一名外援在 CBA 创造的成就，可能也就仅仅逊色于带领北京队四年三夺总冠军的马布里了。事实上，有那么几个赛季里，哈德森和马布里一直就是 CBA 顶级外援的代表。

对于辽篮来说，哈德森的到来算得上是一次蓄谋已久的运作。早在 2013—2014 赛季，辽篮就注意到了这名表现出色的外援，那一年哈德森效力于新疆队，更是力压马布里拿到了常规赛 MVP 的荣誉。在接下来的季后赛首轮中，辽篮更是直接与新疆队狭路相逢，切身体会了哈德森在季后赛中的超强能力。

在那个赛季之后，辽篮就开始考虑将哈德森作为引援的重要目标，不过必须要面对的一个难题就是，新疆队是否愿意放弃这名常规赛 MVP。事情的转机最终还是出现在哈德森与新疆队的续约谈判中，因为上个赛季的出色表现，哈德森提出了希望能够与新疆队签署一份 3 年的长约，因为他在 NBA 与 CBA 之间已经漂泊了许久，特别希望能够找到一个稳定的环境去证明自己的价值。

但遗憾的是，新疆队并不愿意给他提供一份长期的合同，这让哈德森在感到失望的同时，也放弃了继续为新疆队效力的念头。在这样的情况下，辽篮适时地联系上哈德森，提出了一份非常有诚意的合同，并承诺将以哈德森作为球队的核心，这一点彻底打动了哈德森。

2014—2015 赛季是哈德森加盟辽篮后的第一个赛季，那一年无论是他个人还是球队，都取得了非常喜人的成功。尽管在最后的总决赛上遗憾败北，但这并不能掩盖辽篮在时隔 7 年之后重回总决赛的崛起。尤其是那个赛季的初期，哈德森在辽篮的体系中如鱼得水一般地挥洒自如，带领球队一举创造了队史最佳的 17 连胜开局。同时，他在那一年也成功地蝉联了常规赛的 MVP，成为至今为止唯一做到过这一点的外籍球员。

那个赛季结束之后，辽篮对于哈德森的表现非常满意，郭士强甚至不止一次地评价他是“最适合辽篮的外援”。在度过这段蜜月期之后，辽篮很快又进一步展示出了自己的诚意，不但果断使用了“优先续约权”，而且在大幅涨薪的基础上，给哈德森直接开出了一份长达 3 年的长期合同，弥补了哈德森在一年前从新疆队那里留下的遗憾。

后来的事实证明，辽篮的选择虽然在当时看来有些冒险，但终究还是得到了最理想的结局。当初选择哈德森的这一次引援，也成了辽篮历史上最为成功的一次。在前后 4 年的时间里，哈德森与辽篮携手并进，一起经历了许多坎坷与磨砺，才最终到达成功的彼岸，创造了一个属于他们自己的时代。

……………………………………

在讲述这段属于哈德森的时代之前，我们不得不先来回顾一下辽篮的引援历史。尤其是自从 2011 年辽篮进入衡业时代之后，当时俱乐部领导层焕然一新，一批高层负责人虽然带着极大的工作热情投身其中，但其实对于 CBA 这个领域并不算熟悉，也缺少足够的人脉。所以在外援引进这项需要很强专业性的工作上，其实在最初开展得并不是非常顺利，既有走眼失误，也有吃亏上当，但好在他们始终本着“吃一堑长一智”的原则，一步步为俱乐部积累了丰富的引援经验，才最终有了圈定哈德森的最终一签。

在衡业集团刚刚接手辽篮之后的 2011—2012 赛季，CBA 的外援市场迎来了最为特殊的一年，因为受到 NBA 停摆风波的影响，一大批 NBA 当打球员选择到海外联赛淘金，一时间，JR · 史密斯、钱德勒、肯扬 · 马丁等大牌球星纷纷加盟 CBA 球队，就连科比都一度非常接近加盟山西男篮。

这样的局面彻底搅乱了以往仅限于从 NBA 边缘人物物色外援的 CBA 市场，各家俱乐部也纷纷加大投入，希望通过大牌球星的加盟来提高球队成绩。在这样的背景下，刚刚接手辽篮的衡业集团在选择外援时也没有小气，先是签下了曾经随湖人队两次夺得过总冠军的大外援约什 · 鲍威尔，随后又找到了上赛季还在灰熊队场均贡献 4.9 分的小外援罗德尼 · 卡尼。

辽宁本钢
14
LI-NING

在当时来说，这两名外援虽然不是特别的大牌，但也绝对是实力与名气兼备，而且如果不是因为停摆风波，都很有可能继续在 NBA 得到合同的。有了这样两名外援之后，时任主教练的郭士强也对于那个赛季充满了信心。

但是后来结果却并不是很美好，随着 NBA 在 11 月重新开赛，鲍威尔和卡尼两人也暴露了“身在曹营心在汉”的心思，总想着早点回到 NBA 去再找找机会，无法将全部精力集中在 CBA 的赛场上。再加上原本就是第一次到海外打球，方方面面的不适应也让这两名外援在比赛中的表现越发糟糕，甚至出现了明显消极怠工的情况，最终导致辽篮在那个赛季未能杀入季后赛。

当然，在那个比较特殊的赛季里，辽篮并不是唯一在外援问题上吃亏的球队，不少球队的外援都出现了类似的情况。这也让初次运作外援的衡业俱乐部记住了第一个教训：不要轻易找那些还能够在 NBA 有机会打上比赛的球员，只有能够一心扑在 CBA 的外援才是好外援！

带着这样的经验教训，俱乐部在接下来的 2012—2013 赛季中，将引援的重点放在了那些已经离开 NBA 一段时间，有着海外联赛经验——最好是 CBA 经验的实用型外援上。最终他们签下了此前效力于韩国联赛的亚历山大·约翰逊，以及曾在东莞队效力过两个赛季的约什·阿克格农。

果然，这两名球员虽然从个人能力上可能无法与全力以赴的鲍威尔和卡尼相比，但他们的敬业精神和对于 CBA 的适应能力，都远远好于前者。辽篮在这个赛季也终于有所起色，重新杀回了季后赛。

但是这个赛季的引援，仍然给俱乐部带来了一个教训，那就是在选择外援时，需要格外检验球员的身体健康情况。这主要是因为亚历山大，在联赛之初他就暴露出了身体上一些旧伤的隐患，随着比赛的持续进行，虽然他每每带伤作战的敬业精神能够感动球队，但很多时候从场上表现来说也的确是有心无力。

面对这样的情况，俱乐部第一次在赛季期间启动了更换外援的策略，要挑选一名新的大外援来顶替已经无法继续支撑的亚历山大。没有想到，这一次决定，却造就了辽篮历史上最为神奇的一次外援操作！

从放弃第一备选外援哈里森，到与新目标所罗门 · 琼斯进行沟通，辽篮开启了一场与时间赛

跑的游戏，希望将亚历山大缺阵的影响降到最低。最终，从 2013 年 1 月 8 日所罗门登上飞往中国的航班，到 11 日晚他出现在常规赛辽篮客场挑战天津队的赛场上，只用了 96 个小时的时间。更为神奇的是，在那场几乎没有时间去倒时差的比赛中，所罗门上演了一出如同神兵天降般的暴扣绝杀，帮助辽篮拿到一场艰难的胜利！

从这件事中，其实可以看出俱乐部当时对于辽篮的成绩非常在乎，从具体工作人员到俱乐部老板全部是全心投入相应的工作当中，比如所罗门 11 日凌晨从北京降落之后，就是用老板刘景远的专车连夜送到了天津，而刘景远则直接在北京坐镇，在 11 日一大早就上门中国篮球协会（简称“篮协”），搞定了新外援的所有注册文件。

这次成功的操作大大振奋了辽篮的军心，也让俱乐部在外援操作上终于拿出了一次值得夸耀的成绩。

接下来到了 2013—2014 赛季，总结了过往经验之后，俱乐部在这一年里采取了双外援“一生一熟”的策略，希望能够带领球队在重返季后赛的基础上再有提升。所以他们在小外援的位置上找来了曾随小牛队夺冠的多米尼克 · 琼斯，这虽然又是一名初次来到海外打球的 NBA 球员，但他的重心确实已经离开了 NBA，正在尝试在海外发展，同时也有着非常不俗的个人能力；至于大外援，则选择了上赛季曾中途加盟青岛队的丹尼尔斯，在他来到 CBA 的小半个赛季里曾是麦迪身边最可靠的帮手。

这样一个组合，在赛季开始前受到了外界的一致好评，辽篮也颇为期待他们在联赛中的表现。但是让俱乐部没有想到的是，这个赛季最终却演变成了引援工作一连串犯错和失误的糟糕回忆。

首先让俱乐部出乎意料的一个巨大错误，是关于大外援丹尼尔斯的人品问题。因为在上个赛季吃了忽视球员伤病隐患的亏，因此这一次辽篮原本是非常重视给两名外援做签约前的体检，但是丹尼尔斯却在被要求做核磁共振检查的时候，撒了一个谎。他谎称自己有幽闭恐惧症，不能够接受这样的检查，当时出于人性化考虑，俱乐部没有勉强他，但没想到这却是丹尼尔斯掩盖自己身上伤病的“花招”，一直到几轮联赛打下来之后，教练组才从他不敢在内线进行对抗的怪异表现中发现了事情的真相。

这件事还造成了一个非常深远的影响，就是在接下来的每一次引援中，辽篮都将核磁共振列为必须进行的检查，甚至在最终夺冠的这个赛季里，他们找来了真的患有幽闭恐惧症的布兰登 · 巴斯，也在这个问题上毫无商量的余地。最终巴斯只能艰难地接受了这次检查，或许他只能怪之前的丹尼尔斯实在是把辽篮坑得太深。

回到那个“糟糕”的赛季，第二个让俱乐部头痛不已的错误，是忽视了外援的性格问题。还是丹尼尔斯，原本在发现他撒谎隐瞒伤情之后，辽篮还对其心存幻想，希望他能够在养好伤病之后能有好的表现，但是丹尼尔斯始终的消极的比赛态度和恶劣的脾气，最终让球队和俱乐部都忍无可忍，一直到他在比赛中惊人地出手砸掉吴庆龙的战术板，当这一矛盾剧烈升级，俱乐部只好当机立断地宣布直接将他裁掉。

另一个外援琼斯的情况，虽不至于像丹尼尔斯那样恶劣，但也足够让俱乐部感到头疼。这主要是源于他在场上极度自我的性格，以及如同孩子一般任性的脾气。不听指挥、不执行战术要求，只顾着按自己的想法去单打独斗，导致琼斯始终和辽篮的整体氛围格格不入。

第三个让俱乐部感到十分郁闷，也是让球迷诟病了很久的错误，其实是在裁掉丹尼尔斯之后的一系列操作。正是因为上个赛季所罗门神兵天降的成功案例，让辽篮在这次中途引援中依旧颇

加盟辽宁队之前，布兰登·巴斯来过中国几次，但时间都很短暂，且全都是参加 NBA 的宣传活动。在加盟辽宁队的过程中巴斯最难过的关其实是体检，因为他有比较严重的幽闭恐惧症。在医院对他进行磁共振全身检查持续了将近两个小时，从脚到颈部的所有关节都未放过，有几次巴斯都想中途退出体检，但最后还是咬牙坚持，特别是检查肩部和颈部的时候他的头部要完全进入仪器内，这让他感到十分恐惧，检查前犹豫了好久；整个检查结束后，巴斯已经是手脚冰凉，第一时间就冲出了检查室，平静了好一段时间才恢复正常。期间，他的经纪人一直在检查室里陪伴他

为大胆地放手尝试那些从未来过 CBA 的新面孔，而为了追求效率，当时俱乐部甚至直接告诉经纪人，谁能最快签约并见到人，就要谁！

于是，辽篮迎来了一个这些年来可能是水平最低的大外援——履历苍白的麦克林，关于麦克林悲剧一样的表现就无须多述了，他在仅仅打了 7 场比赛之后就让忍无可忍的辽篮再次做出裁人的决定。

运作外援折腾到了这个份上，也终于让俱乐部明白，所罗门的案例具有一定的偶然性，并不具备普遍应用的条件，选外援还是得有一个详尽的考察作为基础。所以俱乐部也干脆横下一条心，一口气联系了兰斯·托马斯和哈基姆·瓦里克两名备选，并且让他们都来到了中国进行试训，一时

间辽篮的队伍中跟着四名外援，也成了 CBA 难得一见的奇景。

还好这一次他们的慎重行为终于给这个赛季乱成一团的引援工作画上了一个还算能够接受的句号。瓦里克表现出了足够的能力和不错的比赛态度，帮助辽篮在最后时刻惊险地杀入了季后赛，虽然仍然是止步于首轮，但也算得上是可以接受的结果。

后来，已经积累了足够经验和教训的辽篮俱乐部，几乎没有在外援的选择上再犯过太大的错误，尤其是签下哈德森，并给出一份长期合同的操作，更是成了一次最为成功的典范。这期间先后与哈德森作为搭档的迪恩 · 汤普森、沙福里克 · 兰多夫以及最终夺冠阵容中的布兰登 · 巴斯，虽然也都算不上十全十美的球员，但在综合能力、个人素质、敬业精神等方面几乎都无可挑剔，都得到了球队和球迷的普遍认可。

……………………………………

在哈德森加盟辽篮的过程中，有一个人起到了至关重要的作用，这个人就是在 2014 年至 2016 年的两个赛季期间，担任辽篮俱乐部总经理的严晓明。说起严晓明，其实还是辽篮的老熟人，早在 CBA 创立之初，他曾担任了足足 6 年的辽篮总经理，也是在他的一手操作下，辽篮与当时的国际管理集团展开合作，组建成了一家职业化俱乐部。

这一次重新请回严晓明为辽篮掌舵，也是衡业集团入主辽篮之后的一步重要的转变，严晓明在篮球圈有着多年的工作经验，也曾入职过中国篮协的下属公司，在篮球圈有着深厚的人脉，是一名真正意义上的职业经理人。

在二次入主辽篮之后，严晓明也很快就展示出了他在管理方面的才能，在夏天接连完成了包括杨鸣、贺天举在内多名主力球员的续约，而且还一手敲定了哈德森和汤普森的加盟，让辽篮在备战 2014—2015 赛季的过程中，早早就阵容完备。

严晓明给辽篮带来的最大改变，就是对球队的工资、奖金制度进行了大刀阔斧的改进与完善，他引入了一套复杂的公式，将球员在比赛中的贡献进行量化，然后再与奖金挂钩。这套公式不仅仅要看球员们的得分、篮板、助攻等主要数据，还综合了出场时间、命中率、抢断等数据一起衡量球员贡献。同时还有 20% 的奖金是由主教练来灵活决定的，这部分奖金通常会分给在关键时间里或者关键球上对球队有突出贡献的球员，哪怕是关键的一次防守也在考虑范围内。

当然，任何改变的过程都不会是一帆风顺的，在严晓明这套公式的背后，更重要的是他在球队里坚决推行的“底薪为辅、奖金为主”的薪酬体系。这让许多球员在一开始都很难接受，毕竟在球员看来底薪部分显得有些略少，而奖金部分虽说与成绩挂钩，但具有太大的不确定性，看上去缺少足够的保障。

但是严晓明还是凭借他丰富的经验和出色的口才，一一说服了辽篮的球员们，让这些年轻人能够在接受这种薪酬体系的同时，也能够从心底里去认识到这种方式所带来的好处，在球场上能够以更加积极的态度去面对比赛。在严晓明上任的首个赛季里，球队不仅在成绩上有了巨大的提升，而且一直到严晓明两年后离任，很多球员仍对于他感到依依不舍，认为他带来的先进理念开阔了大家的视野。

在 2014 年和严晓明同时来到俱乐部的，还有副总经理承相，这是一名同样在篮球圈有着丰富的经历的职业经理人，曾在美国留学的他是狂热的篮球爱好者，出于热爱摸索着进入了篮球这个圈子，做过 NBA 特约记者，也曾当过外援经纪人，还入职过其他俱乐部。他的加盟对于辽篮最大的意义就是在外援的管理和沟通上变得更为从容和专业，尤其是哈德森，他在辽篮的这些年里，一直把承相视为最信任的人，包括后来与辽篮续约签下 3 年合同，也是承相在美国一手完成的谈判。

随着这些职业经理人的到来，辽篮才算是在进入衡业时代之后，终于走上了正轨，结束了此前连续多年以季后赛为目标的挣扎，开始进入一个全面争冠的强势时期。

后来，在 2016 年严晓明离任之后，李洪庆接手俱乐部总经理一职。虽然在管理经验上不像严晓明那样丰富，但媒体人出身的李洪庆非常懂得扬长避短，他在管理模式上基本保留了严晓明留下的框架，确保了球队阵容的稳定。同时，他积极发挥自己的优势，在俱乐部品牌文化建设、球队形象塑造与宣传、媒体舆论的引导等方面表现了很多自己独到的东西，让辽篮这支团队从精神层面变得更加凝聚。

作为一个团队，领袖的作用是不言而喻的。而哈德森在来到辽篮之后，迅速地确立了自己在这支球队中的领袖地位，这是以往其他外援从来没有做到过的事情。

一个领袖和一个头号得分手之间有什么样的区别？这种区别应该是全方位的。哈德森能够得到辽篮的全面认可，将“领袖”“核心”等一系列头衔加在他的头上，依靠的绝不仅仅是自己出色的得分能力。

在哈德森刚刚来到辽篮的 2014—2015 赛季，CBA 在竞赛规则上迎来了一系列重大的改革，其中影响最大的恐怕要数“末节单外援”制度，即在每场比赛的最后一节中，各支球队只能同时派上一名外籍球员（不含亚洲外援）登场。这个变化的初衷，是希望在比赛的最后时刻，能够给本土球员更多的表现机会，得到更多的锻炼，但也从一定程度上让各支球队在选择外援时更加注重个人能力了，因为在比赛最后的关键时刻，更多的情况依旧是凭借外援的个人能力决定比赛。

以当时辽篮的本土阵容来说，郭艾伦、韩德君、李晓旭、贺天举这四名球员都是国内一流的

誓夺冠军

LIAONING
14
广厦控股
29
傅冷西斯
LIAONING
22

水准，而且也是球队最为主要的本土得分点。但是在比赛最为胶着的时刻，当时的他们在关键时刻的稳定性和经验上仍然欠缺一些火候，这也导致辽篮在过去两年季后赛中，总是在处于胶着的情况下没能顶住最后一口气。而哈德森的到来，恰好弥补了辽篮最需要的一个环节，让他们在比赛最关键的时刻能够有一个值得信赖的人去打破僵局。

还记得哈德森刚刚来到球队报到的时候就非常自信地表示过，在末节单外援的情况下，希望主教练能够让自己更多地留在场上，“因为我的求胜欲望非常强，这在关键的时刻会是一种优势”。

哈德森的毛遂自荐透露出他强大的自信，辽篮也的确需要他的那种自信。很快地，辽篮就感受到了哈德森自信的底气，在常规赛第五轮比赛中，辽篮客场挑战上赛季哈德森的老东家新疆队，此时的新疆队签下了实力和名气都比哈德森更大的乔丹·克劳福德，正打算继续冲击总冠军。但是哈德森却给了老东家当头一击，他不仅打出了 41 分、10 次助攻、10 个篮板的“三双”数据，而且还在最后时刻直接抢断了克劳福德手中的球，帮助辽篮历史上首次在新疆队的主场赢下比赛！

那一晚，是辽宁球迷第一次以“自己人”的身份感受到哈德森的厉害之处，而在接下来的时间里，他们更是多次见证了哈德森在比赛关键时刻毫不讲理的三分球，一次又一次地帮助球队上演神奇的逆转。那个赛季里，辽篮得到了一个“末节惹不起”的称号，其实很大程度上就是源于哈德森在关键时刻总有神奇的表现。

最令人难忘的一次，恐怕还是要数那个赛季总决赛 G3 那个准绝杀的突破上篮。当时辽篮在总决赛的前两个主场中先输后赢，带着 1 ： 1 的总比分来到北京面对连续 3 个客场的考验。在 G3 大战的最后关头，哈德森压住了时间，在正面弧顶快速晃开孙悦的防守之后，杀入内线迎着 3 个人的封盖，用一个非常高难度的姿势将球上篮打中，在距离比赛仅剩 2 秒的时候完成了致命的准绝杀，带领辽篮在总决赛历史上首次获得总比分的领先。那一刻的哈德森在球迷的眼中就如同一尊不可阻挡的“杀神”，所以后来他成了球迷们口中的“哈神”。

但是如此强大的哈德森，在那个时候仍没有达到自己最完美的状态。或许从技术能力、身体素质等方面来说，当时的哈德森可能是正处于自己的巅峰状态，但是从心理层面和比赛经验来说，仍有所欠缺。至少在当时，他在这些方面还无法比得上作为对手的马布里。

哈德森凭借着超强的个人能力和旺盛的求胜欲望，在球场上如同势不可当的冲阵猛将，带领着辽篮的年轻人一起向前冲，但是他却缺少了一些运筹帷幄和大局观上的把握。而马布里凭借自己在 NBA 多年的比赛经验，可以如同一名统帅般去捏合起北京队球员整体的力量，并且对于比赛节奏的掌控也是炉火纯青。这两者之间的差距，导致了在总决赛这样一个除了拼技战术，更要拼心态、拼策略的战场上，辽篮最终还是表现得略逊一筹，遗憾饮恨。

当然，这也并非是哈德森一个人的问题，当时辽篮在 2014—2015 赛季迎来爆发的时候，这支球队的整体阵容还是相对年轻的，他们有朝气，有冲劲，但还缺少沉淀和积累，更没有体会过总决赛的艰难，这也是他们当时存在的一个很重要的缺陷。

年轻总是要付出代价的，那时的辽篮一直在这样安慰自己，但事实上这份代价远比他们想象中要沉重得多。

在总决赛结束之后的夏天里，哈德森与辽篮签下了一份长达 3 年的新合约，这是他来到 CBA 之后第一次与一支球队签下多年合同，对于当时已经 31 岁的哈德森来说，这也意味着将辽篮当作了自己职业生涯末期的一个归宿。这种选择不仅是因为在过去的一个赛季里，彼此双方在球场上的默契合作，还有双方在很多方面的相互认可，更重要的是对于总冠军有着同样的渴望。留下来并肩战斗，一起冲击总冠军，这是当时哈德森最真切的想法。

只不过在接下来的 2015—2016 赛季里，辽篮虽然依旧保持了很好的争冠势头，但最终他们却因为犯下两个致命的错误而导致大好形势全面崩盘。第一个错误，是他们在总决赛面对四川队的时候，因为首场比赛的轻松取胜而过早地陷入了亢奋的状态之中，犯下了轻敌和心态浮躁的大忌，导致自己在接下来的两场比赛中接连失利，将原本的领先优势拱手让出。

第二个错误，则是在整个 CBA 历史上都颇为轰动的场外球迷冲突事件。在这件事情中，尽管辽篮在情理上处于值得同情的一方，但是球员们作为公众人物，也必须承受一时冲动之下所要付出的代价。在那场混乱的冲突中，郭艾伦、贺天举和刘志轩直接不同程度地受伤，接下来球队又要在各方面施压之下，带着沉重的心理负担去坚持完成后面的比赛，这种遭遇对于当时队伍中的每一个人来说都是残酷的折磨。

2015—2016 赛季，辽宁队在总决赛中输给四川队，回到沈阳时依然受到了大批辽宁球迷的欢迎，未能收获首座 CBA 总冠军奖杯的郭艾伦和贺天举全都表情凝重，郭士强则表达了乐观的态度

002014

BAPE
93

LIAO
NING
辽宁飞豹

辽宁本钢
13
郭艾
ups
14
CHINA LIFE
14

那一年，辽篮不仅仅是又一次丢掉了近在咫尺的总冠军，也让他们彻底告别了那段年少轻狂，可以尽情挥霍天赋的日子。两届总决赛的失利，一次并不光彩的冲突，这些经历压在每个人的心头，留下了沉甸甸的印记。

接下来的2016—2017赛季，似乎就是命运对于他们的一种惩罚。当他们还想着像此前两年那样，整装待发，冲击冠军的时候，却接二连三地迎来噩耗。先是李晓旭在赛季前的体测中就跟腱断裂，直接宣告赛季报销；然后在艰难熬过3名主力球员的禁赛期后，贺天举又刚刚复出了一场比赛就意外地摔伤了膝盖，同样提前告别了这个赛季；再接下来，刚刚崭露头角的年轻小将丛明晨也被伤病击倒，大外援兰多夫更是带着各种伤势苦苦支撑……那个赛季，对于辽篮来说是格外惨烈的。

但俗话说，"福祸相依，处之泰然"，这个多灾多难的赛季对于辽篮来说既是一种磨难，但也是一种磨砺。从过去两年的顺境，到如今这一年的逆境，这种巨大落差令辽篮从教练到队员都得到了全方位的成长，也让整支球队从精神到气质都经历了一次全新的凝练，这才有了最后2017—2018赛季中他们涅槃重生的辉煌。

在这里经历了这样的三个赛季之后，哈德森也多少在情绪上受到了一些影响，但好在他并没有对于球队的未来完全失去信心。这主要是在这一段时间里，辽篮的团队阵容也磨合地日趋完善，尤其是一批更为年轻的球员得到锻炼后迅速成长起来，给球队补充了新鲜血液，也让哈德森感受到了继续冲击总冠军的希望。这其中最为关键的人物，无疑就是赵继伟。

莱斯特·哈德森先后在NBA的波士顿凯尔特人、孟菲斯灰熊、华盛顿奇才、克利兰夫骑士、洛杉矶快船等5支球队短暂服役，断断续续的4个赛季，总共才打了57场比赛且从无首发，每场平均11.1分钟的上场时间贡献也仅有4.7分、1.3个篮板、2次助攻，这么多年的事实证明，他并不适合NBA。之后来到CBA寻找发展，在青岛队、深圳队、新疆队，他可以拿到更好的数据，但只有在他的第4支CBA球队——辽宁队，才算是找到了自己在后场的黄金搭档郭艾伦，从而迈出了总决赛MVP之路

像赵继伟、丛明晨这样的新鲜血液，在过去的四年里迅速成长起来，成为哈德森身边可靠的助力。在辽篮本土球员经常可以挺身而出分担压力的情况下，哈德森打起球来其实也要轻松很多，他可以将更多的精力和体能都分配到比较关键的时刻里，这让他对比赛的掌控也显得更加成熟。

当然，这属于哈德森在比赛场上的逐渐发生的改变之一，但是在辽篮

的四年时间里，哈德森的改变不仅仅是在比赛场上，还体现在球场以外的方方面面，让他整个人从性格到生活习惯等，都发生了不小的转变。做到这一点，靠的可不只是辽篮在球场上对哈德森毫无保留的信任，更重要的是这几年来在日常生活中对哈德森无微不至的关怀。

哈德森出生于美国田纳西州孟菲斯的一个普通家庭，在 15 岁以前，他基本没有接受过篮球训练，一直到进入高中之后，他才被教练发现篮球天赋，而哈德森也从那时发现，自己通过篮球这项运动很有可能帮助家庭改变贫困的状况。只不过平凡的出身和较晚开始接触篮球训练，让哈德森注定需要付出更多的努力，才能够在高手如林的美国篮坛闯出一方属于自己的天地。

通过努力的训练，哈德森在高中时代就开始展示出了自己的领袖特质，并成为当地小有名气的明星球员，但是由于将太多的时间和精力都花费在篮球训练上，哈德森的文化课成绩并不是很理想，并影响了他在进入大学时的选择。不过在进入大学之后，哈德森依旧还是将所有的精力投入在篮球上，这让他的球技进步非常快，在第一个 NCAA 赛季里，他 11 次打出单场超过 30 分的个人表现，赛季场均可以拿到 25.7 分，排名全美第五。此外，他还成了校队历史上第一个“四双”先生，单场比赛拿到了 25 分、12 个篮板球、10 次助攻和 10 次抢断。

但是当哈德森尝试闯荡 NBA 的时候，却并不是特别顺利。2009 年，信心满满的哈德森参加了美职篮选秀，但与他同一年参选的后卫包括哈登、库里、劳森、埃文斯、卢比奥等高手，哈德森最终只位居第 58 顺位，也就是倒数第 3 位。以这样一个很难受到关注的顺位进入 NBA 之后，哈德森也一直没能闯出更大的名堂，在凯尔特人、灰熊、奇才等球队历经辗转之后，于 2011 年初被奇才队正式裁掉，成为一名自由球员。

选秀后仅两年时间就在 NBA“失业”，这对于哈德森是一次很大的打击，但更重要的是，一旦没有了职业球队的合同，哈德森也就没有了稳定的收入，这对已经成为整个家庭经济支柱的哈德森来说才是最为沉重的压力。无奈之下，哈德森在经纪人的建议下将目光投向海外联赛，最终来到了他在奇才队时期的队友易建联所在的球队广东队，开启了自己的 CBA 生涯。

虽然在中途加盟广东队的那个赛季里，他就跟随球队拿到了总冠军，但当时广东队兵强马壮，哈德森也只是被看作一个还算合格的小外援，而且广东队在赛季结束后也没有继续留住他的意思。无奈之下，哈德森开启了一段长达四年的辗转之旅，每年冬天他首先会来 CBA 寻找一支球队，然后在 CBA 赛季结束之后还要回到美国去 NBA 季后赛中寻找一些打短工的机会。

这样做的目的一方面是哈德森始终对于闯荡 NBA 有一个属于自己的心结，希望能够在那里

重新证明自己，另一方面也是因为当时无论在 CBA 还是 NBA，他能拿到的薪水都并不算太高，养活家庭或许够用，但也绝不宽裕。现实的经济压力让哈德森不得不非常努力地去寻找每一个机会，尤其是在女友为他生下了大女儿之后，哈德森身上的压力更重了。他希望自己的孩子在未来能有一个更好的生活环境，更希望能够早点和女友结婚让她过上幸福的生活，但是这一切都需要哈德森拼命地打球，赚到更多的钱才行。

在那一段时间里，哈德森因为生活上的压力，再加上刚刚来到海外发展对于陌生的环境不够适应，导致他的性格也显得有一些孤僻，尤其是在 CBA 的几支球队中效力时，他总是一副沉默寡言的样子，在比赛和训练之外也很少和自己的队友进行沟通，甚至不愿意与媒体进行过多的接触，面对一切采访要求都是拒之门外。其实在这段时间里，他在这些 CBA 球队中的表现都不算差，也在 CBA 的赛场上颇有名气，但始终没有能够在同一家俱乐部里连续效力两个赛季，不得不说这和他当时表现出来的性格也有一定的关系。

但是哈德森在性格上也有他的优点，那就是很少挑剔。当然这也和他的家庭环境有一定的关系，这让哈德森从小就适应了各种艰苦的条件，能够对于身边现有的条件保持足够的理解与适应。比如在饮食方面，很多外援都会给俱乐部提出特别的要求，哈德森虽然也提出了尽量保证他吃到自己习惯的西餐，但是在联赛期间有时也很难完全满足这个需求，在这个问题上哈德森一般都不会太过苛刻，只要认真和他商量，基本都能够解决问题。在其他方面，哈德森的要求也并不算多，也基本不会提出什么太过出格的特殊要求，这一点的确也让与他合作的俱乐部比较省心。

他的另一个优点就是对待比赛的态度很积极，或者说敬业。作为一名要依靠篮球来改善整个家庭生活条件的职业球员，哈德森非常清楚这份工作对他来说意味着什么，也非常明白如何才能更好地体现出自己的价值。所以他在球场上从来都是全力以赴，在他辗转过的多家俱乐部中，也最多有人说他打球“独”一些，但从没有人说他打球会“偷懒”。正是因为这些优点，让哈德森在 CBA 一直能够有诸多的工作机会。

在哈德森刚刚加盟辽篮的时候里，他在性格上依旧保持着一贯的沉默寡言，显得不是很喜欢和身边的人交流。但是这对于辽篮来说并不是什么大问题，因为哈德森并不怎么挑剔，也没有太多待遇上的特殊要求，而且还能够在球场上非常卖力，这在辽篮眼中已经是非常好打交道的外援了。

另外，辽篮的本土球员也秉承了东北人一贯的幽默细胞，队里总是有一些“活宝”式的球员，比如郭艾伦和韩德君都是最喜欢和外援进行交流的，这种交流通常都是带着一些口音怪异的英语和明显体现出善意的玩笑。要知道哈德森那个时候只是不习惯主动去和别人沟通，但面对队友们主动找上门来的互动，他通常都是非常乐在其中。毕竟对于哈德森来说，其实也同样渴望这种交流，这能让他感受到一种如同家庭般的温暖。

当辽篮在 2015 年给哈德森开出一份长达 3 年的保障性合同时，哈德森在内心里更是充满了感激的，因为这份合同是他打职业篮球以来获得的第一份保障性多年合同，这对于一直在各支不同球队之间漂泊辗转的哈德森来说，既是一个归宿，也是一种肯定。而且在这份合同中，辽篮最大限度地展示出了他们的诚意，加入了一条对哈德森极为有利的单方面“跳出条款”——只要哈德森能够在 NBA 获得一份保障性的合同，辽篮就无条件地放他离开。

在那个时候，哈德森仍旧没有放弃重回 NBA 的梦想，就算是在帮助辽篮重返总决赛的那个赛季结束之后，他依然赶回美国，从快船队那里争取到了一份短期合同，并出战了几场季后赛。而且在接下来的夏天里，他也一直跟随 NBA 球队在进行试训。在这样的情况下，辽篮给出的多年合同加上“跳出条款”彻底打动了哈德森。在那之后三个赛季里，哈德森再也没有去尝试过回到 NBA 打短工，这份“跳出条款”也从来没有过动用的机会。

签下 3 年长约之后，哈德森可以说更加全身心地融入辽篮这个集体当中，而且这时他已经在心理上越来越主动地去这样做。首先他的性格慢慢地变得开朗了起来，平日里脸上的笑容也多了起来， 甚至能够主动和其他队友开一些玩笑。在面对媒体的时候，哈德森的态度也来了一个大转弯，在面对一些采访请求时都能很配合地接受，也愿意去参加一些视频类的访谈节目。

最有意思的一件事，莫过于在 2017 年初的时候他还登上了辽宁卫视的春晚舞台，和著名笑星宋小宝同台演出小品。这次经历对哈德森来说绝对是从未有过的新鲜体验，在开始接到演出邀请之后，他在简单地了解过对方的目的和想法后，很快就答应了下来。尽管当时正在联赛期间，但是哈德森还是在确保训练和比赛不受影响的情况下，参加了彩排，在后台与宋小宝等演员耐心地沟通准备，当时也传出了不少有趣的照片和短视频，尤其是两人带着同款红色帽子做出同样龇牙表情的那张照片，更是一时间刷屏朋友圈。

在最终进行录制的时候，哈德森给人的感觉还是有点发蒙，很多人认为是他身为一个外国人，可能对中国的小品表演不是很熟悉，所以配合起来有一些生硬。其实在台下排练的时候，哈德森自己也考虑到了这个问题，还主动地问导演，自己在宋小宝说大段台词的时候，应该有怎样的一种表情或者反应。导演考虑到哈德森的实际情况，就告诉他一个单词“confusing”，也就是困惑或者用东北话说叫发蒙，哈德森很好地领悟了这个意思，所以在后来的表演中一直是一种萌萌的样子。

从这个片段中，也可以看得出来，哈德森对于这一次篮球之外的表演体验也是非常重视而且是追求细节的，这也能让人感受到他非常乐于从多元化的角度来融入辽宁这片土地，并很享受这个过程。

另外，随着他在辽篮获得了稳定的多年合同，他的收入情况和以前相比大幅好转。在双方的第一份一年期合同结束之后，中国篮协刚好推行了关于外援的优先续约权制度，按照这个规定，辽篮只要比上赛季的薪水上涨 10%，就可以将哈德森留在辽篮，而如果哈德森不愿意接受的话，甚至有可能因此而阻断自己的 CBA 之路。但是在这样一种对于外援来说比较被动的政策下，辽篮并没有生硬地按照 10% 涨幅去续约哈德森，而是和上个赛季相比给哈德森很大幅度地上涨了

2017—2018 赛季之前的休赛期，回家休假的哈德森更新了社交媒体，晒出与妻子在婚礼现场的照片：“我们已经相恋 12 年了，没有什么都是完美的，但这段爱情却非常值得珍惜。”此时，哈德森和他的妻子已经拥有两个女儿，“你现在是我的妻子了。你是我今生遇到最美好的事情，你给予了我能要求的最好的东西，咱们有两个漂亮的女儿，你一直爱着我，这让我有动力去变得更好。我的整个职业生涯，你从未离开过我，从来没有放弃过我，永远爱你。”他的前辽宁队队友沙夫里克·兰多夫通过社交媒体送去了祝福

薪水，并且许下了 3 个赛季中按照一定百分比逐年递增的承诺。这让哈德森非常满意，因为这可以说是他职业生涯以来签下的最大的一份合同了，而且很大程度上确保了他在职业生涯的末期可以为整个家庭的生活条件带来彻底的改变。

于是在接下来的 3 年里，哈德森的生活发生了翻天覆地的变化，他的二女儿在此期间降生，他与女友也终于修成正果走进婚姻的殿堂，并且在迪拜享受了一次浪漫而奢侈的假期，在夺得总冠军后更是花大价钱为自己增添豪车。而每当他在夏天回到美国老家的时候，哈德森更是有一种衣锦还乡的感觉，他不仅让自己的家人过上了更好的生活，也积极投身公益，以实际行动支持助学活动，带着自己所在社区内的 7 个孩子一起进行了学习文具的大采购。

这时的哈德森和刚刚来到 CBA 时相比，完全已经进入了另一种人生，对他来说，物质上已经得到了极大的满足，剩下的自然就是精神上的追求。“我还欠辽篮一个总冠军呢。”哈德森的这句话说出了他内心最大的渴望。

当然，哈德森与辽篮之间的默契合作也并非是一帆风顺的，也出现过一些磕磕碰碰的摩擦。这期间最为轰动的一次，就是他在 2017 年夏天在个人微博上“炮轰”俱乐部的事件。

在 2017 年 7 月 9 日晚，哈德森突然在个人微博上连续发布了几条消息，内容直指辽篮俱乐部克扣了他 5 万美元的薪水，同时还表达了自己对球队大外援选择以及战术方面的不满之情。这几条微博发出之后，虽然他很快又自行删除了，但是造成的影响仍然是轰动性的。毕竟在外界看来，哈德森与辽篮本应处于蜜月期，但或许是连续 3 年没有能够成功拿到总冠军，让哈德森的情绪出现了一些不应有的变化。

事实上，当时那被扣掉的 5 万美元的薪水并没有真正引起什么波澜，因为辽篮有理有据地出示了相关证据，证明这部分钱其实是中国篮协在过去两个赛季里给哈德森开出的罚单，理由则是

哈德森自己在不应该的场合穿着了违规品牌的装备，而这笔钱则是在由俱乐部代缴之后，从哈德森的薪水中扣除的。而且在扣除这 5 万美元的时候，辽篮就已经给哈德森详细地说明了缘由，而且也将相关材料发给了哈德森的美方经纪人，在对方认可之后，双方才结清了上一年度的薪水。

所以对于哈德森当时的那一番言论来说，更多的其实还是在于表达自己对球队阵容和战术安排上的一些不满情绪。尽管这种做法并不是很“理性”，因为哈德森在球队大外援选择方面的一些口无遮拦，很大程度上对于他的前任搭档兰多夫并不公平，甚至有一些不够尊重。而对于球队战术安排上的指责，其实也不应该通过这种公开的方式来表达，毕竟在球队内部，辽篮一直以来还是非常重视哈德森的想法的，只不过也不可能做到所有的战术安排都完全听从他一个人的意见。

这次风波从辽篮的角度来看，处理得还算及时，哈德森也更像是一次单纯的情绪发泄，并没有想要继续把事情闹大。毕竟此时的哈德森并不是希望与辽篮产生真正的分裂，他更希望的是能够看到俱乐部重视他的意见，在接下来的新赛季里能够有更大的把握去冲击总冠军。在这一点上，

其实哈德森和辽篮的想法是一致的，这也是双方能够很快地把事情说清，重新携手并肩开启新赛季征程的一个基础。

但不可回避的一个事实是，哈德森的确对于辽篮的战术安排有不满之处，比如在 2016—2017 赛季期间，哈德森就曾经在微博上发表过一些疑似指责球队战术的言论，并被外界看作他对主帅郭士强流露出很大的不满情绪。不过随后不久，郭士强就正面回应了这一说法，表示哈德森其实只是想要激励球队，只不过表达方式因文化差异而有所不同，更是存在被外界误读的情况。当时正值全明星周末活动，哈德森和郭士强也频频一起亮相，很快就让外界的各种猜测烟消云散。

到了夏天里的这一次，哈德森在言论上则更加直接地表达出：“别总是让我站在底角，等时间还剩最后 5 秒的时候把球扔给我，让我去得分，你们不应该让球队里最好的球员用这种方式去打球。”

这一次，哈德森算是真真正正给辽篮甚至是郭士强出了一个难题，显然哈德森希望手中有更多的球权，并且作为一个比赛的掌控者。或许在外界看来，这个难题一旦处理不好，甚至有可能导致辽篮将帅失和，让整个球队陷入混乱之中。但是郭士强还是很好地解决了这个难题，他和哈德森进行了很多次的直接交流，也交换了彼此的战术理念。

郭士强的坦诚让哈德森很受感动，此时的他其实也开始为自己前面有些冲动的言论感到后悔，但好在无论是辽篮俱乐部还是郭士强个人都没有过多地去纠结于这个问题。在 2017—2018 赛季到来之前，辽篮刚刚夺得了全运会的冠军，球队所有人都正朝着下一个目标开始蓄力。在这种共同目标之下，一些小的分歧被很快地平息，郭士强在说服哈德森接受自己的战术理念同时，也听取了哈德森的一些建议，做出适当的让步。

这些变化，其实后来在这个赛季中可以从很多细节中看出来，比如郭士强在全队人员轮转上的变化，在进攻中为哈德森创造掩护后接球的机会增加。但是相比之下，所有这些战术上的变化，都不如一点始终如一的不变，那就是郭士强对于哈德森的极度信任。

众所周知，这个赛季的常规赛阶段，哈德森表现得并不算好。尽管在哈德森的口中，他在夏天进行了认真努力的训练，但是毕竟在夏天他迎来了自己人生中最重要的婚礼，而且还花费了一段时间陪着妻子和女儿一起到国外度假，这对他夏天的训练质量不可避免地造成一定影响。偏偏辽篮的本土球员也因为全运会的缘故，普遍处于疲劳期和状态不稳的状态，这让哈德森在比赛中就更难有太好的表现，状态起起伏伏，得分上也连续创下“新低”。

在这样的情况下，外界舆论对于哈德森也并不是那么友好了，即便是在辽宁本地也产生了极高的“裁员”呼声，认为哈德森的竞技能力已经大幅下滑，辽篮应该尽早裁掉他另换新人，才有可能保持争冠的实力。当时，辽篮的俱乐部层面也承受了不小的压力，高层领导一时间也陷入了换与不换的两难，闻风而动的经纪人更是立刻将各路小外援候选人的资料如雪片一般塞到了李洪庆的案头。

让很多人没有想到的是，在这个最困难的时期里，甚至有一些队友都开始为哈德森的状态而摇头叹气，但始终支持哈德森的那个人，竟然是背负着最大压力的郭士强。要知道，在这个赛季之前郭士强曾签下过“军令状”，辽篮夺冠与否甚至关系着他能否继续留在这个岗位上，但即便如此，他还是选择信任哈德森，认为哈德森的低迷表现只是一时，终究能够随着比赛的进行，调整回自己的最佳状态。

为此，郭士强对内说服了俱乐部高层，将备选小外援的资料扔入废纸堆；对外则亲自站出来

力挺哈德森，公开表示“现在绝不考虑换外援”。郭士强所做的这一切都被哈德森看在眼里，记在心里。在辽篮，哈德森与郭士强也合作了三年多的时间，对彼此的性格和人品都已经非常了解，哈德森也很清楚郭士强在这件事儿上背负着多大的压力，而他需要做的自然就是尽快调整好自己的状态，来回报主教练对他的信任。

当时，很多人认为郭士强对哈德森有些过度信赖，甚至可以说是盲目依赖，更有人说这是郭士强固执之下的赌博行为。但事实上，郭士强对哈德森的信任也是建立在对这名球员全面的了解之上的。在状态低迷，备受舆论指责的那段时间里，哈德森从未抱怨过什么，而是一直积极地通过训练去调整自己的状态，他所付出的努力、流下的汗水都被郭士强看在眼里。

当时比郭士强更为了解哈德森情况的人，可能就要数辽篮的助理教练张庆武了，因为无论哈德森在什么时候想要去球场单独进行加练，张庆武都一定会陪在他身边给他提供帮助。在辽篮的四年里，哈德森几乎是在训练场上的每一分钟都有张庆武在身边尽职尽责的陪伴。

张庆武是在2014—2015赛季开始加入辽篮教练组的，很多年轻的球迷对他这个名字还是显得有些陌生，但其实张庆武曾经也是辽篮的职业球员，而且更是出身于辽宁著名的篮球世家，他的父亲就是辽宁篮球名宿张秉宽，吴庆龙、李晓勇、崔万军、吴乃群等一系列名声响亮的球星都是张秉宽一手挖掘出来的。

因为父亲的影响，张庆武自然也是早早地就走上了篮球这条路，而且和郭士强同期进入了辽篮一队，两人年纪相仿，如同兄弟一般，随后更是一起被租借到四川打球。但是因为伤病的缘故，张庆武的职业生涯非常短暂，早早地退役之后开始转型从事基层教练员工作。一直到2013年辽宁全运会前，他再次和郭士强搭起了班子，一起带领辽宁U18男篮夺得了全运会青年组冠军。后来，当郭士强再次执掌起辽篮教鞭的时候，自然也将张庆武找来成为自己的得力臂助。

在辽篮的这几年来，张庆武要负责的工作其实很多也很杂，比如在体能训练中他主要负责球员的下肢训练，包括爆发力、弹跳还有速度；在技术训练中，包括进攻中的投篮和防守中的脚步等。在联赛期间，他还要协助郭士强进行对手的录像剪辑和技术分析。在这些本职工作之外，张庆武更是一个最为忙碌的“陪练员”，无论球队的哪名球员需要在全队训练之外单开一点“小灶”，肯定就会有张庆武的身影陪在旁边，李晓旭、贺天举的康复阶段皆是如此，哈德森努力尝试调整状态的过程，张庆武更是全程见证。

在这个赛季，哈德森努力调整状态的过程中，对于自己的投篮训练变得更为严格，比如在原本每个点位投满一定次数的要求，提升变成每个点位要投进一定次数的要求，然后又升级到连续投中一定次数才算合格。“老哈在训练时对自己的要求特别高，如果不能完成自己定下的目标，他就绝不会提前结束训练，他的这些表现也是让教练组始终对他充满信心。”张庆武曾这样评价说。

其实在这个赛季里，哈德森不仅仅是在篮球场上加倍努力去调整好自己的状态，还主动从场外的其他方面想办法。比如他还联系了私人瑜伽教练，利用球队休息的时间自费去上瑜伽课，通过这种方式来帮助自己恢复身体上的机能，尤其是肩部关节的灵活性。对这种瑜伽训练的好处，哈德森是非常认可的，也非常重视每一堂课，甚至有点风雨不误的劲头，有时甚至在从客场回来后，刚刚下飞机一个多小时后，哈德森就出现在瑜伽课上了。在他这种积极的带动下，大外援巴斯也在稍后一点的时间里迷上了这种瑜伽训练。

……………………………………

能够看到这样一个积极主动的哈德森，郭士强自然敢于将赌注压在其身上，这绝不是盲目的选择，而是基于一名职业教练看人的经验。果然，哈德森在常规赛临近尾声的时候，彻底调整好了自己的状态，在进入季后赛之后更是稳定得令人感到可怕。

在半决赛与广东队的最后一场大战中，哈德森迎来了自己在 CBA 的一次里程碑式纪录，他的个人得分突破了 9000 分大关，成为当之无愧的 CBA 得分榜第一外援。同时，在那场比赛中，他也凭借末节 16 分，全场 34 分、6 个篮板的出色数据，帮助辽篮重返总决赛。

到了最后的总决赛上，哈德森更是创造了一系列的经典时刻，尤其是总决赛 G2 的第四节和加时赛，可以说是哈德森职业生涯最为值得铭记的代表作。

当时辽篮在系列赛中已经取得总比分 1 ： 0 的领先优势，广厦队自然要拼尽全力保下自己的第二个主场，比赛过程中他们也的确给辽篮制造了很大的困难，当时令人难忘的是，光上半场广厦队小外援福特森就一个人砍下了 36 分，让辽篮在比分上一直处于落后状态。

但是在下半场的比赛中，哈德森开始逐渐发力，尤其是进入关键的第四节之后，哈德森更是展示出他大心脏的一面。在球队一度落后对手 10 分的情况下，几乎凭一己之力带领辽篮上演了一场惊心动魄的大逆转。哈德森在这一节砍下 15 分，其中在最后几分钟里，他两次在弧顶外两米的位置果断出手超远三分，每一次都能让球精准地坠入篮筐中心，让原本还沸腾一片的广厦体育馆内顿时鸦雀无声。

当比赛最终被拖入加时赛后，哈德森的表演仍在继续，并且主宰了整个加时赛。在进攻中，哈德森没有像第四节那样尝试高难度三分，而是果断杀入对手内线，利用 4 中 3 的两分球帮助球队稳稳拿到 6 分。在防守端，哈德森先是直接抢断了广厦小外援福特森的一个发球，然后又完成了一次关键的盖帽。这样近乎全能的表现，让哈德森成为那个夜晚的绝对主宰，也让这场比赛成为他自己口中“永远值得铭记”的一场经典之战。

最终，哈德森终于是如愿地为辽篮赢回了一座总冠军的奖杯，他个人也毫无悬念地当选了总

决赛 MVP，从而成为 CBA 历史上又一个集齐过常规赛 MVP 和总决赛 MVP 的外籍球员。同时，他也用这样的方式回报了这支球队，以及主教练郭士强给予他的支持与信任。

四年携手并肩，哈德森与辽篮终于相互成就，书写下了一段属于他们的传奇！

TAG Heuer
0:000

对话莱斯特 · 哈德森：
珍惜与辽篮一起夺冠的感觉

笔者：恭喜你莱斯特，说说你对这个总冠军的感受吧，看得出来你现在相当享受这种喜悦。

哈德森：确实，我感觉现在自己还在梦中似的，不是很真实的感觉，有一种梦想成真的感觉。这个赛季很长，我们不停准备训练，达到这一步很不容易。感谢我所有的队友、教练，我所有的付出都很值得。得到总决赛 MVP 也是一种难得的荣耀，这是一种很神奇的感觉。

笔者：其实这不是你在 CBA 拿到的第一个总冠军了，感觉和上一次会有什么不同的感受吗？

哈德森：七年之前我在广东夺冠，那时候他们已经有过冠军。但来到辽宁后，辽篮一直在争冠，所有的辽宁球迷都很期待这一天的到来，尤其是到了客场，球迷们很热情，有一种在主场的感觉。这一切都让我更加珍惜这一次的冠军，是和上一次截然不同的感觉。

笔者：应该说这个冠军也是你和全队一起努力的结果，你如何看待辽篮这支团队？

哈德森：辽宁队对我来说意义有很多的不同，我在这支球队之中有很多兄弟，艾伦、继伟、晓旭等等。我非常感谢这个团队，常规赛我打得不好，但我的队友们一直在鼓励我，他们对我保持着信任，让我最终能为夺取总冠军贡献力量。

笔者：如你所说，这个赛季里确实有那么一段时间你的起伏真够明显的，说说这个原因吧？

哈德森：说实话我之前状态不好，但有一件事我不愿多说。常规赛期间，我的母亲在老家身患重病，所以心里一直挂念她，我不知道如何去做。在常规赛最后阶段，我知道我有短暂的假期可以照顾她，那段时间我知道我可以回去看她，所以我的情绪稳定下来了，注意力也更加集中。回去带母亲看了医生之后，她告诉我不要太担心，我的心情就完全平静了。我的队友和教练也很支持我，让我打出自己的风格，在夺冠之后，我刚刚和母亲视频通话，这是我有起伏的原因。

笔者：在面对那么多困难的情况下，你是如何调整好自己的状态的？

哈德森：我在常规赛时有些自我怀疑，但我想到自己是球队领袖，自己如果有情绪起伏，大家也会受影响。所以平时我刻苦训练希望找回状态。在常规赛还有 8 场比赛的情况下，我重新看了刚来辽篮时当年带队连胜的集锦，我觉得自己还能够达到这样的高度，我告诉自己一定可以。幸运的是我找回了状态。

笔者：能够感受到你在这个赛季中越打越好，尤其是进入季后赛之后，这是如何做到的？

哈德森：我更为专注了，我就把这当作自己人生的最后一次机会。我们遇到了三支强大的球队，北京、广东和广厦，他们的发挥都是完美的。在与这些对手的交锋当中，我们也逐渐取得了进步，最终成了总冠军。

笔者：夺冠过程中最让你难忘的比赛是哪一场？

哈德森：那肯定是总决赛第二场，我们客场作战，比赛中落后很多分，但谁也没有放弃，最终通过加时赛反败为胜。我也在第四节最后阶段关键的时刻投进了关键的进球。现在回想起来，当时的感觉太美妙了。

笔者：夺冠后你有怎样的计划？

哈德森：我想先和队友们一起庆祝，我们会有一些活动。我为自己的队友感到高兴，我们平时非常辛苦，每天训练强度很大，有时候真想让郭指导给我们放个假。但现在终于是可以好好休息的时候了。当然，我也为郭指导感到开心，他同样付出了很多。

笔者：这个赛季结束之后，你和辽篮的合同也到期了，下一步你会做怎样的选择，会离开辽篮吗？

哈德森：我为什么要离开辽篮呢？我想继续拿冠军，我想和我的兄弟们继续在一起。夺冠的感觉，真是太美妙了，我非常享受。

赵继伟的成长轨迹及辽篮的双控卫组合

CBA 这个圈子里有一句话叫作“辽宁出后卫”，这是一句很高的评价，是辽篮一代又一代后卫的出色表现凝聚出的最高称赞。一直到如今这个时代，辽篮依旧在向身边的每一个对手尽情地炫耀——我们有国家队的首发控卫，而且是同时有两个！

赵继伟和他的很多前辈都有着相似的成长轨迹，在辽宁这个对于培养后卫格外有经验的省份里，从业余队到专业队，从少年队到青年队，一层层的竞争，一层层的选拔。凭借自己扎实的基本功和充满灵气的大局观，赵继伟也算是年少成名，在 16 岁的时候就随国青队夺得了土耳其邀请赛的冠军，而且获得了中国男篮历史上第一个世界级赛事的“最佳控卫”荣誉，开始受到外界的关注。

在 2013 年赵继伟随辽宁 U18 男篮夺得了第十二届全运会 U18 组的冠军之后，他也与预期中一般立刻被召入了一线队征战联赛。不过在自己的前两个赛季中，他都并没有获得太多的表现机会，数据也并不显眼。尤其是与北京队的总决赛上，他始终只能充当一名看客，6 场比赛下来只出场过 1 次，而且仅仅 1 分多钟。幸好在这段日子里，他总能抓住有限的机会上演令人拍手叫绝的精妙助攻，让人们始终对这个年轻的控卫抱有期待。

但是在 2015 年，赵继伟迎来了一个关键的转折，在联赛中有些默默无闻的他，竟然被宫鲁鸣直接召进了国家队，而且在那一年夏天的男篮亚锦赛上成为国家队的首发控卫。这是一次令人惊讶的跨越，但更令人惊讶的是，赵继伟非常自然地完成了这次跨越，在国家队首发控卫的位置上表现出了游刃有余的水准，在场上对比赛节奏的把控和对球队战术的梳理，表现出了与年龄不相符的成熟。

更令辽宁球迷感到疯狂的是，在亚锦赛上赵继伟与郭艾伦组成的后场双控卫，成为中国男篮最大的撒手锏，几乎是碾压所有亚洲对手的后卫线。在那时，人们就开始忍不住想象，接下来回到 CBA 赛场上的辽宁双控卫组合，将会有怎样的一种威力？

可是故事的发展总是不能尽如人意，就在 2015—2016 赛季开始之前，辽篮在参加季前赛的时候，赵继伟却因为一次对抗导致肩膀脱臼，在经过短暂的一段恢复后，在常规赛的初期就试探性地开始复出，但是仅仅打了 3 场比赛，就在激烈的对抗中导致肩膀二次脱臼。这一次，他不得不接受手术治疗以避免肩关节形成习惯性脱臼，但这也意味着他提前告别了这个赛季。

命运的安排，让赵继伟第二次以看客的身份经历了辽篮的总决赛失利，这一次他连 1 分钟的出场时间都没有捞到，因为他那时仍然在大洋彼岸的美国进行康复治疗。尽管没能和队友们一起经历那一段黑暗的时光，但赵继伟仍然在心底里铭记了那种让他心痛的感觉。

在赵继伟重新回归赛场的 2016—2017 赛季，当辽篮再一次回到四川打客场的时候，经历过去年总决赛的每一个人都在尽可能地把这样一场比赛说得平淡，只有赵继伟面对媒体直言不讳地说道："对我来说这不是一场普通的比赛，我是把这场比赛当作总决赛来打的。"

从这样一句话中，可以清晰地感受到赵继伟性格上的特点——敢爱敢恨，敢作敢当。这或许是因为他出生于军人家庭，父亲从小就培养赵继伟独立自主的性格和独自解决问题的能力，这对赵继伟后来的发展起到了非常重要的影响，也让他在篮球场上始终如同一名战士那般，保持着旺盛的斗志，无惧于任何的挑战。后来，广厦队外援福特森还在谈到对赵继伟的印象时，评价他就像一个"斗士"，可以说是非常贴切的了。

在那个辽篮最为艰难的赛季里，赵继伟不仅仅是把客场对阵四川队的比赛当作总决赛来打，而且整个赛季无论球队处于什么样的困境中，他都没有放弃过把总冠军作为自己的目标。因为从某种意义上来讲，从这个赛季开始，赵继伟才真正迎来了自己的 CBA 生涯，他成为球队的主力控卫，无论是出场时间还是场上的战术地位都有着巨大的提升，甚至开始与郭艾伦轮流担任首发控卫。经历过伤病的打击，也经历过两次总决赛看客的体验之后，赵继伟在这个赛季里比谁都渴望能够亲身体会总决赛的滋味。

可惜的是，这个赛季的半决赛上，缺兵少将的辽篮遭遇了兵强马壮的新疆队，从两队的阵容厚度和实力对比上几乎看不到任何晋级的希望。但赵继伟依旧没有任何放弃的意思，在半决赛 G4 中，他更是在最后时刻上演了一幕神奇的自投自抢式补篮绝杀，帮助辽篮避免被横扫出局的命运。尽管那个绝杀因为计时器的问题留下了一些争议，但是从球员的角度来看，当时的赵继伟做得已经是无可挑剔，那是全神贯注、全情投入之下才能完成的致命一击。

尽管赵继伟最终是用哭红的眼眶来告别这个赛季，但是这个赛季也带给了他很多宝贵的财富，这整整一季充实的联赛体验，让赵继伟无论是从技战术层面还是心理层面，都经历了一次很好的淬炼。同时，也是从这个赛季开始，赵继伟和郭艾伦的双控卫组合，开始真正地在联赛中打出了名堂，两人联手出场已经成了辽篮改变场上节奏的一个重要撒手锏。甚至在季后赛首轮的时候，郭士强还针对局势大胆地排出了“一大四小”的极端阵容，让赵继伟、郭艾伦、刘志轩和哈德森四名后卫球员同时在场，只留下韩德君一个高点作为策应，让四名后卫之间产生了丰富的化学变化。

值得一提的是，这套阵容第一次亮相时就导演了一场惊天大逆转，当时吃尽了苦头的正是后来辽篮夺冠时的总决赛对手广厦队。

LIAONING
3

对话赵继伟：
未来还要捍卫辽篮荣誉

笔者：在夺得总冠军的那一刻，你的心情是怎样的？

赵继伟：心情肯定非常高兴和激动，完成了我们的梦想，我们也是很不容易。当时很高兴，没有过多的想法，但慢慢就平静下来。郭艾伦在夺冠后哭了，他承受的压力要比我们大一些，哈德森跟我说的话让我有一些感动。

笔者：在夺得这个冠军之前，我们也经历了两次总决赛失利，包括去年半决赛的失利，是不是觉得这样更显得冠军来之不易？

赵继伟：也是因为经历过了，现在不会去抵触，不会去害怕，将困难想到前面。上个赛季输完新疆之后也挺不是滋味的，当时看完新疆战胜广东夺冠后，我就想新疆打破了魔咒，明年我们辽宁也应该打破魔咒创造历史，一年以后，我们终于实现了。

笔者：这个赛季在最终夺冠之前，你们也不是一帆风顺，如何看待这段经历?

赵继伟：我们赛季初对我们的质疑的声音太多了，对我们团队的、教练的、队员的质疑的声音都很多，但是我们了解我们自己的团队，经过漫长赛季的调整，心理、状态上都恢复得不错。

笔者：你在比赛中积极的防守总能给人留下深刻的印象，是什么让你时刻保持斗志?

赵继伟：这就要看自己在队伍中的角色了，看能为队伍做出什么贡献，我觉得无论是进攻、防守都是对队伍做出贡献，自己的进攻端和身体情况不很好的时候，我就会去用防守来弥补，防守确实很累，尤其是防对方小外援，但是我累他也累，对双方来说是一样的。

笔者：现在可以尽情享受冠军带来的喜悦与荣耀，有什么话想说?

赵继伟：我一直都挺幸运的，我跟郭导打青年组的比赛拿了一个全运会冠军，去年打全运会成年组的比赛又拿了个冠军，今年算是我的第一个总决赛，又拿到了联赛的冠军，我觉得能成为辽篮的队员是我这辈子最骄傲的事情，未来也会去努力捍卫我们辽宁篮球的荣誉。

ups
LIAONING
10
10

丛明晨的意外上位及成长轨迹

事实上，这个充满磨难的赛季为辽篮锻炼出的新人不仅仅是赵继伟，还有一个丛明晨。

在 2013 年帮助辽宁男篮拿下首个青年组冠军的那支 U18 梯队中，除了赵继伟之外还有很多人都在后来陆续进入了一线队征战联赛，比如高诗岩、郭旭、赵率舟等，但最终留在了夺冠时 12 人阵容中，并且成为球队重要轮换的，就只有丛明晨一个人。

说起丛明晨的篮球生涯，可以说是充满了意外与偶然。首先他并非是一名土生土长的辽宁籍球员，他的老家在黑龙江伊春。小的时候，因为想要尝试走专业的篮球道路，丛明晨在父亲的支持下离开了家乡，南下求学，他首先选择的地方是离家较近的吉林队，可是去了没多久就赶上吉林队撤销少年组的梯队编制。幸好当时正赶上辽宁省体育局为第十二届全运会要组建一支适龄的 U18 梯队，符合条件的丛明晨就继续南下来到了沈阳。

在打完那一年全运会之后，丛明晨并没有在第一时间被辽篮的教练组相中，在 2013—2014 赛季的 CBA 球员名单中，他们那支 U18 梯队中只有赵继伟和赵率舟入选。当时丛明晨对于自己的未来也一度感到迷茫，在辽青梯队里继续度过了一年时间后，当时的佛山男篮向他伸出了橄榄枝，和其他人不一样的是，丛明晨并非辽宁省体育局编制内的球员，所以当时丛明晨也一度动心，想要去尝试一下。

不过幸好在那个时候，带领 U18 夺冠的郭士强重新回到了辽篮一线队的帅位上，他对于自己手下这名弟子的情况格外了解，并且强烈建议辽篮俱乐部留下这名很有潜力的锋线小将，最终让丛明晨在 2014—2015 赛季正式加盟辽篮。也正是因为这样的经历，丛明晨对于郭士强充满了感激，在夺冠之后的那天晚上，他说的唯一一句话就是：“我很幸运能留在辽宁队！”

不过在加入辽篮的第一个赛季里，丛明晨根本不可能有什么出场的机会，那一年辽篮重新杀回总冠军，丛明晨大部分时间连进入 12 人大名单的机会都没有，偶有机会也都是替补席末端的看客，只零零散散地获得过 5 次在垃圾时间里出场的机会。这种情况在 2015—2016 赛季时稍有好转，因为在 2015 年夏天，辽篮以租借的形式一口气送走了柴长易、原帅和赵率舟三名锋线位置上的球员，让丛明晨得以稳定地进入 12 人大名单中。他在那个赛季里出场时间也达到了场均 6.3 分钟，开始得到一定的锻炼。

在 2016—2017 赛季，一个巨大的意外令丛明晨的职业生涯迎来了重大转机，当时因为受到上赛季总决赛时场外冲突的影响，辽篮锋线位置上的贺天举和刘志轩都遭遇了不同程度的禁赛处罚，因此丛明晨竟然一下子成了在赛季之初球队小前锋位置上当仁不让的首选。他自己也很争气地抓住了这个机会，在揭幕战中就一口气投出了 7 中 5 的三分球，惊艳全场！随后更是一发不可收拾地连续打出高光表现，多次得分达到双数，这让他在贺天举、刘志轩陆续解禁复出之后，依旧很长时间地占据了球队首发小前锋的位置。

但是在常规赛接近尾声的时候，年轻的丛明晨在持续高强度的联赛中还是暴露出了自己身体单薄、缺乏对抗的弱点，积累的疲劳让他的身体显得更为脆弱，终于在客场面对福建队的比赛中，因为一次对抗后的摔倒，他的右膝严重受伤，提前告别了这个梦幻一般的赛季。

郭士强非常喜欢丛明晨这个弟子，对于他的要求也非常严厉，几乎是仅次于郭艾伦了，在这一点上相信身为室友的这两个人也一定有很多共同语言。有一次，丛明晨因为午睡睡过了头，在下午球队训练时迟到了，恰好那一天正是俱乐部安排的媒体公开课，郭士强也当着媒体记者的面一点没有给丛明晨留面子，直接罚他不许参加球队的合练，而是一个人在场边不停地跑圈。

这种严厉对于年轻人来说是一种最好的鞭策，丛明晨也逐渐地改掉了自己身上一些懒散的毛病，变得更加勤奋刻苦，也让他学会了如何去面对逆境，以及怎样做到隐忍与坚持。在受伤之后，丛明晨很快走出了沮丧的情绪，积极配合治疗和康复，因此也很快地回到了球队当中。在 2017—2018 赛季又一次做客福建队的时候，丛明晨打出了他职业生涯以来最精彩的一场比赛，两分球 3 投 3 中，三分球 5 投 4 中，砍下 18 分，还包括一记跨越大半个球场的神奇压哨球！

那一晚，丛明晨说他在比赛开始前就心里憋着一股劲，因为这里是他去年倒下的地方，他希望自己做到“从哪里倒下就从哪里站起来”。事实上，他做到了，那场比赛成了他职业生涯中一个非常有意义的代表作，也让很多人都对这个看似内敛木讷，内心却格外狂野的大男孩有了新的认识。

在随球队夺得了总冠军之后，丛明晨也并没有满足于眼下的成绩，毕竟对于他来说，职业生涯才刚刚起步，这个冠军对于他来说绝不是终点。在距离夺冠那一晚仅仅过去 10 天，当球队中其他队友还在享受各自假期的时候，丛明晨就一个人悄然地返回沈阳，开始独自进行特训。因为在此之前，丛明晨已经接到了国家队集训的邀请，为了能够让自己在集训中展示出一个好的状态，他给自己制定了更高的目标。

对话丛明晨：很幸运留在这个集体

笔者：拿到总冠军的一刻，内心是怎样的感受？

丛明晨：非常激动吧，也非常高兴，尤其是为我们这个集体而感到高兴，我个人来说，最深刻的想法就是很幸运当初自己选择留在了辽篮，留在了这个优秀的队伍中。

笔者：最近两个赛季，你已经成为球队中非常重要的轮换球员，如何看待自己的进步？

丛明晨：其实作为年轻球员，我在场上并没有想得太多，主要还是平时训练中认真努力，有机会上场的时候就按照教练的要求，从防守做起吧，至于进攻中出现机会了就尽量坚决一点。

笔者：在已经成为总冠军球员之后，接下来还会对自己有怎样的计划？

丛明晨：虽然现在拿到了总冠军，但是我觉得球队仍然不会就此满足，包括我个人也是，还是要继续努力争取打出好的表现，拿到更多的冠军。我也会努力提高自己的实力，希望在以后的比赛中能够更多地给球队带来帮助。

2016 年 12 月 10 日下午，在 2016–2017 赛季 CBA 联赛常规赛第十六轮辽宁主场对北京的比赛的前一天，本钢集团取代此前的药都本溪成为辽宁男篮的冠名赞助商，是辽宁男篮最终夺取首个 CBA 联赛冠军的巨大助力。图为本钢集团董事长陈继壮现场观战。

辽篮全体将士签名

我们是冠军

——辽篮冠军之路全纪实

（下册）

刘放　高鹏/著

長江出版傳媒
湖北科学技术出版社

图书在版编目(CIP)数据

我们是冠军：辽篮冠军之路全纪实/刘放，高鹏著. —武汉：湖北科学技术出版社，2019.1（2019.3 重印）

ISBN 978-7-5706-0574-3

Ⅰ.①我… Ⅱ.①刘… ②高… Ⅲ.①篮球运动-俱乐部-概况-辽宁 Ⅳ.①G841.62

中国版本图书馆 CIP 数据核字(2019)第 007218 号

策　　划：李大林　陶　冶　　　责任校对：傅　玲
责任编辑：张波军　徐　竹　　　封面设计：采　蠢　喻　杨

出版发行：湖北科学技术出版社　　　电话：027-87679468
地　　址：武汉市雄楚大街 268 号　　　邮编：430070
（湖北出版文化城 B 座 13—14 层）
网　　址：http://www.hbstp.com.cn

印　　刷：武汉市金港彩印有限公司　　　邮编：430023

787×1092　1/16　23.5 印张　358 千字
2019 年 1 月第 1 版　　　2019 年 3 月第 3 次印刷
定价：98.00 元

目 录

厚积薄发
LIAO NING
圆梦
4300

广泛开展全民健身活动 加快建设体育强国
LIAO NING
圆梦
4300

LIAONING
圆梦
4300
Mobil
13

LIAO NING
圆梦
4300
BALENCIAGA

居然之家

第四章 4
CHAPTER

郭时代

如同十余年如一日和辽宁男篮为冠军不断的坚守，多年的风风雨雨，为辽宁篮球创造历史一直是郭士强的梦想。只不过，对于冠军，尤其 CBA 总冠军，他和辽宁男篮似乎一直欠缺点运气。

·62·

·61·

·60·

郭士强的人生、人生观及郭士强小传

我与郭士强相识于 2001 年。当时我是《球报》的专职篮球记者，除了 NBA，更多地关注中国篮球，尤其是辽宁男篮。那时的辽宁男篮还在辽宁省体育运动技术学院（沈阳南湖的大院）训练，比赛从火车头体育馆搬到了辽宁体育馆（大馆）。

参加过 2000 年的悉尼奥运会之后，郭士强和李晓勇风头正劲。别看这两大国手在赛场上杀气腾腾，但私下却很随和，面对采访，他们甚至还有些腼腆，话都不多。

总去大院看他们训练，时间长了，慢慢地彼此就熟悉了。但更深入的了解并不多，直到 2002 年印第安纳波利斯男篮世锦赛前，郭士强是辽宁队唯一入选的国手，报社要给他开个专栏，他欣然答应。专栏的名字很霸气，叫“强攻美利坚”。

也是从那时开始，国家队在国内集训和比赛时，我几乎每天都给郭士强打电话，请他讲讲心得。后来他们去加拿大参加热身赛，到美国本土参加热身赛和正式比赛，我都是拿 IC 卡打越洋电话采访。

由王非领军、姚明坐镇的那届中国男篮，在印第安纳波利斯世锦赛上大失水准，仅在小组赛击败阿尔及利亚，那也是那届比赛中国男篮取得的唯一一场胜利。在争夺第 11 名的比赛中，中国男篮再次败给安哥拉，以尴尬的成绩收场。

不过，无论是热身赛，还是正式比赛，郭士强当年的表现却很出色，良好的大局观、犀利的突破、精准的远投能力，让他迎来在国家队的高光时刻，并一直延续到尤纳斯上任。

郭士强一直都是很低调的人，无论当球员还是做教练，话从不说满。我在与他交往的 17 年中对此深有体会，直到 2017 年。

一年前，郭士强在辽宁省体育局和辽篮俱乐部立下了两个军令状：第十三届天津全运会和新赛季 CBA 必须全部夺冠。这意味着，一年内如果不能同时实现两个历史性突破，哪怕只要有一个失手，郭士强都会主动辞职。

我曾问过他在一年内率队夺得两项冠军有多大把握，他回答得很干脆：根本没给自己留后路。外界也一边倒地认为，兵强马壮的辽宁队再不拿冠军，近年来一直处于舆论漩涡中的郭士强将再无出头之日。

但郭士强却心里有数，双军令状并非毫无把握的豪赌：“之前这批队员有过两次冲击总决赛失败的经历，有的队员，像杨鸣、李晓旭、韩德君，甚至经历了 3 次。之前的坎坷让大家学到了很多东西，包括我自己。无论是打全运会，还是打联赛，队员在心态上真正成熟了，经验也丰富了。我觉得相比于其他球队，我们最大的优势就是在心理和经验方面，只要保持平常心，胜利自然就会到来。”

直到 2018 年 4 月 22 日晚上，在家乡沈阳，辽宁男篮终于圆梦。

……………………………………

等了 23 年的辽宁球迷，终于可以和这支球队一起摘掉“千年老二”的帽子，扬眉吐气，大喊一声“我们是冠军”。

赛后的辽宁队更衣室里，在球员们穿上胸前印有“第一”字样的冠军衫，戴上冠军帽后，总冠军的感觉也渐渐变得真实起来。兴奋、激动、委屈，五味杂陈的郭艾伦哭得连说话都有些困难。老队长杨鸣除了高兴还是高兴，职业生涯末年终尝所愿，这份幸福无与伦比。

当兴奋的辽宁队员们忘情拥抱在一起，庆祝他们的冠军梦成真时，郭士强却显得那样淡定，他条理清晰地第一时间接受了涌入更衣室的中央电视台记者的采访，感谢了所有值得感谢的人，还狠狠地夸奖了一番自己的球员。

但其实，无论是球员时代还是当教练后的这些年，辽宁队中期盼这个冠军最急切、最虔诚的人都应该是郭士强。

不过才 43 岁，但这一两年来，郭士强的容颜沧桑了许多，刚执教时那个一头黑发的英姿少帅，在岁月的侵袭下双鬓已然微霜。扛着“不夺冠就下课”的军令状，郭士强圆满地完成了任务，也晋升为中国篮球职业化 23 年以来继王非、李秋平、阿的江、李春江、闵鹿蕾、杜锋、杨学增之后的第八位总冠军主教练。

就像郭士强所说，十多年执教生涯，在辽宁队和国家队，他都经历过失败，但他认为失败并不是坏事，失败给了他别人没有的经验，是一笔宝贵的财富，也最终帮助他从低谷一步步攀上巅峰。

人的命运，往往以一种意想不到的形式而改变，比如郭士强的篮球之路。

……………………………………

23 年前，谁也没想到他能打出成绩来，他可能成为老师、公务员、警察……十多年前，当他接起那支风雨飘摇的辽篮的教鞭时，没有多少人认为他能有什么作为，但他自己并没有选择随波逐流。一次次转身，郭士强吃定了篮球这碗饭。

唱赞歌也好，被攻击也罢，二十多年风雨，他说每一个过程都是一种历练。

郭士强，1975 年出生，原名郭峰，辽阳人。他是家里的第三个儿子，二哥是郭艾伦的父亲，大哥的儿子郭凯伦也是篮球专业，曾短暂效力过佛山男篮。

在进入辽阳市少年体校时，很多人觉得郭峰不像运动员的名字，尤其是他的启蒙教练李贵森。郭士强说："最开始把名字改成郭志强，但我家老爷子名字中有个'志'字，后来就改成了战士的士。"

也许是改名给他带来了好运，郭士强后面的职业生涯虽偶有波折，但还是一步步打出了名堂。

苦练、勤奋、好学、懂事，这是少年郭士强留给市体校教练员们的美好印象。在市体校练了6年，眼看着师兄弟都有了出路，郭士强本想去部队打球，但被李贵森劝住了，李贵森觉得这样的好苗子更应该为辽篮打球。

"开始是想去部队的，但后来教练还是觉得能上辽宁队最好。我能上省队，靠的是一次邀请赛。"郭士强一直说他很感谢李贵森。

1990 年，时任辽宁省青年队主教练的刘远静带队到辽阳打比赛，也是为了广撒大网招募年轻才俊。李贵森向省队推荐的唯一一名队员就是爱徒郭士强。作为出色的攻击和组织后卫，仅参加了一次队内训练和一场比赛，郭士强就顺利跳级进入省队。

进入省队，郭士强完成了第一次转身，但想出头却并不容易。1992 年，辽宁青年男篮与日本一家高中结下友好对子，郭士强到日本交流。

在日本打了一年球回来后，被时任辽宁男篮主教练刘明洋钦点，郭士强正式进入辽宁男篮一队。"刘远静和刘明洋两位老教练算是我的贵人，他们都是看过我一场球，就把我挑走了，很感谢他们。"郭士强说。

……………………………

当时辽篮处于鼎盛时期，不仅有吴庆龙、李晓勇两大国手后卫压阵，还有重点培养的优秀后卫金立鹏，郭士强鲜有上场机会。"第一次上场比赛，是 1994 年，在沈阳的大馆，那时叫八强赛。和谁比赛、打得咋样，现在都忘了，就记得打得不好。"一直坐冷板凳，郭士强着急了，他想离

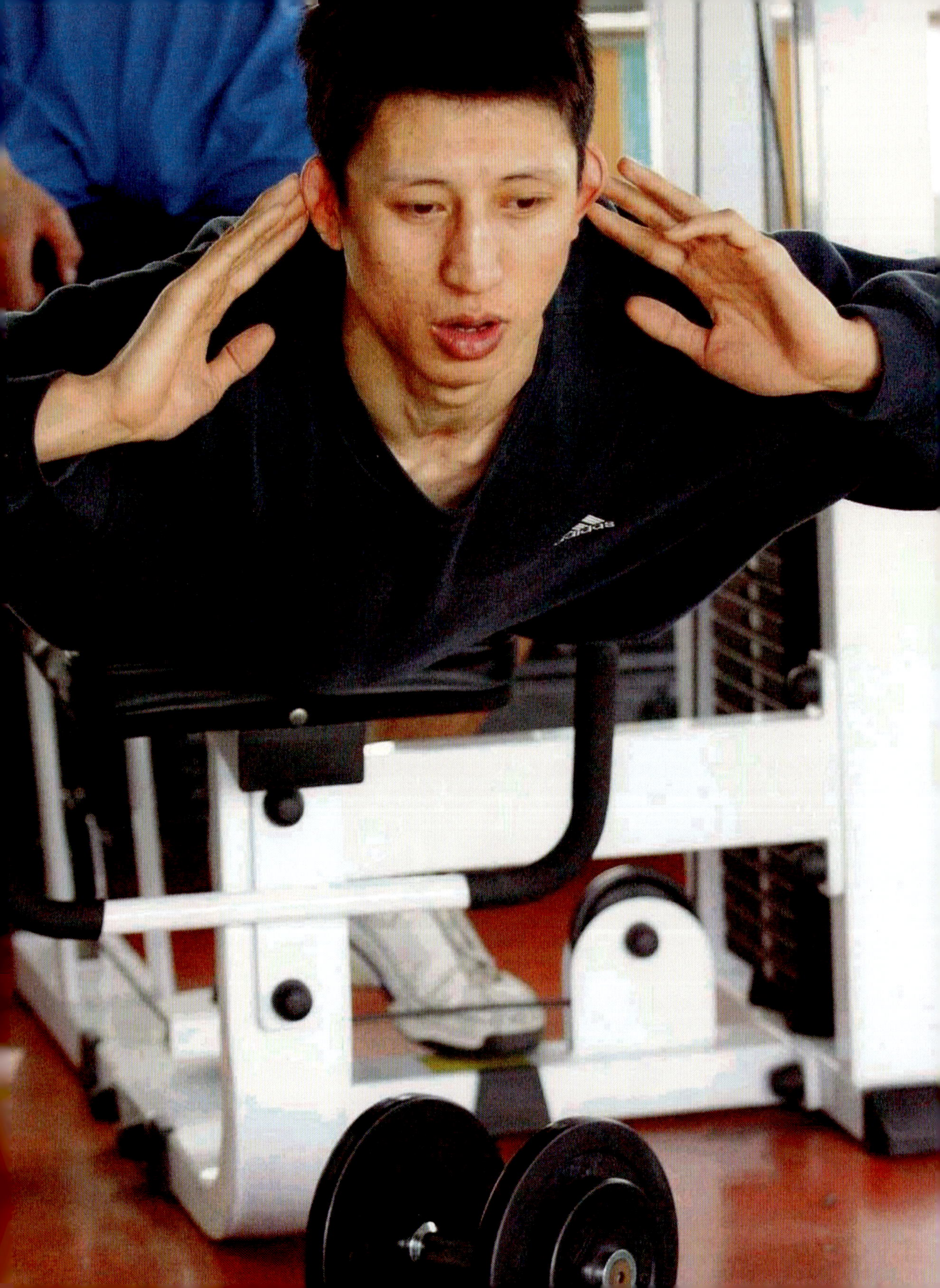

2002 年，盼盼集团接手辽宁男篮，郭士强继续担任首发，并和李晓勇、边强、张庆鹏、32 号外援穆斯塔法·霍夫组成全新阵容出战 2002—2003 赛季，最终成绩是第 11。赛季结束后李晓勇离开了辽宁男篮，临行前笔者还和他喝过送行酒

开辽宁队，去外地打球。

知道他要离开，很多教练坐不住了，最后，时任辽宁体育运动技术学院院长的蒋兴权出面亲自做郭士强的工作："你打球很有天赋，希望你能留下来为辽宁男篮出把力。"就是老蒋这一句话，他的人生再次转弯，他安心地留在了辽宁队。

1995 年，四川男篮挺进 CBA，为了在联赛中取得佳绩，时任四川省体育运动委员会副主任的李亚光亲赴辽宁省体育运动技术学院请求增援，于是郭士强被租借到了四川。他与"蜀地三杰"朱东、杨毅、罗兴来联手，让四川男篮在 CBA 职业化联赛初期刮起强劲旋风。

援川一年归来，郭士强正式进入辽宁男篮轮换阵容。虽然还是担任攻击后卫，但他已经开始改变球路，逐渐向组织后卫靠拢。这是他职业生涯的又一个拐点，也为日后能进入国家队，坐稳中国男篮主力控卫位子打下了坚实的基础。

"当时国内打后卫的，最好的是李晓勇和阿的江，我虽然没有刻意模仿他们的动作，但也一直在留心他们对比赛的掌控，尤其是传球。从四川回来后，蒋导找我谈了几次，说如果想有更好的发展，必须往一号位上转。"

变身全能后卫的郭士强在 1997 年的上海全运会上终于爆发。当时的主教练是老帅刘明洋，郭士强当仁不让地和李晓勇组成球队后场核心，再加上吴庆龙、吴乃群、接君、王守强、郑永刚等强力队友，一路过关斩将，带领辽宁男篮获得那届全运会的亚军。凭借犀利的突破、强悍的球风、精妙的助攻，郭士强终于在辽宁队站稳脚跟。

……………………………………

后面的 CBA 征程，自然也顺风顺水。在与"宿敌"八一队的多年对抗中，辽宁男篮的"三连亚"虽令人有些不甘，但那也是球队历史上最为辉煌的时期之一。

我曾问过郭士强：还记得球员生涯的最高得分是多少，或哪场比赛最难忘吗？他说真想不起来。"真的忘了。不是客套话，一个好的队员在乎的是球队的胜利，个人统计不重要，最重要的是给球队带来帮助，让球队赢球，这也是后来我当教练时给队员讲得最多的。"虽然很自谦，但连续几年雄霸 CBA 助攻榜榜首，郭士强还是在 CBA 历史上留下了自己的名字。

中国
13
中国
6
中国
新浪

2003 哈尔滨男篮亚锦赛决赛阶段比赛共有 16 支球队参加，2001 上海男篮亚锦赛夺得前 5 名的中国队、黎巴嫩队、韩国队、叙利亚队和卡塔尔队直接获得参赛资格，其他球队通过预选赛产生。中国队主教练是蒋兴权，12 人大名单由姚明领衔，最终以 8 胜 0 负的战绩夺得冠军并获得 2004 雅典奥运会参赛资格，后卫线共 4 名队员，分别是张劲松、范斌、刘炜、郭士强，尽管如愿戴上了冠军戒指，但郭士强对自己在决赛中对阵韩国队的表现并不满意

郭士强一直保持着良好的状态征战 CBA，几乎没受过大伤，只是受过一些小伤。“一次是被吉林的罗德 · 格里格尔弄伤了胳膊，我抢后场篮板落地，他过来掏了一下，下手挺狠，让我受了伤，休养了挺长时间，但没骨折；还有一次和北京队比赛，膝盖被撞了一下，差点撕裂……”

说到遗憾，他说当球员时体重一直没增，一直保持在 78~80 千克。按照最初的设想，他很想再壮些，尤其是和外援对抗和打国际比赛时，不吃亏。他说可能和刚入一线队时患贫血有关，大枣、红糖、炖肉，吃了很多补品，但还是没怎么长肉。

另外是酒量。CBA 酒坛有“江苏 80 瓶”“北京九指神丐”，辽宁队历来也是酒神辈出，但郭士强却不善饮。“当队员时，还真练过酒，但喝不了多少，喝一点，就醉倒了。”现在除非是特殊情况，他几乎滴酒不沾。

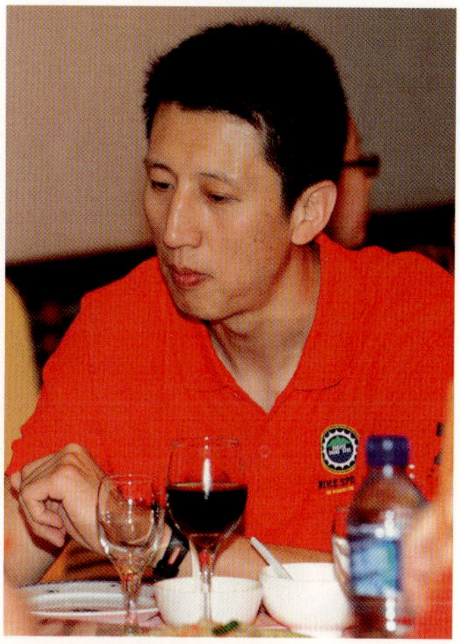

不管是球员时代还是教练员时代，郭士强都以勤奋、好学闻名，在差旅间隙不忘钻研业务

这次在辽宁男篮 CBA 夺冠的庆功宴上，郭士强太高兴了，破例喝了两瓶红酒，这下坏了，由于酒精中毒他连夜被送往沈阳一家医院急诊治疗。最后虽并无大碍并快速恢复，但从中可以看出，这么多年来，他的酒量并没有同他的执教能力一般突飞猛进。

郭士强以前的爱好是嗑瓜子——那种用大黑锅炒的，现在比较喜欢喝咖啡。无论是在本溪，还是在大本营沈阳奥林匹克体育中心的体院寝室、绿岛喜来登酒店，他都准备了咖啡机，猫屎咖啡居多。嗑瓜子和喝咖啡的习惯是在他当教练之后，他说主要是为了提神，尤其是半夜研究比赛录像时，这两样东西很管用。

旅游和音乐是他的另外两大爱好，可是他没有时间去享受属于自己的业余时光。我记得跟辽宁队打客场时，在飞机上，总能看到郭士强坐在靠窗的位置。

问他为啥这样，他说这倒不是为了欣赏美景，舷窗里透过来的那点儿亮光，会照在他手边的一叠草稿纸上，纸上整齐地排列着各种各样的战术，他熟练而连贯地在上面涂画着，时而停顿下来思忖半晌，又忽地收回目光，继续手上的工作。飞机快降落时，他便将手稿、资料塞进胀得臃肿的电脑包……

11 年球员，12 年教练。老一代球迷还见过郭士强在辽宁队和国家队打球时的骁勇，现在人们知道的更多的是他退役后，作为教练员的生活。

退役后当教练，这是郭士强在当球员时就确定的想法。心思缜密的郭士强也一直在为这个目标暗自积蓄力量。“当时我作为球员的梦想，也是退役以后当教练。”

2005 年 9 月 23 日，郭士强迎来人生又一次重大转折——正式退役。那一年他 30 岁。

正值当打之年的郭士强的退役确实出人意料，包括他本人在内的所有关注篮球的人士，都没料到这个想法实施得居然这么快。

当时让郭士强对教练生涯产生犹豫的是时任中国国家男篮主帅尤纳斯上任不久说的一番话。尤纳斯认为郭士强国际比赛经验丰富，而且体能保持得不错，正是国家队控球后卫这个位置上需要的人，并认为郭士强过早退役是个损失。

不过，当年辽宁男篮却急切需要培养年轻队员。面对这样两难的选择，而立之年的郭士强选择了服从。“为了俱乐部的需要，为了培养年轻队员，我选择退役。”

2004 年，辽宁男篮在“中国篮坛泰斗”蒋兴权回来以后，年轻人的成长速度惊人。当初蒋兴权回来之后就表示：“我现在要做的是打基础，我要让辽宁男篮再现当年的辉煌。”当下的联赛成绩对于蒋兴权和辽宁盼盼俱乐部来说都不具有很强的吸引力，长久的辉煌才是他们真正想要的，培养年轻队员也就成了俱乐部一个大胆的决定。

当然，对当时的盼盼俱乐部来说，他们依旧希望郭士强能参加 2005—2006 赛季的联赛，希望

他以助理教练兼队员的身份出现在新赛季的联赛中，并且已准备给郭士强进行注册。不过，按照当时中国篮球协会新赛季的新规定，每个球队只能保留10名主力球员为“非卖品”，其他队员都得挂牌交流。

“我们的年轻队员是绝对不能给别人的。”当时的俱乐部领导层透露。这样他们只能将郭士强挂牌，而且准备在私下里做其他球队的工作，让他们不要摘郭士强。但是，在郭士强要挂牌的消息不胫而走之后，福建队和东莞男篮等球队都强烈地表示了要摘郭士强的愿望。无奈之下，俱乐部只好采取了不给郭士强注册的“下策”。

“要不是中国篮球协会新赛季的新规定，我还是能继续打下去的。”

更深层次的原因是，辽宁男篮当时面临教练青黄不接的尴尬局面。蒋兴权毕竟已经是花甲之年，俱乐部也准备开始培养自己的年轻教练，有过国青队助理教练经验的郭士强无疑成了最热门的人选。“小郭以后肯定能做一个好教练，我不会看走眼。”蒋兴权早就看好郭士强。

郭士强本人却很谦虚：“我还是以学习为主，要做一个好教练还需要学习的东西很多，不过还好，有蒋指导这样优秀的教练带我，我相信我会做得很好。”

辽宁队在2006—2007赛季创造了常规赛15场主场不败的神话，郭士强也将荣获“最佳教练”的称号，而在2006年末，他还成为中国男篮助理教练，辅佐尤纳斯·卡兹劳斯卡斯出征多哈亚运会，并追随希腊人学习优秀教练员应该具备的品质

时至今日，郭士强也认为自己的运动生涯是完美的。在自己最辉煌的

这是郭士强执教生涯带的第一支职业篮球队

时刻选择退役多少有些遗憾，但是他认为："篮球已经给了我太多，我也没什么遗憾的。篮球教会了我做人的道理，为了集体的利益，个人必须有一些取舍。我所做就是证明这一切都是值得的。"

如果说球员时代的郭士强是完美、无瑕疵的，那他的教练生涯却如坐在火山上。在这个夺冠的赛季以及之前的联赛，他的周围充斥着太多的质疑和诋毁，他曾在球馆内被外人和自家人多次喊"下课"。

有人认为："经得住多大诋毁，就能当得起多大赞美。"郭士强说他不认同这个说法，即使现在成功了，他也觉得还是应该低调，以平常心面对训练和比赛，做好自己就足够了。

郭士强作为教练员的起点很高，2004—2005 赛季，蒋兴权临危受命

接掌辽宁男篮，郭士强以球员兼教练的身份成为教练组一员，在蒋兴权身边学习。次年，辽宁队在联赛中遭遇连败，蒋兴权辞职，郭士强也随恩师离队。随后他以助理教练的身份见证了辽宁女篮获得 WCBA 联赛总冠军。

2006 年 6 月 8 日，辽宁盼盼俱乐部召开新闻发布会正式宣布：郭士强将正式出任辽宁盼盼队主教练，成为队史最年轻的主教练。这是郭士强第一次执掌辽宁队，辽宁男篮也正式进入“郭时代”。

少帅意气风发，郭士强把他对篮球的热爱转化为无限的努力，每天都在不断地钻研最新的技战术，观看对手的比赛录像。赶上辽宁队又一批天赋球员进入成熟期，第一年执教 CBA 的郭士强就率队在常规赛中创造了主场 15 场不败的神话。

那一年，辽宁男篮打进前四，郭士强也获得了“赛季最佳教练”的殊荣。

2007—2008 赛季，郭士强作为主教练第一次率队杀进总决赛，那一年的辽宁队低开高走杀

进季后赛。1/4 决赛，辽宁队遭遇卫冕冠军八一男篮。那个赛季，刘相韬终场前 3.2 秒的绝杀成为永恒的经典，但诸多的场内外事件，似乎更让人难忘。

我记得辽宁队客场打八一队时，大郅的王者归来让那一赛季的宁波雅戈尔体育馆座无虚席，郭士强带着他的辽宁队毫不怯场，再次取得胜利，这也彻底激怒了宁波主场球迷。

在郭士强出席完新闻发布会，回更衣室的路上，众多媒体记者跟着一起，突然一个情绪激动的宁波女球迷，一口黏痰啐到了郭士强的脸上。我清楚地记着，回到更衣室，郭士强用毛巾使劲儿擦脸，半张脸都被搓红，道“他们这是要干什么？”

辽宁队在离开赛场时又遭遇球迷围堵，需要等待特警来解围，最终全队挤在一辆中巴车上悄悄离场。时年 33 岁的郭士强何曾受到过这样的侮辱，但他最后忍住了，很平静，并没有过激行为。

2007—2008 赛季，辽宁队以常规赛第四名的成绩闯入季后赛，首轮与宿敌八一队相遇，刘相韬在终场哨响前 3.2 秒的绝杀为球队赢得了首场季后赛胜利，并最终以 3 ∶ 1 将卫冕冠军横扫出局，然后以 3 ∶ 1 轻取江苏队，决赛中输给了广东队，时隔 9 年再次夺得亚军

在淘汰八一队后，辽宁队在半决赛上遇上了江苏队。此时，辽宁男篮已经追平了上一赛季的成绩，队内战意空前高涨。

在大雪封路的苏州拿下第一个客场后，正好赶上边强和刘相韬的生日。俱乐部方面打算给二人一起庆生，委托随队的两名女记者去买蛋糕。二人很有心地买了三个蛋糕，两个小蛋糕上一个写着“老边场场三分 X5 个”，一个写着“大韬场场绝杀”，还有一个大蛋糕，上面写着满载所有辽宁球迷心愿的“总冠军”，但正是这三个字让郭士强很不高兴。

当着在场所有人的面，郭士强用筷子直接把“总冠军”这三个字从大蛋糕上挑了去，说了几句祝福的话后，他阴沉着脸先行离场，留下满脸错愕的两桌人。

当时的辽宁男篮新闻官武迪在宴会后找到郭士强，问他为什么要这么做。也许是低调惯了，郭士强非常忌讳在比赛还没结束前就提及“总冠军”这三个字。

武迪问他：“那这是不是你心里所想啊？”郭士强并不否认，但他还是表示不能说，比赛没有打，如果过分渲染，对队员和比赛影响都会很大。第二天，辽宁队客场输掉了与江苏男篮的第二战。

不过，在CBA的赛场上依然是用实力来说话，辽宁男篮在那个赛季时隔九年再次杀进总决赛。

回忆起2008年2月1日辽宁队主场109比74大胜江苏队，以总分比3比1淘汰对手再次进军总决赛的那个晚上，老队长边强激动地说：“那场面太令我难忘了，我们队员都抱在一起不停地欢呼，现场的球迷气氛也非常热烈，只可惜那是半决赛，要是拿到冠军该多好啊，这是我作为队员第一次杀入总决赛。回到休息室后我们还继续庆祝，毕竟这对大家来说都是第一次。”边强对总决赛的失利还是有些遗憾。

辽宁队那个赛季末段引进两名“魔兽”——外援桑普森和原北京队的外援奥德捷，这两名外援的强力发挥给予辽宁队很大的帮助。但在总决赛期间，外援桑普森以伤病为由拒绝登场参赛，再次复制了前一赛季季后赛阶段外援布朗出逃的一幕，使得本来实力就弱于广东队的辽小虎雪上加霜。对此边强也表示：“如果桑普森坚持认真打比赛，我不敢保证我们能夺冠，但至少比赛的程度会更精彩和激烈。”

辽宁男篮主场战胜广厦夺得CBA冠军，边强也在场边见证了这个时刻。“这个赛季拿到冠军是理所应当的，从郭指导组建队伍，到两次冲击总冠军失败，加上俱乐部的外援引进，有了在球队效力好几年的哈德森——现在是辽宁男篮技战术磨合的最好时候，也是出成绩的时候。对我来说，十年磨一剑，从2008年到2018年，小兄弟们替我圆了总冠军的梦。”

郭士强现在回想起来，2008年的辽宁队还是太年轻，包括他自己都未想到能打进总决赛。

杨鸣、李晓旭、韩德君在那时也只不过是20岁出头的年轻队员。那个赛季人们记住了刘相韬终场前3.2秒绝杀八一队，记住了边强、张庆鹏、谷立业、奥德捷、桑普森等强大的辽宁内、外线，当然也记住了他们在总决赛中的青涩和毛躁。

“技不如人，这是我对那次总决赛的总结，无论是技战术、人员、经验还是心理层面，我们

在最终铩羽而归的 2007—2008 赛季的一场比赛前，由于苏州下大雪，全队只能坐大巴车赶路——对于身心俱疲的球员们来说，这段时间都是极为宝贵的。10 年后，在整个 2017—2018 赛季，如何让球员们得到充分休息成为俱乐部通盘考虑的首要问题之一

都不如广东队。”最终倒在李春江统领的广东队手下，即便如此，连续两个赛季带队打出优异成绩的少帅郭士强，依然声名鹊起，威震中国篮坛。

郭士强成为辽宁男篮主教练的前两个赛季，对任何一个初登帅位的教练员来说都值得羡慕和称赞，一个联赛第四名，一个亚军，数年积攒起来的“辽宁精神”也是任何对手都无法比拟的优势。

这是郭士强的第一次大爆发，似乎也预示着郭士强未来的教练生涯所取得的成就将无可限量。

ANTA

22
22

2
10
12

依然是打进总决赛的 2007—2008 赛季，总决赛 1 ∶ 4 输给了广东队

2007—2008 赛季的郭士强是有收获的

然而登高易跌重，随之而来的 2008—2009 赛季和 2009 年的天津男篮亚锦赛，让 30 多岁、血气方刚、满腔抱负的郭士强第一次尝到失败的滋味。而也正是从那时开始，人人夸赞的少帅开始有了“敌人”。

2008—2009 赛季，辽宁队外援引进工作失败，赛季首战主场以 20 分的巨大差距败给山西队，接下来像被推倒的多米诺骨牌一样，接连负于新疆队、陕西队，陷入新赛季连败困局。引援不利直接影响球队成绩，杨鸣、张庆鹏、刘相韬的伤病更加重了辽宁队的隐患。

球队的连败让向来骄傲的辽宁球迷无法接受，终于有球迷喊出了“郭士强下课”的声音。这个声音一呼百应，那个场景被当时坐在那片看台下的一名辽宁当地记者写进了赛后稿件里。

当夜凌晨两点多，这位睡意蒙眬的女记者接到了郭士强打来的电话。第二天，郭士强又找到这位记者理论。其实，这位记者已经随队报道辽宁队两个赛季，她非常支持并热爱辽宁男篮，她也非常理解郭士强当时背负的巨大压力，但是作为一个记者，她也应该如实报道新闻。二人相谈得很不愉快，郭士强解释球队的低迷与外援水平不高有直接关系，并表示如果是打全运会，辽宁队的成绩绝对不会差。

如今那位女记者已经离开媒体行业，但她依然关注着辽宁男篮和郭士强。她说："后来与郭哥见过，聊过，算是一笑泯恩仇吧。"

那个赛季辽宁男篮止步于复赛，名列第12名。2009 年 5 月，郭士强正式成为中国男篮主教练。6 月，辽宁男篮宣布与之解约，这也是他第一次从辽宁男篮卸任。

……………………………………

当年国家体育总局提倡各运动队大量启用本土年轻教练，在宁波会议上将中国男篮主教练候选人从 9 人降至 4 人，广东队主教练李春江、浙江广厦队主教练王非和北京金隅队主教练闵鹿蕾与郭士强一起竞聘主教练。在最后一次自我评述时，王非因身体原因提出退出，李春江因带队征战季后赛未能到北京参加会议，在与闵鹿蕾的竞逐中，郭士强胜出。

当时中国篮协给国家队的目标是：2009 年、2011 年亚锦赛和 2010 年亚运会力争夺冠，2010 年世锦赛进入前 16 名，2012 年伦敦奥运会进入前 8 名，力争取得突破等。

郭士强入主中国男篮，带领这支刚在北京奥运会上取得第 8 名的国家队征战天津亚锦赛，在决赛负于伊朗丢掉亚洲冠军后，郭士强随后离开国家队。

那是郭士强执教生涯中遭遇的最惨痛失利，那次失败也让他认识到了一位出色的教练绝对无法速成，绝对没有办法不缴纳失败的学费。

我作为《辽沈晚报》特派男篮亚锦赛记者，见证了天津跌宕起伏的 11 天。

其实早在出征亚锦赛前，就有很多人质疑：没有了姚明参赛，郭士强到底行不行？

这个巨大的问号，在未被拉直前，就被坊间很多人打上了一个“不”字。甚至很多人用“郭十二”来嘲笑他，笑他带辽宁男篮打 CBA 才得了第 12 名，哪里有资格带国家队？“压力肯定很大，但这个压力我能承受。至于大家如何评价我，我不管，先干好自己的工作再说。”

姚明缺阵是郭士强面对的第一个压力，虽然他从来没说过。王牌不在，既然大家要看戏，他就必须演好。但郭士强做梦也没想到，姚明不在，中国男篮不是群龙无首，而是“群龙争首”。

有的队员为了打亚锦赛，错过NBA夏季联赛，甚至被裁，愤愤不平；有的队员为了能打上主力，当面质疑他为何一直使用“嫡系”——来自辽宁队的李晓旭；甚至有的队员在更衣室内对着他大吼大叫……“我们很团结，赢球了，就什么事都没有，输球了，说什么的都有。”再次回首当年外界所说的“被做掉”，郭士强很无奈。

他说，那支中国男篮，更像一帮一起战斗的兄弟，而不是上级与下级，或教练与队员之间的关系。但显然，那些缺乏集体荣誉感、国家荣誉感，只为个人私利着想的队员，把这出大戏演砸了。“如果蒋指导来压阵，看他们谁还敢挑事！”很多人都觉得，让老帅蒋兴权入队，郭士强就能镇得住队员。但显然，郭士强不想接这话茬。

其实，在亚锦赛决赛前，各路媒体的采访已充满火药味。有人说郭士强有城府，沉得住气，对很多非议他都不屑一顾。“其实，亚锦赛期间，我根本就没怎么看新闻，网上对我的评价，也是在亚锦赛后才看到的。”

国内某专业体育报，在亚锦赛决赛第二天，在头版用了“郭士强打败中国队”的大标题来攻击他，其“凶悍”程度远远超过了该报对战绩糟糕的中国男足两任主帅阿里汉和朱广沪的讨伐。“你们也干得太狠了，看来我真的成靶子了。”在北京的国家男篮下榻宾馆，面对还要继续采访的该专业报记者，郭士强淡淡地说。

其实，他在辽宁男篮时，对媒体还是很关注的，很多辽宁当地媒体关于他的报道，他都会慢读细品。但在打亚锦赛期间，白天训练，演练战术，晚上比赛，还得连夜研究下一场对手的比赛录像，他哪里有时间读报上网。“对于当时外界对我的评价，真的没有时间关注。精力主要放在训练、比赛和准备会上。”

不夺冠，怎么说、说什么，都是苍白无力的。

在所有人的观念中，亚锦赛中国男篮的目标只有冠军。"津门惨案"哨声一响，除了球迷的谩骂，庞大的记者席上，来自全国各地的记者开始了新一轮的"倒郭浪潮"。

那个惨败夜，郭士强脸色苍白，手脚都不知道放在哪里。他闷在更衣室里，一言不发，偶尔摆弄一下手机，回复一下关心和安慰他的短信。我当时陪同郭士强回了球队下榻的酒店，一路上我们几乎没有说话，到了酒店， 我说了几句安慰的话，就快速离开了。郭士强后来和我说，他当时从赛场回到宾馆，劲儿根本没缓过来，脑子都是懵的，一晚上都没睡，感觉就是委屈。

"委屈"的确是对当时的郭士强最好的形容词。媒体一边倒的负面评价，球迷的落井下石，就好像那个亚军全是他一个人的责任。尽管"偷笑门"事件稍微分散了一些对他的指责，但作为国家队整体中的一环，还是影响了篮管中心对他执教能力的评价。

在一次有领导参加的国家队总结会上，有一位老记者为郭士强仗义执言，却仍然无法改变"丢掉亚锦赛冠军即'下课'"的铁律。

国家队归来后，辽宁男篮并没有与郭士强续约，他不得不前往美国充电。

……………………………………

2010 年归国后，辽宁队炒掉了立陶宛外教威斯维拉，在辽宁体育局的支持下郭士强重掌辽宁队帅印。

郭士强能第二次拿起辽宁队教鞭，要感谢当时的俱乐部董事长韩召善的器重。

"不管郭士强是不是中国男篮主教练，辽宁盼盼篮球俱乐部主帅肯定还是他。下赛季，我相信郭士强会给盼盼篮球俱乐部带来更大的变化。"随着郭士强与韩召善"第二次握手"，曾经的嫌隙已经悄然弥合。

2010—2011 赛季，韩召善给球队制定的目标为"保 6 争 4"。中途回归的郭士强，最终交出了第 5 名的答卷，也算兑现了征战目标。

"我对郭士强的工作非常满意，虽然盼盼队没进四强，但还是完成了任务。"对于辽宁队季后赛首轮出局，韩召善也有自己的理解，他认为郭士强在临场指挥方面非常果断，变阵与人员的

2009 天津男篮亚锦赛郭士强遭遇了执教生涯最大的滑铁卢事件

轮换基本没什么失误。虽然未进四强，但和郭士强关系不大。

作为职业化以来辽宁男篮的第二个赞助商，2002 年，营口盼盼集团接手球队，辽宁盼盼篮球俱乐部也正式挂牌成立。从此，辽篮队员穿上了盼盼的战袍。

韩召善与辽篮相逢，正是辽篮面临危机之时。辽宁虽然一直以来不断为中国篮球事业输出人才，但是辽宁男篮曾经却出现过一段非常可怕的低谷期，几乎已经到了降级的边缘。

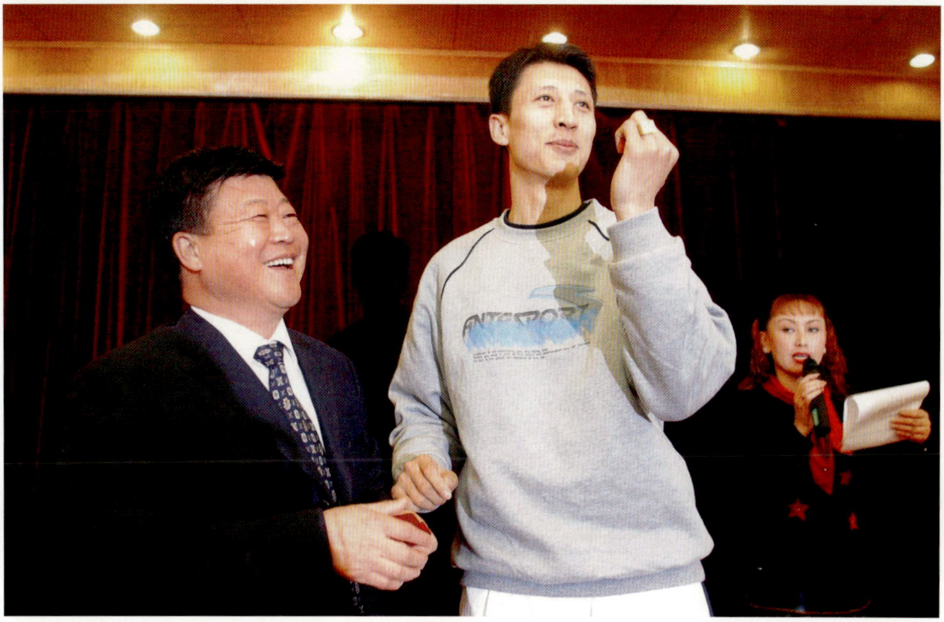

郭士强向观众展示自己的亚锦赛冠军戒指

为了挽救辽篮，韩召善礼贤下士请回了老帅蒋兴权，并且与蒋兴权一起对辽宁男篮进行了大换血。张庆鹏、杨鸣、刘相韬、谷立业、卢伟、李晓旭等球员也是由于召善的改革才得以被重用。

也是他，大胆启用 30 多岁的郭士强作为球队主教练，也为今天的夺冠奠定了基础。在郭士强多次备受质疑的时候，韩召善始终力挺郭士强。

可惜韩召善的一腔热血，他终是没有等到辽篮夺冠的一天。

2011 年，因为种种原因，韩召善决定退出辽篮。这次退出，也成了韩召善心里一个永远的遗憾。谁也没有想到，韩召善离开辽篮的同一年，于 2011 年 12 月 10 日早晨，突发心梗于日本与世长辞。

韩召善的一生与辽宁男篮息息相关，想着他对辽篮的付出，很多人不禁潸然泪下。辽宁盼盼篮球俱乐部的那十年记忆，将成为所有辽沈球迷心中永远无法再找回的情思。如今辽宁男篮完成了他当初的梦想。此刻在天

堂，他也应该微笑吧。

……………………………………

2011 年 11 月 11 日，总部位于“钢都”鞍山市的辽宁衡业集团正式接手辽宁男篮，队名从此改为“辽宁衡润捷豹篮球俱乐部”，这标志着辽宁男篮“衡业时代”开始。

从投资辽宁女篮到入主辽宁男篮，辽宁衡润俱乐部董事长、中国篮球协会副主席刘景远，经过 7 年多的苦心经营，终于“守得云开见月明”，将 CBA 联赛的冠军鼎揽入怀中。

在俱乐部的持续投入下，辽宁男篮近年来的阵容呈现出国内球员数量多、水平高、年龄结构合理，外援特点鲜明、针对性强等特点。再加上主教练郭士强对队员非常了解，制定了成熟的战术体系，在四年三进总决赛后举起 CBA 冠军鼎，水到渠成。

只是七年间的艰辛，刘景远坦言：真的很不容易。郭士强同样如此感慨。

刚刚接手球队的 2011—2012 赛季，辽宁男篮内部就出现了问题，郭士强与昔日爱将张庆鹏之间理念不合，到了不能共存的地步。先是郭士强在队内会议上，突然以张庆鹏无论在场上和场下都是负面作用，影响球队团结为由，宣布裁掉他。郭士强表示，他是为了辽宁队的未来着想，影响队伍团结的人，必须离开。

但仅仅过了 12 个小时，辽宁俱乐部却把结果反转，将张庆鹏留下，让郭士强交出帅印。这也是郭士强第二次交出辽宁男篮帅印。

……………………………………

在短暂的休整后，他挂帅辽宁青年全运会，倾尽全力冲击 2013 年辽宁全运会男篮乙组冠军。拥有周琦、赵继伟、丛明晨、刘大为、赵率舟、王政博等让人眼馋的球员，辽宁青年军势如破竹，决赛击溃八一队，整个系列赛保持全胜夺冠。也正是这个冠军，让省体育局、俱乐部，包括辽宁男篮的诸多名宿认识到，郭士强才是未来辽宁男篮的掌舵人。

当郭士强在 2013 年第三次执教辽宁队时，韩德君、贺天举、郭艾伦、赵继伟这一批年轻球员已经逐渐挑起大梁，辽宁男篮又一次迎来鼎盛时期。

2011 年 11 月 11 日，衡业集团为球队举行征战新赛季的壮行会。从此，辽篮进入衡业时代，并由郭士强为他们带来了队史的第一座总冠军奖杯

我与郭士强在 2014 年 10 月有过一次深谈，在沈阳奥体中心的男篮大本营的寝室里。当时新浪体育要做 CBA 20 年 20 人系列策划，我们聊了一天，从他的球员时代，到教练员生涯，郭士强说了很多。但最后的话题，还是落到雄心万丈的郭士强如何带领新一代辽宁队冲击总冠军。

后面的故事大家都知道，辽宁男篮在那年的决赛中输给马布里带领的北京首钢。这很遗憾，但这也正式开启了辽宁男篮的争冠模式。

这几年的冲冠历程，像放大镜一样聚焦，无论高潮还是低谷，辽宁男篮永远处在风口浪尖。

在 CBA 夺冠庆功晚宴上，此前滴酒不沾的郭士强端着酒杯流着泪说："我现在有很多话想说，但真的说不出来，也说不过来。"

的确，2017 年第十三届全运会之前，辽宁队得过 4 次全运亚军和 6 次 CBA 联赛亚军。作为这支球队的昔日队员和三任主教练，郭士强亲身

经历了这 10 次亚军中的 7 次，这支球队中没人比他更能体会“千年老二”这四个字的屈辱。

12 年前，成为辽篮主教练之后，郭士强至今在辽宁男篮和中国男篮的主教练位置上是“四上三下”。10 年前，郭士强执教第二年就率领辽宁男篮杀进了总决赛，但惜败给如日中天的广东队。此后，郭士强又率队在 2014—2015 赛季决赛中输给了北京队，一年后又在成都输给了四川队。

“执教 12 年来，我最大的遗憾就是在成都丢掉了总冠军。因为场外因素，队员的身体和心态都受到了很大影响，这对我和全队来说，都是非常遗憾的。”

2017 年全运会夺冠，辽宁男篮终于捅破了“窗户纸”。但与全运会拥有绝对优势的阵容相比，2017—2018 赛季辽篮要想夺冠难度不小。这个夺冠联赛开局，是辽宁队最近四年最不好的一次，主要原因是球队 2017 年要备战全运会和 CBA 两个大赛，但两个比赛的备战计划完全不一样。留给联赛的准备时间几乎没有，所以开局全队状态有起伏。从运动周期来说，这也正常。

果然，从常规赛后半段开始，辽宁男篮越打越好，直到最后以出色的状态圆梦总冠军。

联赛期间，郭士强已经习惯了每天凌晨 3 点才能入睡的作息时间。郭士强说：“凌晨 3 点睡觉，早上 7 点多就得起床了。联赛经常是一周三赛，时间非常紧迫，白天训练，晚上给队员们开准备会，一起看录像，一忙活就晚上 10 点以后了。”

等队员们都休息了，他还要和教练组再开会研究战术，剪辑录像。等录像剪辑好了之后一般都是晚上 12 点以后了，拿到房间再研究，没有 3 个小时是研究不完的。他说：“没办法，不把录像研究完，第二天赛前的针对性训练计划就制订不出来。”

不光是郭士强，教练组的成员，还有技术分析员、队医，都很辛苦，都是凌晨才能够睡觉，正是这么多人的共同努力，才有了今天的成绩。

此前的总决赛分别输给北京队和四川队后，郭士强都流过泪。不过在此次圆梦后的采访中，他没哭。“平常心”是郭士强本赛季季后赛说得最多的一个词，即使在赛场夺冠队员们泪流满面之时，这位最应该流泪的人，却控制住了自己的情绪。

“心态出问题”是此前专家给辽篮总结的重要失败原因。针对这一弊端，总决赛之前，北京

“乔丹杯”
赵率舟
17
辽宁本钢

燃 动 全 场
“乔丹杯”

体育大学心理专家张力专门给全队上了一堂心理课。

“与广厦的总决赛首回合比赛的前一天晚上，张教授上了一堂名为《大赛心理调节十大要点》的公开课，给球队带来很大帮助。2017 年的夏天，张教授也给我们上过一次心理课，效果很好。他给很多国家队上过课，经验很丰富。”

曾经的低谷，多年的压力，想过放弃吗?

对此，郭士强直言：“没想过放弃，在教练生涯最低潮的时候，我也没想过离开篮球。我对篮球非常热爱，喜欢这项事业。而且我一直有要帮助辽宁篮球创造历史的梦想，之前那么多年梦想没有实现，我怎么能放弃。”

夺冠之后，有很多人谈到了辽宁队能否延续佳绩创建自己王朝，对此，郭士强说：“我说过，希望这次夺冠的所有队员都能够留下来，这至关重要。部分合同到期的队员面临着续约，假期之后，我和俱乐部就会与队员商谈续约的事情，尽全力把总冠军阵容延续到下个赛季。”

郭士强曾经说过，如果能拿冠军，再多老几岁，那也无所谓，也很高兴。

现在，他不用再老几岁了，属于他和辽宁男篮的时代已经到来。

2017 天津全运会男篮项目比赛中，辽宁队在半决赛中以 86 ： 62 击败上海队，决赛中又以 78 ： 61 战胜新疆队，队史首夺全运会冠军，并成为继四川队、北京队、解放军队和广东队之后的第五支全运会男篮冠军球队。赛后，队员们将主教练郭士强高高抛起

对话郭士强：用我们的实际行动反驳“千年老二”的侮辱

笔者：郭指导，恭喜夺冠！您觉得辽宁队能击败广厦队取得最后的胜利，靠的是什么？

郭士强：之前接受媒体采访时，我也说过，我们这个团队，除了技战术方面外，今年最大的进步是心态，大家成熟了。四年三次进总决赛，前两次，我们的心态还不成熟，受一些场外因素的影响，表现不好。但是在今年大家完全不一样，很成熟，进步很大，所以冲击这个冠军，我心里有很大的把握。至于我个人来说，在总决赛之前，为什么比较平静，也不太过多地说话？最重要的一点，是我想把我所有的精力放在训练上，放在比赛当中，不去想其他的过多的事情，以免分散我的注意力。

笔者：针对广厦队，我们是如何准备的？有没有安排特别的战术？

郭士强：不仅是总决赛，这两个赛季，无论常规赛还是季后赛遭遇战，我们对广厦队都研究得非常仔细。他们的小外援福特森得高分，广厦队赢球的概率不大，所以说他拿 30 分、40 分，其实不可怕，我们对他很了解。我就告诉队员，他投 3 分没事，这不是他的特点，他不是投手，重点是防他的突破、串联，尤其是助攻。如果福特森一场拿 20 分，其他队员得 10 分、20 分，这是他们的赢球方式。还好，队员们都坚决执行了教练赛前准备会的布置，比赛完全在我们的掌握中。第一场总决赛福特森个人能力发挥到极致了，我们还能赢球，这给了我们很大的信心。

笔者：第二场总决赛，您如何看广厦队球迷喊“千年老二”？

郭士强：针对球迷喊“千年老二”，其实这么多年打客场，我们也都适应了。不过，他们越是喊这样的口号，越能激励我们，用我们的实际行动反驳他们对我们球队的侮辱，事实上我们也做到了。尤其那场还打了加时赛，小伙子们顶住了压力，防守非常有韧劲，进攻也非常果断，表现非常好。

笔者：都说沈阳是福地，谈谈新主场。

郭士强：能回到沈阳，到辽宁体育馆打比赛，非常高兴，地板、篮筐都是新的，而且容量有 12000 人，为我们球队打季后赛、总决赛提供了非常好的环境。

笔者：拿到赛点后，第四场前有什么特殊的准备吗？比如迎接冠军？

郭士强：没有，还是那句话，保持平常心。首先我要给队员减压，第四场前我们球队的所有日常没有任何特殊，包括生活啊，训练啊，准备会啊，没有任何变化。而且我特意强调不要有任何变化，如果你有改变，那队员就有更大的压力。

笔者：终于夺冠了，您最大的感触是什么？

郭士强：这些年经过的事情太多了，磨炼太多了，这些对自己的性格也是一种磨炼吧，所以比较平静。我们已经创造两个历史了——全运会冠军和 CBA 冠军。对所有人来说，我们没有遗憾。这拨球员等以后退役了、年老了，他们可以给他们的孩子讲他们当运动员时的那种精神，鼓舞一代

代喜欢篮球的人。

笔者：您作为教练实现了全运会青年组、成年组，CBA 联赛夺冠大满贯，如何评价自己？

郭士强：我在辽宁队执教已经 12 个年头了，这十多年是我人生中最重要的年头，而且也是我教练职业生涯最重要的 12 年。在这 12 年当中，从最年轻的教练，成长为中层教练。这些年在我的职业生涯中，有很大的起伏，也取得了一些成绩。在哪里跌倒就要在哪里爬起来，之前的执教经历，对我的教练生涯来说，是一份宝贵的财富，前两次出任辽宁男篮主教练也获得过成功，带领球队杀进一次总决赛。在国家队，我有过一次主教练的执教经历。在一线队执教，我总共是“四上三下”了。前几次执教经历，对我来说还是失败的多，成功的少，这里面有我阅历不足的原因，让我看到了差距，也激励我去不断地学习，充实自己。第三次出任辽宁队主教练，觉得自己更充实，更有信心了。现在球队的方方面面都很好，走在成功的道路上。

笔者：谈谈郭艾伦吧，通过总决赛，都说他已是本土第一后卫，您觉得呢？

郭士强：我不敢去说郭艾伦是本土第一后卫，但是他这几年的进步是大家有目共睹的，确实每年不停在进步，他的攻击能力，包括这个赛季的三分球命中率、场上的节奏掌握、他的经验，都有不同程度的进步，这次总决赛，他发挥得也非常好。

笔者：总决赛夺冠后，更衣室的通道，你搂着哭泣的郭艾伦安慰他，你们说什么了？

郭士强：我和艾伦说，这么多年，老叔对你可能不太公平，希望你能理解我。不管是在生活中，还是在训练中，全队中，我说郭艾伦说得是最多的。身为主教练，我必须一视同仁，不能偏袒艾伦，这很重要。相反地，因为我是艾伦老叔，所以批评别的队员可能会留些情面，但对他却更加严厉。我当着全队的面批评他，别的队员和他犯同样的错误，我肯定说他比别人多。艾伦有时会感觉不平衡、有委屈，请他理解吧。

笔者：哈德森这个赛季也多次被外界质疑，直到复赛和总决赛爆发拿下 FMVP，谈谈老哈。

郭士强：质疑声在我们辽宁队身上可能一直存在，不管是赢球的时候还是输球的时候，都有不同的质疑声，这个我不会太在意，也不会去考虑太多。因为我始终要求，只要是我们这个团队大家共同研究决定的事情，大家一旦同意，我就会按我们共同制定的目标去执行，不管外界对我们有什么评价，因为这是我们大家共同制定下来的，我们要按照目标前进。至于对老哈，外界对于他的使用问题有不同看法，他是我们球队的核心和领军人物，不管是我们教练组、主教练，还是球队的其他球员，大家都比较信任老哈。哈德森在低谷时，全队都鼓励他，我找他谈心。训练中给老哈加练，给他更多的上场时间，帮助他找状态。我甚至和老哈一起看比赛录像，帮助他分析，多方面结合在一起，哈德森终于走出低谷。

笔者：总决赛新闻发布会上，卫猛代表喊出来建立“辽宁王朝”，您怎么看?

郭士强：可能大家当时都笑了，但我觉得他是发自内心的。至于能不能创建王朝，我觉得最重要的一点，是这些优秀的运动员能不能留在辽宁队，这是非常重要的。如果这些队员继续为辽宁队效力，我相信，可以!

笔者：辽宁作为体育大省，为中国输送了很多篮球人才，对于篮球人才培养，辽宁有哪些经验?

郭士强：辽宁为中国培养了很多人才，输送了很多优秀的球员、教练员，还培养了很多国家队的优秀运动员，辽宁篮球为中国篮球作出了很大的贡献。我感觉最重要的经验是青训工作抓得好，重视对青少年的培养和训练，而且现在辽宁很多青少年喜欢篮球，这对青少年篮球的发展有很大的好处。还有一点就是辽宁的教练员在工作上都非常认真，非常负责，责任心非常强，在训练上有自己独特的方法，这对培养优秀运动员来说是重要的保障。刚才说的我们要建立王朝，后备人才、明日之星的培养，这块是非常重要的。

笔者：都知道辽宁盛产控卫，从吴庆龙、李晓勇到您，再到杨鸣、郭艾伦、赵继伟、高诗岩，辽宁在这方面的培养经验是什么?

郭士强：前面我也提到了，我们的青训体系非常好，抓得比较紧。再一个就是“传、帮、带”的作用，一代一代，一批一批，老球员带新球员，“传、帮、带”这个作用是非常重要的。

韩德君在“郭时代”的大爆发及成长轨迹

郭士强在2006年第一次挂帅辽宁队时，很多人都没注意到，韩德君也是在那一年上调一队。12年间，郭士强三出三进辽宁男篮，“功夫熊猫”从一名被人忽视的“饮水机管理员”，一步步成为中国篮坛最具统治力的内线，“郭时代”也是韩德君的爆发季。

他似乎一直在逃避“爆发”这个字眼。“我觉得都是正常发挥吧，经过这么多年的努力，不仅是我个人，辽宁队也到了该出成绩的时候了。”他坦言，唯有冠军才是他和辽宁所追求的成绩和终极目标，现在的一切都是苦尽甘来，水到渠成。

其实，辽宁男篮在前年联赛间歇期险些失去这名统治级中锋，当然，最后的结果皆大欢喜，辽宁男篮俱乐部宣布：稀缺的力量型中锋韩德君与球队续约4年。

31岁的韩德君说：“选择4年的合同，说明我将在辽宁队打到退役。”

这一纸合同来之不易。

CBA的内线是被外援统治的，优秀的本土中锋少得可怜，培养起来更难，韩德君算是其中的佼佼者。辽宁队的球员多是体育局培养的，俗称“体制内”球员，他们不能随意转会。但韩德君不是，他没有入选过辽宁青年队，而是在CUBA赛场上打出来的，所以合同到期的韩德君自己有权决定未来。

足够优秀又有自主权的韩德君在2016年夏天成为自由球员后，瞬间成了CBA各豪门争相追逐的“大鱼”。新疆队、北京队的名字，超过千万元的薪水，在联赛间歇期，这些新闻都曾与韩德君发生过“绯闻”。

LIAON
55

韩德君说："虽然网上传得很多，但我没有和任何俱乐部接触过。不过打过与四川的总决赛后，我确实有换换环境的想法。"除了其他俱乐部高额年薪的诱惑，连续两年与总冠军失之交臂也是韩德君想要离开的主要原因。曾经，韩德君不止一次表达过对冠军的渴望。

韩德君换换环境的念想一直让辽沈球迷牵肠挂肚，大家都清楚，一个 2.15 米、能与凶悍外援整场肉搏的大中锋对球队是多么重要。

在金钱与感情的抉择中，韩德君选择了后者。而帮他做出决定的，除了大韩自己，还有他的父亲。

韩德君透露，那个赛季总决赛输给四川队，他和父亲交流过想出去走走的想法。"父亲是个很实在的人，他说往哪走都不容易，肯定没有家好。"韩德君说，虽然和父亲谈得不是很愉快，但老人的劝说也是他认真考虑的因素之一。

最终拿主意的还是韩德君自己，在慎重权衡了待遇、感情和环境之后，韩德君决定留下。

韩德君说："钱虽然很重要，但一个人的钱够用之后，就不需要更多了。在俱乐部表达了足够的诚意后，我认为感情更重要，所以我选择留在了辽宁队。"

4 年之后，韩德君将 33 岁，所以 4 年的合同意味着他极有可能终老辽宁队。韩德君说："是的，我和俱乐部表达了这样的意愿，就在辽宁队打到退役。"

他希望用汗水换来一个崭新的赛季。"两次总决赛失败，可能都有我这个位置的原因。为了心中的梦想，为了不留遗憾，努力就从现在开始。"

留下来的韩德君迎来他职业生涯以来的最佳状态。不过，当处于自己职业生涯的巅峰时期，韩德君的内心并没有兴奋与狂喜，反而是格外平静，内心深处最先想到的，则是 10 岁那年父亲亲手为他做的那一个篮筐……

韩德君曾在微博上发了一组图片，是他童年时老家的院门和一个自制的篮筐。"回顾往事，20 多年前的家，也是最喜欢的地方，最后一张是我爸拿砖头做的篮筐。"

韩德君出生于辽宁省大连市的一个农村家庭，小的时候因为个子要比同龄孩子高一些，因此

非常喜欢玩篮球。但是农村的条件有限，像样的篮筐更不是随便就能找到的，于是在他 10 岁那年，父亲就在自家的院子里，亲手为他制作了一个简易的篮筐，这成了韩德君童年时收到过的最好的礼物。

“当时是在我家牛圈的上面，我爸用砖头砌了一面方形墙，然后他又到学校的操场，照着那里的篮筐量了一个直径，不是很标准，然后用铁丝做成篮筐焊在墙里，花了很大的功夫吧，我现在一直还记得，这是我人生中第一个篮筐。”

在讲述这个篮筐的故事时，韩德君特地找出了一张老照片，上面是 10 岁时的他正在院子里进行投篮:“你看这篮筐，非常简单，当时也没什么好材料，就是铁的，很快就锈了，篮网也破了……前面的篮架子其实就是墙了，上篮不敢太使劲，不然就容易撞到墙上了……还有旁边那个网，是怕我把球扔隔壁院子里去，特地拉上的……”

“我能够走上专业篮球这条路，主要就是因为我父亲。”韩德君说，正因为看到自己对篮球格外喜爱，而且在身高上也确实有优势，父亲终于下定决心把他送到沈阳去试一试。而韩德君自己，在当时那个年纪，其实并不明白这背后意味着什么。

“我记得那是 2000 年，父亲送我去沈阳的那天，还是我姑父从他公司借的车，然后一路开车送我。我是第一回离开家那么远，而且我非常清楚地记得，我父亲在车上哭了，我还问他为什么哭呢，他没说。”

很多年后，当韩德君回想起这一幕的时候，同样也忍不住想落泪的情绪：“可能每一个父亲都舍不得自己的孩子离开太远吧，特别是像农村这种没出过门的，现在想一想那时候，还真的挺令人感慨的。”

到了沈阳之后，韩德君因为没有基础，不可能直接进入辽少梯队，所以父亲将他送到了省体校的自费班，可以说是从基础开始学起。也正是从那以后，少年时期的韩德君逐渐地明白了一个道理，专业篮球这条路，不再像童年时玩耍那样无忧无虑，而是一条要背负很多东西去闯的艰辛之路。

后面的故事大家都知道了，他被辽宁男篮拒绝，转战 CUBA，并在武汉理工大学篮球队大放异彩，后被辽宁男篮召回……韩德君说，这些艰辛对他来说都是宝贵财富。

如今，韩德君终于凭借自己的努力，将这条背负着全家期望的篮球路走出一片光明。

当他成为国内一流的篮球明星后，父亲很自然地成了他忠实的球迷。尤其是从 2017—2018 赛季开始，几乎大部分的主场比赛，老人都会到现场看儿子打球：“现在看我打球，我爸也是越来越喜欢篮球这个项目了。”

终于让老父亲过上好日子后，韩德君自己的身份也悄然发生了改变，儿子的降生让他也终于体验到了初为人父的滋味，对于父亲当年给予自己的那份爱，也有了更深的体会。

“有了孩子确实给我的生活带来很多改变，最重要的就是让我更加努力地去训练，更加努力地去打比赛，因为我意识到自己身上的责任更重了一些。”

韩德君时常会在微博上秀出自己和儿子的互动，网友们也亲昵地称呼他的儿子为“小熊猫”，

至于未来会不会接他这个“功夫熊猫”的班，韩德君认为还是要看儿子自己的选择。“首先得看他的爱好，再看他的身体素质情况，如果他喜欢打球，身体也允许的话，我肯定支持他打，如果他不太喜欢我也不会勉强，因为我走过这条路，受过这么多伤，不想让我的孩子再经历这些了。”

说到孩子，就不得不提到韩德君生命中的另一半——他的妻子。不过在问起他和妻子相识的浪漫史时，韩德君低下头嘿嘿一笑：“这个就不说了吧，这是属于我们俩的故事。”虽然不愿透露这份秘密，但是韩德君却始终没有忘记另一件关于妻子的事儿：“我还欠她一个婚礼没有办呢。”

说起这件事，其实很多辽宁球迷都知道，在 2013 年全运会期间，韩德君在一次接受媒体采访时曾表示：“还没有帮助辽宁拿过一个冠军，我就结婚的话，多对不起辽宁的球迷啊。”没想到这句话竟变相地成了他的一个承诺，导致如今儿子都四岁多了，还没和妻子办上婚礼。

“她也比较理解我，从没和我说过这个事儿，一直在等着，但也不能一直这么等下去啊，不可能等到我退役了，还没拿个第一的话……”韩德君略微犹豫了一下，随后眼神坚定地说了一句，“但我肯定会给她一个交代的！”

如今，拿到全运会冠军、CBA 总冠军，他对妻子的承诺该到兑现的时候了。

FIBA
55

第
LIAO NING
2017-2018

对话韩德君：我的婚礼我自己筹划，不需要婚庆公司

笔者：你和巴斯、李晓旭被称为联赛豪华的内线，你觉得呢？

韩德君：广厦的内线也很强，但我感觉，我们的内线和广厦的内线相克，防守啊，篮板啊，内线进攻啊，我们占很大优势。相对于外线，内线得分更有把握，而且通过总决赛第一场，我们打广厦的内线更有信心。

笔者：第二场总决赛在杭州，你在罚球时，广厦球迷喊“千年老二”，你怎么看？

韩德君：反感说不上，他们说的也是事实，但确实刺激到我了，刺激到我内心了。其实在第四节，我身体有种虚脱的感觉，这个时候他们一个劲儿喊。我印象最深的是，我扣篮“2+1”以后，比分差一两分，他们就

开始喊。我当时站在罚篮线想的就是，这球必须得罚进，因为他们喊的，我实在太不爱听了……

笔者：评价一下主场沈阳吧。

韩德君：跑进球馆，观众欢呼，说实话耳朵都有点受不了，像是给我们每名队员扎了一针兴奋剂一样，让我们能使出百分之二百的力量来战斗。本溪的球馆是小了一些，但本溪的球迷还是非常热情的，我认为他们不输给这 12000 人。但是换位说吧，辽宁省这么大的球馆，这么多人给我们加油，人多力量大，能给我们更大的信心。还有，总决赛 3 比 0 之后，我特别希望辽宁队在第四场、在沈阳把冠军拿下来，让所有辽宁球迷见证这一历史时刻。

笔者：拿下联赛冠军，是不是该办婚礼了？

韩德君：我在辽宁夺得全运会冠军时说过这句话。我出自农村，我们家那边的风俗是，不办酒席不算正式结婚，但我年岁大了，得要小孩，要不对以后会有影响。我说不给辽宁队拿个冠军就不办婚礼，现在我做到了。确实对家庭、对自己的夫人，有些不到（即不周到）的地方，但慢慢补偿吧。

笔者：决定什么时候办婚礼？

韩德君：现在还有很多事需要我去做，婚礼不是简单的事情，我不想把婚礼交给婚庆公司，我想自己筹划一个婚礼。但大家都知道，我打完联赛，马上要去国家队报到，根本就没有时间，我想有充足的时间来筹划这场婚礼。

笔者：那你什么时候能有时间？不怕等媳妇等着急啊？

韩德君：不能等太长时间，我年纪也很大了，在国家队不需要我的时候吧，我就回来办这场婚礼。

笔者：总决赛新闻发布会上，卫猛代表喊出来建立辽宁王朝，你怎么看？

韩德君：卫猛平时比较开朗，他把这话帮我们说出来了。我们为什么笑？一是笑卫猛敢说这个话，二是笑卫猛说的对，我们也确实要这么做！

李晓旭的成长轨迹及“蝇”来的总冠军

李晓旭、杨鸣、韩德君是目前这支辽宁冠军队，参加过 2008 年 CBA 总决赛的仅有的三名老将。夺冠后，李晓旭感触颇多：“是一次复活，让我有机会完成最终的梦想。”

2016 年 8 月 31 日，在沈阳进行的 CBA 体测专项速度耐力测试中，李晓旭在折返跑中突然受伤倒地，事后被确诊为右脚跟腱断裂。这对当赛季志在夺冠的辽宁男篮来说，简直是晴天霹雳，因此，无论是主教练郭士强还是队长杨鸣，心情一下子就跌落到了谷底……

谈及自己的那次重伤，李晓旭说：“伤病是运动员无法控制的，都是没有办法的事，现在只能积极治疗，争取早点回来。”

其实，这只是李晓旭十余年职业生涯中的又一个意外，从葫芦岛体校到辽宁青年队，从辽宁一线队到国家队，无论顺境还是逆境，他所有的成绩不是一口气完成的，包括战胜影响他前进的伤病。如何调整，如何走出困局，他似乎早已胸中有数。“我热爱篮球，篮球给了我太多太多的东西，无论遇到什么情况，都要积极面对。”

十余年职业生涯，李晓旭很少缺席比赛，除非是伤病已经严重到无法出战，否则他绝对不会放弃登场的机会，这为他赢得了“国产魔兽”的称号。打完总决赛，李晓旭已经代表辽宁男篮出战 482 场联赛，创造了目前队史球员出场纪录，考虑到李晓旭 28 岁的年龄，未来他在辽宁男篮的出场纪录还将继续刷新。

早在 2007—2008 赛季，李晓旭就品尝过总决赛的滋味，只是，这滋味可能有些苦涩

22
22

杨鸣说，李晓旭这么多年在辽宁可以说是“铁人”，基本很少受伤、缺席比赛。

的确，从2005年打第十届运动会，到同年进入辽宁男篮打CBA，李晓旭一直是辽宁男篮的攻防核心、四号位首发。尤其是在CBA，他每场对位的都是易建联、布拉切、莫里斯等NBA级别的大前锋、中锋，对抗异常激烈，身体消耗极大。

但李晓旭并不认为常年的比赛和激烈的对抗是造成伤病的原因。“当运动员受伤都是很正常的，也是无法控制的，谁都不愿意受伤。很多事是没办法的，遇到了只能克服，积极恢复。”他说自己的很多伤，也是由于没注意，开始没太在乎，所以最后就严重了。“就像我的腰伤，以前就有小毛病，但没太在意，后来发展成了非常复杂的伤病，2017年去美国算是彻底治疗了一下，效果还不错。”

2013年的两大赛事——全运会和CBA联赛，作为年纪轻轻的“老将”，连续参战的李晓旭身体亮起了红灯：一个是脚伤，一个是腰伤。“其实这个怪我自己，我早就有腰椎间盘突出。之前崴了脚，还有一个月就是全运会了，但我没重视，觉得崴脚一个月肯定好了，但一个月后还肿着，里面全是淤血，这时我才开始重视，可是晚了。”

崴脚怎么会和腰伤有联系？李晓旭解释：因为脚一直肿着，一只脚不能发力，只靠另一只脚，就不均衡，最终加大了腰部的负担，时间长了就让腰部更严重了。这就造成后来国家队集训开始时，李晓旭都没有参加训练，每天上午都要去北京的医院治脚。

当年九月份，获得全运会成年组亚军后，CBA联赛烽火再燃。整个赛季，常规赛32场和季后赛5场，共37场比赛，李晓旭有13次打满全场，其中还包括1场和山西队的加时赛，而出场时间在40分钟以下的比赛仅有9场。

也是这样不服输和永远坚持的劲头，让他的腰伤在2015年到了不得不彻底治疗的地步。当时外界质疑“辽宁球员逃避国家队”的流言满天飞，李晓旭郑重地回应了为何去美国治伤。“我并不是非要赶在这个节骨眼上去治疗，我是能挺就挺的，但这次实在是挺不住了，这已经导致我技术能力下降了，所以主动和国家队说练不了。因为再坚持下去，不管对球队还是对自己，可能都不会得到好的结果。”

能挺就挺的“硬汉”其实有他的另一面：乐观、率真、有正义感，做人堂堂正正，打球兢兢业业。“天命战将”李晓旭就是这样一路打出来的。人们除了记住了“国产魔兽”的凶悍攻防外，

脸上表情仿佛冰川般严肃的“高冷”，也成为他在球迷心中的一个标签。

2007—2008 赛季，辽宁男篮时隔七年重返总决赛的那一刻，李晓旭的脸上并没有像其他队友一样露出狂喜的表情，甚至不知情的人看到他那一瞬间的脸色，或许会以为辽宁男篮刚刚遭到了淘汰。

也许真是“魔兽的世界你不懂”，最重要的其实并不是表情上的高冷，而是在比赛中的绝对高冷，既是冷静，又是冷酷，面对对手每一次进攻的冲击，他总能及时在内线做好协防，并凭借自己冷静的判断寻找到篮板球的第一落点，而在进攻中也能一次又一次展示自己冷酷无情的一面，用各种方法来摧垮对手的意志。

他的“高冷”是不是和偶像学来的无从考证，但李晓旭说最喜欢的球星是邓肯：“我希望能像邓肯那样打球！他打球聪明、不张扬，作用却非常大，而且还稳，什么时候心态都能控制得很好，

LIAONING
22
BEIJING
41
ups

这是我最想达到的。”他也的确像邓肯一样扎扎实实、一步一个脚印打了出来。

2005 年，年仅 15 岁的李晓旭就被时任辽宁男篮主帅的蒋兴权提拔进入一队，尽管当时 CBA 还没有实行对准入年龄的限制，但如此年少的球员进入一队，甚至是立刻在联赛中出战，算是 CBA 历史上一个先例了。

其实早在2005年的第十届运动会前，蒋兴权就相中了李晓旭，用老蒋的话说：“这身高、身型，一看就是打内线的好材料。”当时李晓旭已经从葫芦岛体校进入辽宁省少年队，时任教练崔万军亲自到基层选材，将他带入省队，所以说李晓旭真正打成年比赛是在 2005 年第十届运动会。

李晓旭说开始打篮球的理由很简单：“是我爸的一个朋友看我长得高，就建议了一下，我爸也觉得挺合适，就让我打篮球了，而且家里人都非常支持。我要是打得不好，我爸还经常安慰我。我家都是鼓励式教育，基本不批评。而我妈则比较关心我的身体，经常给我做汤，给我补充营养。对我家来说，我打篮球是让全家都很骄傲的事。”

当和李晓旭提到十年前的那一次总决赛经历时，总会下意识地说上一句“那时你还是个年轻球员……”，听到这句话的李晓旭不由得一阵失神，十年之前的他哪是单单一个“年轻”能够形容得了的，要知道，他只比刚刚打了自己的第六个赛季的刘志轩大了不到一岁，却已经有了十多年 CBA 征战经历。

由于家中还有一个哥哥，因此作为当时队里年龄最小的球员，所有人都喜欢按照他家里的辈分来称呼他一声“小二”。之前他还是队里老大哥们口中呼喊的“小二”，而如今他已经是队友们口中尊称的“二哥”，这种转变一方面是由于年龄的增长，在球队内比他年长的人已经没有几个；另一方面，“哥”这个词有时候代表的不仅仅是年龄，而是一种认可和一种尊重。

江湖地位提升，职业生涯十余年，李晓旭最大的梦想是捧起一座 CBA 总冠军奖杯。

李晓旭说他收到的印象最深刻的礼物是一个玉质的苍蝇，“苍蝇和‘场场赢’谐音，希望球队一直赢球。”

现在，他终于赢了。

对话李晓旭：
冠军来得太迟了，但我们还是做到了

笔者：夺冠后，你很平静，你觉得辽宁能夺冠最大的优势是什么？

李晓旭：打到总决赛，技战术是一方面，最主要是考验球队的心理。球队经历了几次总决赛，我们的心态比以前成熟了。看起来 4 ：0 的大比分好像很容易，但是都是靠我们一场一场拼出来的。之前我们经历了几次总决赛，我们经历了很多惨痛的教训，内心上我们已经有警惕了，哪些事情该做，哪些事情不该做。当 2 ：0 的时候怎么打，3 ：0 的时候怎么打，我们一直尽量去要求自己用平常心去打好每场比赛，而不是说迅速把比赛拿下来，我们只会说一场一场去打，按照球队的布置去打。

笔者：和十年前打广东队的总决赛相比呢？

李晓旭：其实 10 年时间说起来很长，但是回想起来还像昨天一样，这 10 年对我来说过得有些太快了。10 年前自己只有十七八岁，对于总决赛有些紧张，第一次打总决赛心态起伏比较大。经历了这十年的沉淀，无论是我自己，还是郭导，还是球队，都更成熟了，更能以平常心去面对。

笔者：都说这个冠军辽宁拿得太迟了，你怎么看？

李晓旭：如果两年前不是我们心态不够成熟、不够稳定，可能两年前就拿到冠军了。所以说虽然这个冠军确实拿得太迟了，但是我们还是做到了。

笔者：你说这个赛季对你来说是复活，如何从重伤中走出来的？

李晓旭：从那次受伤到现在也有一年半了，从我打球到现在从没想到会受这么严重的伤病，确实是个意外，受伤之后我自己都不知道怎么去面对，当时感觉受伤后眼前一黑，一下子感觉冠军奖杯直接从眼前滑落了一样，当时整个人都傻住了。面对落差，我处理得不是很及时，导致整个意志也比较消沉，比较彷徨，不知道该怎么去选择，整个人都飘乎乎的。这次受伤对我心理和意志上都是摧毁性的打击，还好在窗口期，教练还有家人、朋友和球迷一直在鼓励着我，让我慢慢走出来了，球员受伤后心理上的恢复难度要远远大于身体上的。

笔者：都在谈论王朝，你觉得有多大把握？

李晓旭：当球队完成一个目标后，当然是想要完成更大的目标吧。这个冠军拿下来后，对球员和教练来说，从心理上就是一种突破，让我们在接下来的比赛中有更好的经验去借鉴。我们还是要多注意过程，尤其是这个夏天，一定要像以往一样甚至更加刻苦训练。夺一个冠军相对容易一些，但是建立一个王朝是特别困难的。只有脚踏实地一步步做好，然后在保持全员健康的情况下，才能冲击下一个更大的目标。

LIAONING
2017-2018
第一
LIAONING
2017-2018
第一

杨鸣的坚持及致敬肇俊哲及自己的成长轨迹

从联赛降级，到夺取CBA总冠军，杨鸣见证了辽宁男篮十余年的兴衰。

如今，在职业生涯的末期，他选择终老辽宁队，很可能进入教练组辅佐主帅郭士强，他不是为了默默无闻，而是为了再“鸣”更惊人。

有“CBA第一帅哥”之称的杨鸣把辽足球员肇俊哲视为自己的偶像——这位辽足的队长，把整个职业生涯都献给了辽宁足球。关于这个问题，两人还曾经聊天探讨过，“坚守”是他们之间的共鸣。“不容易！”杨鸣感叹说，“诱惑很多，包括待遇上，谁都知道外面的世界很精彩。”

而且，杨鸣总是找机会向肇俊哲致敬。2016年10月30日，2016—2017赛季CBA揭幕战，辽篮取得开门红，恰逢已经为辽足踢了19个赛季的肇俊哲帮助球队保级成功，于是，杨鸣隔空向肇俊哲喊话：“你的行动告诉我什么是坚持的力量，什么叫不离不弃！什么叫忠诚！愿有一天我能像你一样成为辽篮的肇俊哲！”

33岁的杨鸣已为辽宁男篮效力14年了，2017年，他与球队再次完成续约——这也很有可能是他CBA球员职业生涯当中的最后一份合同。这名辽篮的颜值担当逐渐到了职业生涯的末期，他的未来在哪里?

在2016年的时候，杨鸣和队友李晓旭一起获得了中国篮球协会颁发的教练员上岗资格证，用球队主帅郭士强的话说：杨鸣和“小二”有了这个资格证后，他们的身份就已经是球员兼教练了，只不过现在他们在辽宁队中还是以球员的身份为主，而一旦他们选择退役，就可以直接上岗当教练了。

辽篮首夺CBA总冠军后，郭艾伦和杨鸣做客辽宁电视台，参加专门的访谈节目并展示至尊鼎

ups
12

对于 1990 年出生的李晓旭来说，正处于球员黄金年龄的他距离转型当教练还为时尚早，但是出生于 1985 年的杨鸣却正好处于一个有些微妙的年龄段上。从球员的平均职业生涯来看，33 岁的杨鸣绝没有到需要退役的年纪。

杨鸣与辽篮的续约并没有掀起太大的波折，唯一需要双方进行商榷的，就是在今后的球队中，他将要扮演怎样的角色。

目前的辽宁男篮，后卫线人员配备确实是整个 CBA 最令人羡慕的球队，哈德森、杨鸣、郭艾伦、刘志轩、赵继伟，这样的人员配备堪称豪华，但整个赛季下来，杨鸣的出场时间也相应被压缩，虽然不能和以往赛季那样大部分时间都在场上拼杀，但杨鸣开始追求效率，场上场下的精神领袖作用也尤为关键。

杨鸣决定继续留在辽宁男篮效力，这是他心里最真实的愿望。“在辽宁男篮效力了十多个赛季，加上我原本就是辽宁人，理应为辽宁队效力，其实之前说走并不是真的想离开，辽宁男篮目前的后卫配备过剩，真的为辽宁队好就要给新人更多的机会。不过当我真正续约后，才发现留在辽宁男篮是正确的选择。不论是场上还是场下，我都能够帮助辽宁队。”

明明可以靠脸吃饭的杨鸣，也拥有着和颜值一样高的球技。

1985 年，杨鸣在大连一个体育之家呱呱坠地。父亲早年在昆明部队篮球队打球，身高 1.92 米，母亲的身高也达到了 1.76 米。作为家里的独生子，杨鸣遗传了父母的高个儿基因。按照小时候骨龄测试的推测，杨鸣的身高理论上可以长到 2.10 米，之所以现在才 1.93 米，父母觉得跟他小时候体弱多病有关。

虽然父母身体素质都很好，但杨鸣小的时候却体弱多病，甚至每个月至少得打一次点滴。出于“让他体格好一点，病少一点”这个简单的初衷，父母要求他多运动。打了一段时间篮球之后，不巧赶上市体校解散——在大连这个足球城里，篮球的地位有点尴尬，于是，家里发生了分歧。

篮球运动员出身的爸爸自然知道从事体育的苦，他只希望儿子通过篮球强身健体，不想孩子走上职业篮球运动生涯。而妈妈则想让杨鸣继续自己喜欢的运动，并托关系把他送到了大连理工大学的体育馆继续练习。于是，杨鸣继续着篮球之路，直到 2000 年，杨鸣在一次少年比赛中被省队选中。

1.93 米，标准的后卫身高，过人的身体素质，飘逸的突破，行进中的小抛投，经常传出令人

拍案的 No-look Pass，再配以杨鸣俊俏的面庞，这样的画面美不胜收，也令人津津乐道。

提到“抛投”，杨鸣早在辽宁少年队时就开始练了，这必须感谢时任辽宁少年队主教练崔万军的良苦用心。在带杨鸣这批辽宁球员之初，崔万军就要求每个队员都必须根据自己的特点练一手“绝活”，并要大家每天训练后都要加练半小时自己的“绝活”。杨鸣的“抛投”就是从那时候开始练的，当时谷立业练的是“勾手”，王大勇练的是“跑投”，到今天，这几位已都是小有所成，特别是杨鸣，大家还给他起了个可爱的外号——杨小抛。

年少时的杨鸣凭借初出茅庐的犀利和异于常人的球商、灵性，很快在省队打出了名堂。他能在 2004 年进入辽宁一队，获得蒋兴权的赏识，全靠一次邀请赛。

当时是休赛期，辽宁队和赵仁斌领衔的吉林奥华打了一场热身赛。杨鸣和王大勇这两名青年队的后卫，凭借犀利的突破、精准的远投、良好的大局观带领球队击溃对手。那场比赛之后，蒋兴权——这位中国篮球界的教父级人物当场拍板，杨鸣和王大勇进入辽宁男篮一队。

升入一队后，杨鸣逐年进步，国家队的大门也向他敞开，一切都在朝着美好的方向发展，但伤病让他错过了更进一步的机会。2008 年的北京奥运会和 2012 年的伦敦奥运会，势头如日中天的杨鸣连续两次错过代表国家队征战奥运会的机会，无论是对他个人，还是对国家队，都可称遗憾。

杨鸣是个追求完美的人，但有时候想法太多也不是好事，一场球还没打，就自己给自己压力：打不好怎么办？教练会说什么？球迷会说什么？刚刚出道时的杨鸣坦言：特别担心。

当年，打完比赛，他都会上网去看，看到批评他的评论，心里非常难过，但他还会关注球迷的留言。“看到有人说我投篮不行，等比赛的时候，就会想，我一定得投得准一些给你们看看，可越是这样，越打不好，老是在意别人的看法，就把自己给丢了。”

当年的老队长边强曾调侃杨鸣过去不爱传球也有这方面的原因——刚出道时少年得意啊，在青年队待了半年就上了一队，连青年联赛都没打过。“开始太顺了，加上别人说我有能力进国家队，我就特别想表现，特别想通过表现引起注意，然后能进国家队，就只顾着自己进攻……”

过去是心比天高。心气高，是因为起步顺，也因为聪明。有个赛季，辽宁差点进不了季后赛，那时有场关键的比赛，打排名差不多的福建队，比赛还有不到一分钟结束，辽宁落后 4 分，教练

喊了暂停，布置犯规战术，结果杨鸣在旁边大喊：“不能犯规！”杨鸣打断教练，“我们之前主场赢了他们 7 分，要是犯规还拿不下比赛，让他们赢我们 7 分以上就更被动了，这球就是输，也不能犯规！”教练一琢磨，还真是这么回事。“这孩子特别聪明。”曾在俱乐部工作的武迪回忆。

或许最铁杆的杨鸣球迷，也记不起上一次他在球场上大杀四方是哪一年了。杨鸣职业生涯的单场最高分是 44 分，而那已经是十多年前的事了，而同样是在那个赛季，当时张庆鹏受伤，杨鸣在对阵北京队的一场比赛中顶着骨裂未愈的伤痛单场轰下 35 分，堪称职业生涯的代表作。

那场比赛，他将个人的突破发挥到了极致，一次次的突破抛投让北京队绝望。比赛最后时刻，全场骂声四起，杨鸣模仿艾弗森的动作，把手放在耳边倾听全场声音的样子虽然有点挑衅的意味，但却成为很多辽宁球迷记忆中的经典。那场球赛，被球迷称为“断腕之战”，比赛结束后，当年效力北京队的巴特尔跟杨鸣说：“小伙子真不错，以后肯定能进国家队。”

现在，杨鸣回想起来，觉得当时压力太大并不是好事。“没想到，给自己一减压，反而更容易发挥。”压力大的时候，真睡不着觉。杨鸣睡觉轻，睡觉都戴着眼罩和耳塞，要是心里再装点事，压根就睡不着。能放下包袱，也是慢慢在挫折中成熟。

再后来，就是一次又一次被国家队淘汰。“每次去，待二十来天就回来，到后来朋友都拿我开涮，说我就是去混一身国家队装备的。”杨鸣说，“那时候，觉得自己头脑比较清楚，组织不错，攻击力也有，可一次次被淘汰后，也开始反省自己了。”

2010—2012 年是杨鸣职业生涯的黄金期，但无奈辽宁队阵容不整，球队连续两个赛季无缘季后赛。2012—2013 赛季，辽宁终于迎来爆发，但不期而至的伤病潮让球队折损严重，最终止步四强，那个时候的杨鸣依然是球队后场中坚。再往后，辽宁人才井喷，一批年轻球员到了“收割”的季节，球队战绩也连年进步，杨鸣却逐渐成了边缘球员。

绽放时未极尽闪耀，陨落时亦平淡如水。杨鸣把自己最黄金的年华献给了有知遇之恩的辽宁队，而如今已过而立之年的他正在成为一个边缘化的球员，从首发的颜值担当逐渐成为板凳的颜值担当。听着是一句玩笑话，但仔细想想，让人唏嘘不已。

有人说杨鸣状态下滑，是郭艾伦和赵继伟的崛起挤掉了他的位置，但真正看过辽宁队比赛的人恐怕都难以赞同。串联组织和稳定军心，在这两点上，杨鸣在辽宁队的作用都是不可替代的，球队赢球是他唯一考虑的。

与以往相比，他最大的变化就是，成了辽宁队的队长后心态发生巨变，他的队长之道首先是牺牲：“当队长就是要有牺牲精神。队伍的成绩是最主要的，个人的数据不能凌驾于球队的成绩之上。”杨鸣不止一次说。

“按照年龄结构来看，辽宁男篮未来两三年将达到最佳状态，可以说是兵强马壮，如果还能一直配备像哈德森这样好的外援，我们肯定能拿到总冠军。”

生不逢时，时不与我。但杨鸣之于辽宁，之于辽宁球迷，绝对是值得载入队史的球员。

择一城终老是一个球员的理想，但对于杨鸣来说，个中冷暖，只有他自己知道。全运会和 CBA 联赛冠军，登上两次巅峰，原来这才是老队长选择留下，并带领辽宁男篮继续奋斗的终极目标。

ups
LIAONING
12

对话杨鸣：
从降级到拿冠军的过程很美妙

笔者：恭喜杨队！拿到联赛冠军什么感觉？

杨鸣：所有人都非常激动，但这个总冠军对于我更加意义非凡，因为这很可能是我的最后一个赛季。11 年的职业生涯，我无怨无悔，而且非常圆满。感谢团队里的每一个人，这个冠军和大家都分不开。我第一年上队时，辽宁队是降级，我现在快退役的时候，辽宁队是冠军，整个过程是非常美妙的，我觉得剧本都写不出来这样的美妙过程。在职业生涯最后阶段，拿到两个冠军——全运会冠军和联赛冠军，我很幸福，此生足矣。

笔者：确定退役，下个赛季进入辽宁教练组了？

杨鸣：这个还没定下来，不论下个赛季我是否离开比赛场，我和我的

队友们都将继续努力，力争为辽宁篮球取得更多的荣誉。

笔者：辽宁队这些年做了很多公益活动，能简单谈谈吗？

杨鸣：社会各界对我们辽宁男篮比较关注，也比较认可，相应地，我们辽宁男篮也要回馈社会，向社会表达我们的爱心，让很多人参与其中，这也是我们辽宁男篮的职责所在。

第五章 5
CHAPTER

阵痛期

从中国篮球职业化初期的“三连亚”，辽宁男篮经历了降级，再到之后的重新崛起及至今时今日的CBA总冠军，这个过程是漫长的，有起有伏；这个过程中，永远不能忘记蒋兴权的存在。

吴庆龙时代的挽歌及吴庆龙小传

盛极而衰一直是竞技体育的普遍规律，篮球同样如此。

职业化初期的“三连亚”之后，高估自身的实力，人员老化、青黄不接，交流球员的盲目性，尤其是外援的匆匆引进，导致辽宁男篮大滑坡。

当年还是辽宁交通广播电台《体坛演义》的主持人杨树回忆，从吴庆龙下课到请回蒋兴权的那段时间是辽宁男篮最黑暗的时期：“那是段折磨人的岁月，辽宁队陷入了前所未有的低谷，连年保级。不过，赛场上，我也看到了刘相韬、边强、张庆鹏等小将的成长，看到了振兴的希望。”

从多年的“老二”到“老七”，辽宁男篮跌跌撞撞地打完 1999—2000 联赛，其表现令人大跌眼镜。当赛季在与广东队的四分之一决赛中，辽宁队不仅输得无话可说，球队更是斗志全无，没有一点强队风采。

谈到获得亚军的 1997—1998 赛季和 1998—1999 赛季，时任辽宁队主教练吴庆龙认为当时球队阵容整齐，老队员都在队中，几个年龄段的球员搭配得很好。“当时有乃群、晓勇、守强、陈卫东，外援是大李德，阵容很齐备，当时已经具备冲冠实力。再加上蒋导（蒋兴权）带队时的一些良好作风被传承下来，因此实力很强。”

不过吴庆龙也指出，当时他已经察觉到辽宁队走下坡路的迹象，最明显的两个表现就是球员年龄偏大和主力球员出走。

“当时队员主要集中在二十八九岁这个年龄段，能打，但是肯定有影响。而且连续两年拿到亚军之后在心态上也有了变化，老队员开始考虑到退役后的事情，考虑到钱。”

1998—1999 赛季的全家福。这支球队的主教练是吴庆龙；前排戴眼镜的是刘明洋，此时是吴庆龙的助理教练，队员则包括了于学鹏、王守强、接君、吴乃群、王治单等人

吴庆龙坦言，当时的辽宁队，至少是第二名，拿到亚军才能让大家接受。要不然，就是失败。

回首 1999—2000 赛季，辽宁队走过的艰难历程，让他们逐渐意识到：球队成长要一步一个脚印，不能有半点急功近利，否则必然吞下失败的苦果。

赛季开战前，人们都在猜测强大的辽宁队会有什么新的动作。果然，连续三个赛季获得亚军的辽宁队出“口”不凡，在买入了被认为“实力不俗”的周威、斯坦弗德、赵仁斌等内、外援后，明确喊出了“与八一争冠军”的口号。

这个目标的提出，使辽宁队早早背上了想赢怕输的包袱。整个赛季里，队员和教练的心理状态都未能调整好，从而导致关键的场次及比赛的关键时刻抓不住机会，最后前功尽弃。

在被广东队淘汰止步四强，创造球队职业化以来最差的联赛第七名成绩后，吴庆龙再次提出，成绩大幅下降的一个主要原因是外籍球员引进不力。

不能否认，辽宁队那几个赛季走马灯似的相继选了五六名外援，但这几位外援每个赛季都是开始被普遍看好，最后又落得一无是处。周威，这个名字中国化的外援，当赛季 3 场季后赛，场均仅拿到 5.7 分、3 个篮板，常规赛 22 场，成绩略有提高，但场均 6 分、6.8 个篮板，完全被证明是连一名国内球员都不如的水货。

这个赛季复赛，在辽宁男篮队史屡立战功的传奇外援詹姆斯再次回归，3 场季后赛给辽宁留下了场均 14.3 分、9.7 个篮板的最后贡献。不过，詹姆斯三进三出辽宁队，不能不说俱乐部当时的运作带有浓重的急功近利色彩，决策缺乏科学性。

在人员配备上，辽宁队的引援是个失误，但新人不能脱颖而出也是一个重要因素。与广东队的三场较量充分暴露出辽宁队青黄不接的问题。

2000 年的亚俱杯，辽宁队临时从山东队借调 2 名队员并夺得了冠军

当年的广东队不仅打好了外援牌，杜锋、朱芳雨等新手也个个表现神勇；反观辽宁队，菜鸟“神射手”刘相韬和内线悍将田雨上场机会寥寥，要知道，在之前的全国青年篮球联赛中，他们曾多次击败广东队并率队夺冠。

外援不给力、年轻队员顶不上来，换来的“大杀器”赵仁斌中规中矩，“三连亚”时期的核心球员郑永刚、于学鹏、接君等均被交流到吉林队更是致命伤，要不是李晓勇、郭士强、王守强等数次力挽狂澜，辽宁队最后的结果可能还要更惨。

辽宁队的成绩下滑使许多人大失所望。主帅吴庆龙的帅椅也摇摇欲坠，在大馆（辽宁体育馆），辽宁男篮的死忠多次喊出：“吴庆龙，下课！”

比“下课”声更可怕的是外界不断向辽宁队袭来的谣言。

第一个谣言是传吴庆龙与吴乃群有矛盾。吴庆龙表示：“这完全是谣言。我和乃群原来是球友时就是好朋友， 现在也是，这都是别有用心的人造的谣。”

有好事者问时任辽宁男篮俱乐部总经理严晓明：“两吴不和”是怎么一回事？

“这纯属外界的推想和猜测。我就此事还询问过吴庆龙和吴乃群，他们都觉得很奇怪，当事人都不知道自己和谁有矛盾，怎么外界却传得有鼻子有眼。”

第二个谣言是传蒋兴权其实是辽宁队主帅，吴庆龙只是傀儡。“成绩一不理想，什么谣言都出来了。蒋指导管着国家队，自己都忙不过来，哪还有太多精力同时执教辽宁队。他有时对我们提出建议，是出于对辽宁篮球的关心和爱护，这是我们的荣幸。”

蒋兴权当时很气愤：“无稽之谈！我对辽宁有深厚的感情，看到自家的球队出现一些问题，我肯定会向他们提出来。这只是善意的建议，不是指示。大龙也很希望听我的意见，我们是商讨，越权之说从何谈起？”

尴尬而惨淡的赛季过后，辽宁男篮戴着“老七”的帽子，要打“翻身仗”是肯定的。

为使球队尽快走出低谷，又一名资深教练加盟到了辽宁男篮的教练班子，他就是原辽宁男篮二队的教练张秉宽。原来，辽宁队在战绩落后到第七时，辽宁篮球俱乐部和教练班子就有意请张秉宽加盟辽宁队协助吴庆龙。当时，由于种种原因，张秉宽加盟辽宁队的决议一直未被通过，但俱乐部仍没有放弃努力。

经过几个月的协商，辽宁省体育运动技术学院终于同意张秉宽调入辽宁男篮，这样，辽宁队也创造了教练最多（四名）、教练班子最强的纪录。

张秉宽是与蒋兴权齐名的中国篮坛资深教练，他在辽宁任教的几十年间，曾为国家队培养了郭永林、柳继增、张学雷、李春江、李戈、吴庆龙、王利、吴乃群、李晓勇、崔万军共十名国手。他在 1971—1987 年任辽宁青年男篮主教练，并多次出任国家青年队教练，1991—1993 年还

多年后，吴庆龙、李晓勇、岳鹏飞相遇时感慨很多

出任泰国国家男篮主教练。

除了请来“高人”指点，边强、刘欣然等明日之星也被升入一队。

但在 2000—2001 赛季，辽宁队的目标到底是什么，主教练吴庆龙、教练员李戈、张秉宽却三缄其口。“争取往前打，别再打第七。”

吴庆龙表示：“辽宁队年轻人居多，但是场上主力队员可能还会以老队员为主。很多人问我今年的目标是什么，我只能说我们要摆正位置，全力以赴往前打，别再打第七。具体的目标还没有，因为一旦目标定下了，如果没打到那儿不就白定了吗？”

负责辽宁队力量和外线三分、突破训练的教练员李戈也没有给辽宁队在新赛季定位。他说：“我只能说现在通过夏训之后，年轻队员的体能大大提高，而老队员体能也不比其他队的差。目标是个不太好说的问题，不想打出好成绩的教练就不是好教练，但是，成绩的提高不是一朝一夕的事。”

相对于前两位年轻教练的“谨慎”，扎实、直率的老教练张秉宽却没有太多忌讳，也许是他对自己的防守战术非常自信，他说：“经过这段训练，太确切的目标我不能说，不过，我想打进前六总不该成问题。”

打遍地方球队的“辽老二”，当年的强者风范荡然无存。“摸索着石头过河”的辽宁队，在新的赛季到底能“摸”到哪儿，倒成了一个难以回答的问题。

依靠国家队“双后卫”李晓勇、郭士强，回归的大外援李德和强力前锋王守强，投射精准的小前锋岳鹏飞，“瘦死的骆驼比马大”的辽宁队常规赛取得了不俗的战绩。但人员老化、能打球的人太少（仅有 7 人轮转）的问题依然突出，被“虎王”孙军、“全能战士”罗德·格里格尔领衔的吉林队淘汰后，辽宁再次止步四强，最后取得 2000—2001 赛季联赛第五名。吉林也正式取代辽宁成为东北篮球老大。

吴乃群永久转会浙江男篮，让辽宁队彻底失去主心骨，那是在 2001 年。缔造职业化初期，辽宁男篮“三连亚”辉煌的“三剑客”吴庆龙、吴乃群、李晓勇，就此解体。这似乎也预示着更大一轮的滑坡即将到来。

2001—2002 赛季，这一季值得注意的是，张庆鹏升入一队。但那时他还不是中国篮坛人见人怕的“张三疯”，刚刚出道的张庆鹏的绰号是“小不点”，是李晓勇给起的，因为他 1.87 米的身高当时在球队是最矮的。

辽宁男篮更多以老队员出战，仍然抱着当年与吴乃群、李晓勇、王守强、陈卫东等人一起留下的战术模式去打每一仗，新人依然得不到机会，成绩一落千丈。一方面是被对手摸准了“脾气”，另一方面则是队伍内部人员未“因材施教”。

从联赛第二名走至第七名、第五名，直到“保级”，黯然下课的吴庆龙大度地表示：都是我的错。每当回想起当时的情景时，大龙语气里都带着些许戏谑和无奈。但对于辽宁男篮的感情，他从未变过。

“那天晚上输给江苏，挺郁闷，我和辽宁队曾经的领队武迪在一起聊天，当时他还是报社记者，我们聊了一晚球队的困境，根本不知道俱乐部要宣布我‘下课’，结果第二天看报纸，我‘下课’

了，武迪也郁闷了，因为他和‘下课’当事人一直在一起，结果，他漏稿了……”

执掌辽宁 5 年，也曾取得过佳绩，无奈这支球队无法接受任何一点不完美。因此当球队苦苦挣扎于保级区时，吴庆龙只能接受“下课”的现实。

我曾和吴庆龙在喝酒时问过他这段经历，他表示早已释怀，并承认自己确实有失误，如果继续执教，会给球队带来更多危机。“客观原因是那时候新老交替，球队成绩受到影响，这是正常的，从我个人来说，后来我总结，在新老交替时我还是保守了些，我就说了两点：我是主教练，我负全责；新老交替必须要去认真做，老队员是财富，但也不能耽误了年轻人。”

从辽宁男篮“下课”不久，吴庆龙在沉寂了一段时间后再度出山，担任中国国青队主教练。当时吴庆龙手下的那批队员包括易建联、孟达等。后来国青队兵败雅典，当年 7 月，吴庆龙从国青主教练的位置上“下课”。

当时我在采访吴庆龙时，他依旧很坦然：“世青赛打得不好，这没有什么可回避的。你问我有没有后悔这次带国青队？当然没有，这对我来说是一笔财富，毕竟我是第一次作为教练参加世界大赛。”

之后，吴庆龙带云南、陕西、福建、山西、广东，包括 2012 年二次回归辽宁男篮，时至今日，吴庆龙表示“下课”的经历不完全是坏事，他可以静下心总结那些过往的得失。“我目前也在反思，从球员到教练一步步下来，可以说我还是比较顺的；而从当初的成功到现在的暂时失败，对于我来说又是一笔宝贵的财富。”

吴庆龙作为辽宁篮球，乃至中国篮球的超级明星、功勋教练，我们有必要回顾他传奇而丰富的篮球经历。

大龙是地道的大连人，虽然家已经搬到了沈阳，但父母还都在大连住。从大连来到大院，吴庆龙开始了自己的球员生涯。

说起自己的运动员生涯，吴庆龙依旧觉得很庆幸，因为那段时间，正是中国篮球和辽宁篮球最好的年代，而他全都赶上了。

说起打篮球的机缘，还是因为自己的父亲。父亲吴国金，曾在大连铁路局篮球队打球。在父

在自己的球员时代吴庆龙便是天生的胖子，但他并不笨拙，而且相当灵活

亲的影响下，吴庆龙也对篮球产生了兴趣。玩着玩着，大龙就玩出了门道。或许天生就是个打篮球的料，他在 15 岁的时候就长到了 1.80 米，并成为大连市第十六中学的主力中锋。

随着大连市第十六中学被大连市体校收编，吴庆龙也跟着进了大连市体校。那段时间，大连市体校的成绩非常好，连夺全省冠军，这也为吴庆龙的篮球路打下了坚实的基础。

1982 年 8 月 28 日下午 3 点 40 分，大龙到现在都清楚地记得。因为那一天，17 岁的吴庆龙和 3 名伙伴登上了开往沈阳的列车，目的地是辽宁省体育运动技术学院。

那一天，吴庆龙成了辽宁青年队的一员。同年，辽宁青年队获全国青

年篮球联赛冠军之后，吴庆龙入选以 1963 年队员为班底的国家青年队，并于 1984 年帮助国青队获得亚洲冠军。随后，他进入辽宁男篮一队。

如果说 20 世纪 80 年代的吴庆龙还在努力为自己的篮球生涯铺路，那么进入 90 年代，他根本不需要费多少心思，出众的身体素质以及对篮球的一腔热血让这个“跑得最快的胖子”屡次站在了亚洲之巅。一名篮球运动员能做到的，吴庆龙基本上都做到了。也正是这一年，他与李晓勇和吴乃群组成了辽宁男篮“三剑客”，开启了辽宁男篮的辉煌时代。

当然，吴庆龙最得意的还是自己的体格：“我可是全中国最能跑的胖子。”“后卫当中确实很少有这种体重的。”一位圈内人回忆说，“吴庆龙当时打球身体占了不少优势，身板大，想过他根本不可能。”

的确，在 1996 年亚特兰大奥运会上，这位体重接近 100 千克的后卫在和阿根廷队的比赛中，让对手吃尽了苦头。“那时候，我年轻，身体好。他们当时要断我手里的球，我就通过转身来化解，弄到他们最后没办法，因为与和我对位的球员相比，我身体占上风。”就是那次，他和队友联手击败阿根廷队，帮助中国队历史性杀入奥运会男篮比赛的八强。

在第 17 届男篮亚锦赛上，吴庆龙当选最佳运动员——只有获得这个殊荣的队员，才有资格在下届亚锦赛上升旗。1995 年 6 月，在韩国汉城（2005 年更名为首尔），当吴庆龙站在旗杆下，升起会旗的那一刻，他感慨万千。那一年，他与队友合作夺得亚锦赛冠军，成就了中国队的“十冠王”。

我记得有一次去吴庆龙家做客，问他获得过的荣誉数不胜数，他最钟情哪一个。

在吴庆龙的家里面，摆着很多奖状，其中有一个特别显眼，就是“新中国篮球运动荣誉奖”，大龙很热情地让我看这个，这的确是难得的殊荣，像他这个年龄段的只有他一个人获得。吴庆龙特别珍视它。但那也只是他篮球生涯中的一部分而已，因为他人生中的篮球部分，太辉煌。

而在很多场合，吴庆龙都说过，1997 年的第八届运动会，半决赛淘汰广东队，是他打过的最过瘾的一场球。

“离比赛结束不到三分钟，我们还落后人家 11 分，你说这球怎么打？豁出去拼呗，我当时脑子就一个想法，这场球我们肯定能翻盘。”

“我和乃群拼了老命，他在内线打，我在外线投，愣是把差距一点点缩小了。比赛还剩 40 多秒时，对方就领先我们 1 分了。我当时就打定主意，一定进个三分球搞定他们。就与队友商量，先耗时间，等差不多了把球给我。队友们心领神会，看看时间差不多了，迅速把球传给我，我早就做好了准备，拿球就投，进了！

“当时广东队还有 10 多秒进攻时间，正常的话够打一次进攻，可能是被我们反超后内心起了变化，广东队的后卫李群运球还没过半场就把球撇向我们篮筐，我也记不住当时是谁抓的篮板，反正是在喊一声‘把球给我！’我把球紧紧抱在怀里，当听到终场哨响时，全身便一下散了架，这样的球赢得真过瘾。”

辽宁男篮在那年的全运会决赛中再次输给八一队，屈居亚军。1997 年对吴庆龙来说是人生的一次转折。这时，一个更重要的任务来了。当时的赞助商国际管理集团认为老帅刘明洋的东西已经过时了，32 岁的吴庆龙被火速推到前台。

“执教辽宁队可以用一个‘快’字来形容，角色一下就从球员转换为一队主教练了。当时刚从国家队下来，打完比赛放假，学院就通知我接手一队。当时没什么准备，就是凭借一股冲劲。最初自己是靠当球员那会儿的手段和特点执教，后来总结看那段执教的日子确实存在问题，仅仅靠冲劲去执教是肯定不行的。”

吴庆龙清楚地记得，2001 年，他第一次遭遇球迷集体喊“下课”：“感觉真不好受。”

“后来俱乐部转让，所有人的合同都被拿到了盼盼，只有我的合同回到了体院。这很清楚，他们不收我，不需要我了。我感到很难过，还好辽宁省体院收留了我。在困难的时候别人帮助我了，我会记住一辈子的，我就是这么一个人，喜欢记别人的好。”

当时的《沈阳晚报》资深记者张红军写了一篇《从联赛第二到保级——“吴庆龙时代”的辽宁男篮挽歌》的报道，反思辽宁男篮从辉煌到低谷，引起多方热议。

柳继增是吴庆龙的继任者，作为“救火队员”，老柳临危受命，半途接手辽宁队。那一年的

2002—2003 赛季，原辽宁女篮主教练柳继增接替了吴庆龙的位置，他的任务是保级，在柳继增的带领下，一方面边强、刘相韬、岳鹏飞等新人得以大胆重用，另一方面保级成功。但在赛季结束后他离开了主教练位置，并担任过辽宁电视台的 CBA 赛事直播解说嘉宾

保级战，辽宁队六战五胜成功保级，这也是辽宁队第一次打保级战。

“如果不解决新老交替问题，辽宁队的困难局面将无法改变。”柳继增一针见血地指出当时辽宁男篮勉强保级的内因。

新华社当时也大篇幅撰文分析辽宁男篮大滑坡的原因：

新老交替、新人成长的问题解决的好坏，无疑是辽宁男篮能否重振雄风的关键。这一问题既是现实问题，又是辽宁队的历史遗留问题。当年，辽宁队如日中天之时，与八一队争冠成了压倒一切的任务，要成绩就得上主力、用老将；等到英雄迟暮面临保级之时，为了保级，球队又将宝押在老队员身上。

2003年2月6日早晨，辽宁男篮按计划准备从沈阳赶往北京，再从北京乘机前往新疆乌鲁木齐备战客场比赛。8时40分，正在队员集合出发时俱乐部官员和教练组却突然发现32号外援穆斯塔法·霍夫不见了。俱乐部立刻询问了霍夫所住宾馆的服务人员，答复是霍夫已于8时乘坐最早的航班赶往北京！就在俱乐部以为霍夫肯定会就此消失无踪的时候，正好在北京出差前往湖南办事的董事长韩召善在首都国际机场与霍夫不期而遇，当即将身穿皮衣、携带两只大箱子的霍夫拦截。随后，柳继增以及包括艾瑞克·利莱在内的其他队员赶到北京，说服霍夫继续为辽篮打比赛。在当时，这是震惊全国体坛的大事情

对话吴庆龙：最满意的是，我们那一拨人处得特别好

笔者：龙哥，还是先谈谈辽宁队夺冠吧，你怎么看？

吴庆龙：真是太高兴了，恭喜！能夺冠，第一个非常重要的原因就是，进入复赛，辽宁队不管是国内球员还是外援，都保持了良好的竞技状态和精神的状态，没有真正地遭受伤病的影响。在这样的情况下，大家越打信心越足，国内球员和外援之间的配合也越来越默契，相互之间也越来越信任。另外要谈的一点是，辽宁队阵容里，可以说没有年龄大的球员，都是当打之年，各个位置上都有国内一流球员，这样一批球员也真的到了该出成绩的时候了。

笔者：你这个赛季带领深圳也打出了不俗的战绩，你觉得季后赛要想

取胜靠的是什么？

吴庆龙：发挥出自己的水平，从细节上研究好对手，才有机会最终获胜。在淘汰赛，尤其是总决赛这个关键时刻，对于双方来说，最重要的就是细节两个字，无论是教练还是球员都要不断地去细化，重视细节。郭士强指导对细节抠得非常细，训练、生活、比赛，每个细节都在他的掌控中，所以才能取得最终的胜利。

笔者：辽宁队之前的几个赛季打总决赛总是差一步，你觉得差在哪里？

吴庆龙：霸气和自信心。那两年打北京和四川，我都仔细看过了，是辽宁队缺少霸气。在很多方面都能看出来，队员那时的自信心不足。没有自信，士气当然就不能太高，赢球也就很困难。

笔者：谈谈你个人吧，告别球员生涯很多年了，现在回过头去回顾自己的球员生涯，有什么感想。

吴庆龙：觉得球员那段经历挺顺的，挺满意的，一步一步打到国家队，又在国家队打到历史最好名次，挺满意的。要说遗憾，那就是下来得早了一点吧，当时应该再打个一两年，怎么说呢，没打够，后来当教练比打球累多了，所以一直在想，应该再当两年队员，享两年福的，哈哈。

笔者：对自己球员生涯最满意的地方是什么？

吴庆龙：最满意的是，无论在辽宁队还是在国家队，我们那一拨人处得特别好，成绩也特别好，那时候像个大家庭一样，很难忘，很怀念那时候的感情。当年的老朋友们一直关系没断，感情也没断。就是当教练之后要学习的地方比较多，比以前累。印象比较深的比赛，一个是 1993 年东亚运动会对韩国，一个是 1994 年世锦赛对巴西，那两场球，关键时刻自己发挥得都不错。

笔者：给辽宁队送句祝福吧。

吴庆龙：希望辽宁队越来越好，队员保持好状态，不要受伤，建立辽宁王朝。

黑暗时代：2年，1次降级，第5位主教练

2002—2003 赛季开战前，柳继增曾表示："新赛季要大量起用新人，加速辽宁队的新老交替。"联赛打响后，柳继增也确实这样做了。虽然崭露头角的新人刘相韬赛前受伤，大部分时间无法上场，但两名后卫队员张庆鹏和边强的脱颖而出……

然而，这一切来得还是太晚了，这批新人错过了成长的最佳时期。同样是二十三四岁的年龄，广东队的朱芳雨和杜锋已打到国家队，成为中流砥柱；而辽宁队这些新人还是球队的配角，在赛季后半段，辽宁队用人策略又回到了以老为主、年轻为辅的老路上。

辽宁队中的老队员没打好，总是非常谅解地说没发挥好；新人没打好，总会习惯地说水平不济。两种不同的评说使新人的成长相对滞后，这样的双重标准是遏制新人成长的致命"杀手"。

2002—2003 赛季，柳继增率队打出七胜六负的不错开局，但随即遭遇五连败，引发了原本已有的队员与主教练之间的矛盾，而外教麦克的到来更是直接导致柳继增辞职。

2002 年也是辽宁男篮里程碑式的一年，国际管理集团撤资，盼盼集团以 70% 的控股权成功收购辽宁男篮，球队改名为"辽宁盼盼"。盼盼集团董事长韩召善接手后第一把火就是聘请外籍教练，虽然"物不美、价不廉"的麦克很"短命"，但韩召善改造辽宁男篮的工作已经开始。

2003—2004 赛季前，辽宁队经历了选帅和李晓勇出走的震动，队伍

再回到 2002—2003 赛季的壮行会，郭士强、李晓勇、边强都是球队的顶梁柱，也是壮行会各种活动的主角

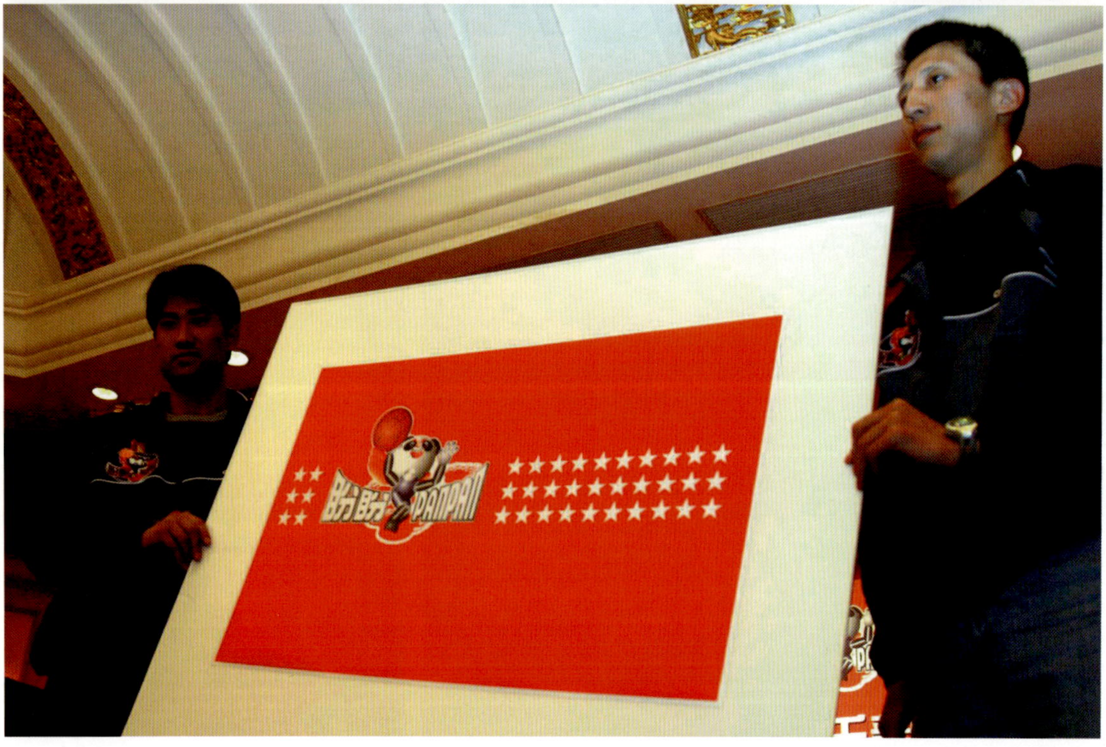
盼盼
PANPAN

BA新赛季辽宁盼盼队出征壮行仪式

adidas
adidas

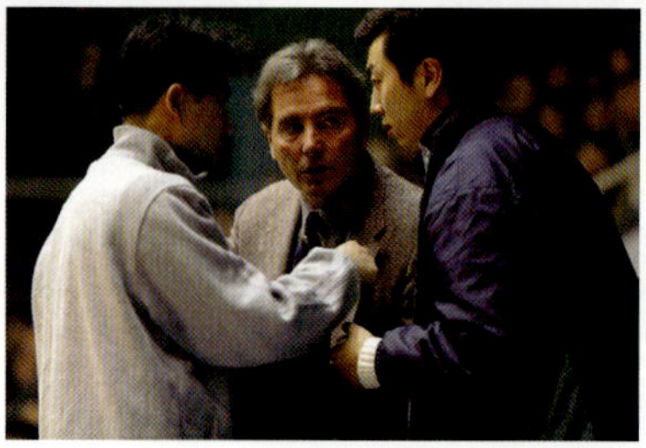

2002—2003 赛季柳继增率队打出 7 胜 6 负的开局，随后便是 5 连败，直接导致他在赛季中途辞职。之后，辽宁队连续换了 4 位主教练，小麦克、董书岁、古吉雄、塞勒斯，其中，董书岁还是通过球队历史的首次主教练竞聘会聘用的，但最终结果，一是证明辽宁篮球离崛起还很遥远，二是迎来了蒋兴权的回归

处于动荡之中。董书岁临危受命，带领球队打出极佳开局，一度让中国篮坛惊呼“辽宁崛起”。

但经验上的欠缺，以及一些深层次的原因导致史无前例的七连败，董书岁最终难逃“下课”，他的继任者古吉雄在很短的时间内也没能完成改造并挽救辽宁队的重任。

那一日，北京石景山球馆，初春。当辽宁队员掩面而泣走下球场时，很多辽沈球迷知道，辽宁男篮的一个时代结束了，蒋兴权留下的厚重、吴庆龙留下的必胜信念，那个曾经在中国篮坛写下无数荣光的金身，顷刻间彻底破碎，辽宁男篮要降级了，史无前例。

很像 1995 年当辽宁男足降入甲 B 那一刹那，看着泪流满面的姜峰和于明，所有关爱它的人在扼腕痛惜之时，想得最多的则是它“十连冠”的辉煌。同样，在辽宁男篮降级的这一刻，更多人也记得他们以往的斗志和信念。

幸运的是篮球的火爆、中国篮协的扩军大赦让辽宁男篮免受灭顶之灾。

2004 年，在请走美国外教塞勒斯后，时任辽宁省体育局局长孙永言和韩召善三顾茅庐请来“篮坛泰斗”蒋兴权，辽宁男篮又开始了新一轮的辉煌。

2003—2004 赛季辽宁队遭遇耻辱性的降级，岳鹏飞异常痛心地走出球馆

对话张庆鹏：
不管走到哪里，我都是辽宁人

笔者：作为辽宁篮球的名宿，讲讲这个赛季的总决赛。

张庆鹏：事先声明啊，我可不是名宿，千万别这么说。总决赛的比赛都看了，辽宁队打得非常好，进攻、防守、节奏，尤其是压迫式的打法，非常有侵略性。恭喜兄弟们夺冠，也恭喜郭指导完成梦想。

笔者：山东和广厦打完后，你曾预测辽宁 4 ∶ 0 夺冠，为何这么预测？

张庆鹏：实力啊。辽宁队整体实力在广厦之上，必须夺冠！不能和曾经并肩作战的兄弟们在家乡一起夺冠，注定是此生无法改变的遗憾，有一点不变的是，不管走到哪里，我都是辽宁人，有一颗热爱家乡的心。再次祝福兄弟们。

笔者：说说未来吧，你下个赛季还会打球吗？

张庆鹏：现在还没定准，但以我目前的身体状态，还不想退役，还想打一个赛季。有几支球队联系过我，希望找到一个适合自己的球队，能给球队带来帮助，也希望有个完美的结局吧。

对话边强：
从 2008 年到 2018 年，小兄弟们替我圆了总冠军梦

笔者：作为辽篮的老队长，这次夺冠，你现场见证了历史，当时什么感受？

边强：这个赛季拿到冠军是理所应当的，从郭指导组建队伍，到两次冲击总冠军失败，加上俱乐部的外援引进，有了在球队效力好几年的哈德森，现在是辽宁男篮技战术磨合的最好时候，也是出成绩的时候。对我来说，十年磨一剑，从 2008 年到 2018 年，小兄弟们替我圆了总冠军的梦。

笔者：你是十年前总决赛的主力，你觉得那年的总决赛，辽宁队差在哪？

边强：当时我们球队完成新老交替，球队的整体实力还可以，但是那

个时候外援的水平不像现在这么高。还有就是经验和心理还不行，另外和广东的实力还是有差距的。

笔者：谈谈郭士强吧，你怎么看他?

边强：郭指导的指挥是球队获胜的决定性因素。他从 2006 年正式带领辽宁队，其间还离开过两次，如今，郭指导变得更成熟，配得上国内一流名帅。过去他对我们主要是技术上的要求，我们完全贯彻郭指导“拼命三郎”的打法。如今，郭指导对球员的心理辅导，对球队帮助非常大，还有就是他的经验和多年的积累对夺冠真的非常重要。

笔者：你觉得辽宁队在职业联赛的辉煌能持续多久?

边强：这批队员，人员构成非常合理，气势很足，要我说啊，能一直辉煌下去，哈哈。前提也是保证人员不要有变化，还有就是要保持健康，只要不受伤病困扰，谁也不是我们辽宁队的对手。

对话刘相韬：
我郭哥还说啥了，太厉害了！

笔者：大韬，辽宁队的比赛都看了吧？如何评价你的队友？

刘相韬：都看了，打得太好了，为兄弟们高兴！我现在是辅佐岳鹏飞指导带辽宁青年男篮，我们要求小队员都要看辽宁队的比赛，包括复赛打北京、广东，总决赛打广厦。通过看比赛，让小队员学习学习，看看一线队的大哥们如何打球。

笔者：作为辽宁男篮史上的神投手，你如何看如今球队的外线？

刘相韬：辽宁队在沈阳的训练，我去看过，外线的训练非常有针对性，会制定不同的战术给刘志轩、贺天举、丛明晨创造机会。现在辽宁队的外线，几个锋线队员，身高比我们当年要高，而且速度更快，打得也非常坚决。

另外郭艾伦、赵继伟两个后卫的投篮也非常准，这对球队帮助很大。

笔者：你觉得辽宁队为何能成功？

刘相韬：我以前也说过，辽宁队是经历过千难万苦才走到今天的，不容易。就像本赛季常规赛，状态很一般，也输过几场球，但输球也不一定是坏事。因为之前我们太顺了，大家心气都很足，就会看不到自己的缺点。输了球，就会看到自己的不足了，能更好地改进，更好地调整，所以才会越打越好。

笔者：说说郭士强吧，你怎么看他？

刘相韬：我郭哥还说啥了，太厉害了！佩服得五体投地！是我们年轻教练的楷模。只要辽宁队不小视对手，任何时候都有拼劲，在郭指导的带领下，一定会建立属于我们的辽宁王朝。

蒋兴权的临危受命及蒋兴权小传

2004年9月28日，辽宁队大院的训练馆的墙壁上，还贴着外教塞勒斯的剪报和评语，但塞勒斯已经不在这里了。在训练场边观看训练的，是辽宁篮球乃至中国篮球的泰斗级人物——当时已经64岁的蒋兴权。当老蒋重新站在辽宁省体育运动技术学院的篮球场内时，辽宁男篮的队员们刚开始还有些不相信自己的眼睛，毕竟这位已经是传说中的神奇教练成了自己的教练。

这是蒋兴权第二次执掌辽宁队，同时也是辽宁男篮走出低谷，重回正轨的标志性事件。

蒋兴权作为辽宁篮球、中国篮球的教父级人物，我们非常有必要仔细地回顾一下老蒋作为球员和教练近六十载的篮球生涯。

蒋兴权作为中国篮坛的泰山北斗，很多人爱戴他、尊敬他，是因为他作为教练员，身上的光环实在够夺目——三进国家队，“抗韩”英雄，笑傲亚洲，打进世界八强，培养1994黄金一代，统领天津、新疆、辽宁、浙江、佛山等CBA球队，徒子徒孙遍布CBA，一生献给中国篮球。

不过，很多人却不知道球员时代的蒋兴权是如何骁勇善战。而当我们重新翻开蒋兴权的履历时，看到的却是一份辉煌的记录。他当年效力辽宁男篮的队友们甚至说：“他的好不是一般的好，我现在仍然觉得他是最好的球员、最好的教练！”

那我们就打开蒋兴权尘封许久的青年记录——1959—1970年，11年的一线球员生涯，通过当年一起征战的辽宁男篮队友，找寻球员时代的蒋兴权。

蒋兴权1940年出生在辽宁兴城，身高1.88米。不过，虽然身为辽西人，但他进入体工队

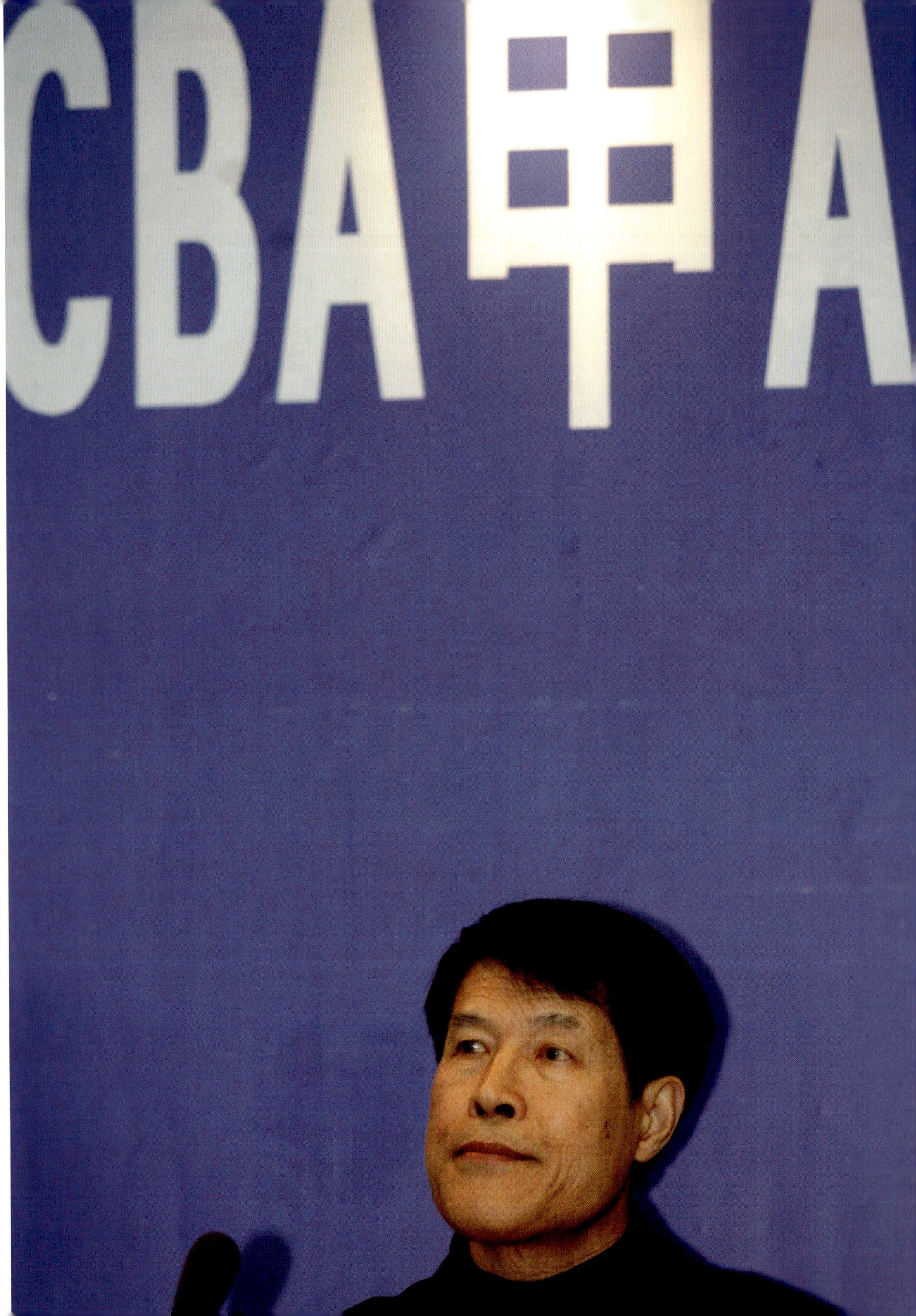
CBA甲A

辽宁队的刻苦训练是有名的，在蒋兴权回归后，更将刻苦训练发挥到了极致，在篮球圈子留下了许多传说。与此同时，他培养年轻人的能力也成了传说

却是在辽东城市抚顺：1959 年，19 岁的蒋兴权从抚顺篮球队正式进入辽宁一线队，正式开始篮球之路。

我曾在 2005 年与蒋兴权有过一次敞开心扉的交谈，中间也涉及他的出生地，以及后来当球员的故事，但他谈得很少。我们最后的话题落在了 2005 年大年初六，他吃下“66 个饺子”的生日故事。

蒋兴权更愿意同老战友们提及当年事。“1960 年版”的那支辽宁男篮是一代强队，有蒋兴权，还有继承“北派风格”的孙印川、魏茂坤、冯秉顺、唐兆真、孙宝盛、张秉宽等好手。屈指算来，现在还活跃在中国篮坛的只有蒋兴权一人，其他的“爷爷级”球员几乎都在家享福。

蒋兴权和队长孙印川是辽宁队当年的“两把快刀手”，孙印川的爱人宋阿姨（原辽宁女篮队长，后为空军女篮主教练）在说到那届辽宁队时张口就说“蒋孙组合”。

“当时的辽宁队中锋是冯秉顺，我们家老孙和蒋兴权打双前锋，他俩速度都很快，反击时一右一左，配合起来很顺手。他俩一场拿下五六十分是家常便饭，辽宁队的成绩在全国也一直名列前三。”蒋兴权是左撇子，进攻时很难被防守，再加上出众的身体素质，在当时队中有“金左手”的美名。

刻苦，甚至是枯燥的训练，带给蒋兴权和那支辽宁男篮丰收的成果，从 1960 年到 1970 年，辽宁男篮在中国篮坛翻云覆雨。

其间，每年国家体委都会派发“运动健将”的指标，辽宁男篮当时的指标是 6 个，包括蒋兴权在内的几大主力年年获得这一殊荣——在名额那么少的情况下，辽宁男篮一下得到 6 个，其实力可见一斑。

1963 年，作为辽宁男篮的主力前锋，23 岁的蒋兴权进入国家二队，这也是他以球员身份第一次身披国字号战袍。良好的球技，再加上性格忠厚，蒋兴权深得教练员的青睐。之后，随国家队南征北战，这名“金左手”越打成色越足。不过，值得一提是，蒋兴权的球员时代，正值“文革”

前后，体育在一定程度上已经靠边站，因此他并未留下多少辉煌的成绩。

1970 年，蒋兴权退役，骁勇的球员时代停止，而带给他一生荣誉的教练员工作也随之开始。

“内行领导内行”让他在 30 岁退役时水到渠成地成为辽宁男篮的助理教练。

蒋兴权至今说起篮球队“主心骨”这个行当总是感慨颇多。刚执教时他就想,不会做教练很长时间,可这些年他也就这么打过来了。无论是在国家队还是在地方队，多年以来，苦也好，累也罢，既然选择了，就要好好干，而且凭借努力，他真的一次次带给人们惊喜，给球队带来巨大成功。

“我 30 岁当教练，36 岁当辽宁队主教练，不管在地方队还是国家队，也不管是获得成功还是遇到挫折，回想起来，我对自己最满意的有两点：一是服从组织安排，二是兢兢业业。”蒋兴权感慨地说。

的确，如今蒋兴权把“教练”两字看得很透。要问他带国家队和地方队的区别，肯定是前者对他的影响更大些。不过能让他攒足底气

一次次带领国字号创造历史的，显然是他当初在老辽宁队的那些岁月。

蒋兴权从 1976 年成为辽宁队主教练，到 1990 年带领“辽宁二代”崛起，不间断的 14 年地方队主帅生涯，为他后面带国家队和 CBA 球队积攒了足够的资本和经验。

30 岁的蒋兴权“升官”到辽宁男篮当助理教练，辽宁省体育运动委员会以及大院的人都说“终于找到了好的接班人”，这样的评论理由很简单：第一，中国篮球有一条定律——只有好球员才能成为好教练；第二，当球员时蒋兴权对场上情况的洞察力就很好，甚至如同一名教练——具备先天条件的蒋兴权迅速进入角色。

不过，由于年轻，他的工作更多是一些“零活”——协助主教练带队员，做做力量训练，记录训练和比赛内容。细致、勤快、善于观察的性格，使蒋兴权在工作初期深得赏识，也是从那时起，他养成了习惯：只要对其有帮助的篮球素材，他都会记下来，现在屡屡强调的基本功，也是在那时刻意留心的。

在一线队“跟班”以及带辽宁青年队 6 年后，还未缓过神的蒋兴权接过了辽宁队的教鞭。虽然在此后的很多年间，蒋兴权当过很多次“救火教练”，但回想起 1976 年，他还是认为那一次最紧张，也最为看重。

创业阶段本就是艰难的，蒋兴权也不例外，现在被人们广泛谈论的“三从一大”在那时就已经启动。“只有在平时训练中流血流汗，那么比赛中才会不流泪。”这是蒋兴权在当时训练中最爱对弟子说的话，不过当时的辽宁男篮青黄不接，蒋兴权纵然用强过其他球队好几倍的“魔鬼训练”，最后的结果也是徒劳。

6 年磨炼，在一帮老兵还能战斗的情况下，初露铁腕风范的蒋兴权开始大胆提拔新人。1983 年是蒋兴权从一名年轻稚嫩教练向一位优秀主帅转型的关键年头。最后的结果是，蒋兴权成功了。蒋兴权继续使用“三从一大”，而且用得更凶、更狠，练得更细。

日渐成熟的沙国利成为球队大梁，李春江、张学雷、李戈、吴庆龙，以及后来的王治单、吴乃群、李晓勇，辽宁男篮历史上最强的阵容冒了出来。

这支队伍几乎占据了国家男篮的半壁江山，最可贵也最令他人眼馋的是，那些没有进入国家队的队员同样非常优秀，与队中的国手相比实力上也并无多大差距。这也是“冒险”一搏的蒋兴

权对国家队的第一次贡献。

后来，他一谈到那届辽宁队就总和现在的职业队比较。“当时那支队伍在国内确实应该是最好的，每个位置上的人水平都差不多，因此大伙劲头也足，打球也都有个目标，并且队员思想也比较单纯。抓好基本功，搞好训练，成绩自然不会差。”

在辽宁男篮史上最强阵容出炉后，八一和辽宁这两位“中国篮坛”的巨人就开始了几近白刃般的格斗。他们之间的“血腥”厮杀从某种意义上说，是中国篮球前进的“助推剂”。职业化前，辽宁男篮是中国篮坛当之无愧的“一号人物”，夺冠如探囊取物。

蒋兴权带队在 1988 年和 1989 年蝉联全国联赛冠军，1990 年卸任辽宁男篮主教练，第一次掌管国家男篮。继任者刘明洋带领球队在 1991 年和 1992 再度蝉联全国联赛冠军。

作为教练，把蒋兴权推上事业顶峰的是 1994 年的加拿大男篮世锦赛，当时，中国男篮历史性地杀进世界八强，写下了中国篮球记忆中最为浓重的一笔。之后的历次世界前八，与这一次相比，都稍逊一筹。为了这个世界第八，蒋兴权足足准备了 9 年。

蒋兴权向来不打无准备之仗：1985—1990 年，蒋兴权多次出任国家青年队主教练，其帐下队员包括胡卫东、郑武、巩晓彬、孙军、吴庆龙、单涛等人。吴庆龙后来回忆，蒋指导当时带国家青年队时比带辽宁队练得还狠，我们经常是汗水流到球鞋里。不过，他们都咬牙挺住了。

最后，这些苦和累没白吃，蒋兴权首次带这支青年军比赛，就获得日本国际邀请赛冠军，同年获得亚青赛冠军。于是，1990 年，羽翼丰满的蒋兴权出任了中国男篮主帅。上任后，他雷厉风行地进行了大换血，同年，亚运会后的国家队逐步成为后来“1994 黄金一代”的核心。

出征 1992 年巴塞罗那奥运会的阵容中，只保留了张勇军、孙凤武、宋立刚三名老队员。不过，由于蒋兴权和年轻队员都相对缺乏国际大赛经验，这届奥运会，中国男篮在 12 支参赛队中名列最后一名。但惨败后的蒋兴权却心里有数，他说：中国男篮与欧美强队交手的机会太少，要治好“恐欧美症”确实很难，但我们会抓住一切与强队交锋的机会，锻炼队伍，了解对手，这次就当是交了一笔学费。

之后的学费更加“昂贵”，蒋兴权带领球队多次参加国际邀请赛，胜少负多。在加拿大世锦赛前一个月还参加了在莫斯科举行的四国赛，结果输得一塌糊涂。但过了 20 余天后，他们就连克强敌，战胜西班牙、巴西，首次打入世界前八。对此，蒋兴权说：“练好了，又熟悉了对手情况，比赛自然就赢了。”

2003 年哈尔滨亚锦赛夺冠，当第三次把弟子们送进奥运村后，蒋兴权的主要精力转到了带各地方队——带领天津打进全运会决赛圈，带领新疆三次杀入 CBA 总决赛。

也正是有这样的显赫经历，辽宁省体育局和辽宁男篮俱乐部对他非常动心。尤其在球队陷入低谷时，于是就有了我们前面所说的，多方合力力邀蒋兴权回归辽宁队。

……………………………………

其实，自 1990 年出任国家队主帅而告别辽宁男篮，蒋兴权无论是在国家队，还是在辽宁省体育运动技术学院院长和辽宁省体委副主任的位置上，都时刻关心着家乡球队，而在阔别辽宁男篮 13 年后重新回归，的确有些叶落归根的感受。

说起那次选择回归，蒋兴权说得最多的还是乡情：“说句实话，我能再次回到辽宁男篮，主要还是看重这份乡情。毕竟家在这里，辽宁是我的家乡。说实在的，当时这些队员我已经不熟悉了，不过想想这里的情况，的确需要帮一下，而且辽宁的球迷一直都很好，因为这些，我才回到了辽宁。”看来，是一份家乡的牵挂，让老帅选择了回归。

老蒋带队最强调基本功和训练，另外就是非常善于使用年轻队员，而他上任后果然大量提拔

蒋兴权是在 2004 年 9 月 28 日正式回归的，当季结束，辽宁队不仅兵强马壮，而且夺得了 2004—2005 赛季的北方赛区冠军

新人，杨鸣就是最明显的例子，在 2004 年，19 岁的杨鸣就被蒋兴权提上一队。像杨鸣、卢伟、王大勇、边强等小将，在老蒋回归的那个夏天，终于领会到传说中的“三从一大”后，都在摩拳擦掌，准备大干一番。

2004—2005 赛季开始后，蒋兴权带队的新辽军终于亮相了，就在各个对手还以为这是一个刚刚因为扩军才得以留在 CBA 的弱队时，几场比赛下来，对手们才知道想错了。

CBA 联赛出现了一支不一样的辽宁队。当蒋兴权笔直地站在赛场上时，人们看到了那支霸气回归的辽宁队。我非常清楚地记得，一次在客队赛前训练，辽宁男篮遭遇不公平待遇，老帅据理力争，对方终于屈服。老蒋对助理教练崔万军及当时的队长郭士强等人说，一定要有霸气，谁都不能怕，不管啥时候，都要有这股劲儿。

在蒋兴权的指挥下，辽宁男篮势如破竹，连打胜仗，很快在积分榜上冲上了北区第一的位置。其中的经典战例是成功在鲅鱼圈主场终结了江苏

队的20连胜，老蒋用“三大后卫”郭士强、杨鸣、张庆鹏轮番盯防江苏南钢龙的核心胡雪峰，冻结了对手的攻防。

当晚，我发回报社的稿件是《看，老蒋两招抽龙筋》，第二天，蒋兴权看到报纸笑着说：只要准备好了，尤其是训练搞好，辽宁队能战胜任何对手。

最后，无论是在常规赛积分榜上还是在最后的排名赛上，辽宁男篮都拿到了北区冠军的奖杯。

随着“北老大”的称号冠在了辽宁男篮的头上，蒋兴权“神奇教练”的称号再次叫响。

可惜的是，在进入季后赛后，辽宁男篮本做好了战胜对手、冲击决赛的准备，但还是在四分之一决赛中遗憾地与胜利失之交臂。

2005年3月27日，辽宁队主场不敌云南红河，惨遭淘汰，错失前四。但能在短短的一个赛季，将一个降级的队伍带到了联赛的第五，已经算是一个奇迹了。

……………………………………

“冒险，的确是冒险。”这是蒋兴权当年对于他带领辽宁男篮出征第十届运动会时说的话。带着一帮娃娃兵，老蒋带队在第十届运动会上取得的成绩，成了他再次回归辽宁队的另一段辉煌成就。

“刚开始我真的没想带第十届运动会的队伍，毕竟难度太大了，我也不太想冒这个险，后来体育局领导一直在做工作。后来我想，如果我不带，可能要别的年轻教练来带，他们的压力更大，想想还是要为辽宁做点事情，最后我才答应了带。”蒋兴权事后这样解释他带第十届运动会的缘由。

当时辽宁队所在的小组被称为死亡之组，拥有北京队、吉林队，还有以河北队名义参赛的神秘之师奥神队和四川队。而因为年龄的限制，辽宁队都是一些年轻队员，但经过蒋兴权的调教，又是神奇地闯进了决赛圈。

最后在决赛阶段，又在众多强手中获得了第四名的成绩。虽然没有得到奖牌，但带着一帮娃娃兵能取得这样的成绩，恐怕也只有蒋兴权一个人了。像大放异彩创造成年队生涯最高27分的“菜鸟”卢伟、15岁的“篮板魔兽”李晓旭、新一代神投手边强、突投能力和大局观皆佳的杨鸣等小将，

还有刘相韬、谷立业、张庆鹏，通过那届全运会彻底打出来了。

重新执掌辽宁队后，在蒋兴权的心中最重要的、最宏伟的计划，就是要实现辽宁男篮的重新崛起。老帅仿佛又回到了当初刚刚当上辽宁男篮主帅的时候，他把目光更多地投到了年轻队员身上，而他重振辽宁队的计划，也将时间表定在了三到五年时间。

说做就做，2005—2006 赛季，辽宁男篮的队伍中出现了太多的年轻面孔，看着这些非常有潜力的队员，蒋兴权似乎看到了一个新的男篮“辽宁时代”的到来。

可惜，因为外援水平等原因，2005 年 12 月 16 日，辽宁男篮在主场鲅鱼圈不敌上海队，遭遇了该赛季首次四连败。赛后蒋兴权提出辞职，助理教练崔万军和郭士强同时提出辞职申请。随后辽宁省体育局紧急斡旋，辽宁女篮领队李戈火线增援，成为辽宁队临时主教练，辽宁队挺过了最艰难的一个赛季。

“我唯一惦记的还是这些孩子，他们已经得到了锻炼，但队伍还没有成熟，还有很多路要走啊，我的确不放心。”当年辞职后，当自己在家里看辽宁队比赛转播时，蒋兴权的心中仍旧是深深的牵挂。

这份牵挂并没随着他后来多年执教浙江、新疆、佛山等 CBA 球队而减轻，甚至越来越浓。当赛季蒋兴权是作为浙江男篮的顾问辅佐新帅刘维伟，出现在 CBA 赛场上。

虽然浙江男篮在最后一刻未杀入季后赛，但老蒋和刘维伟师徒二人已经让人们看到了浙江篮球的复兴，尤其他们本赛季扮演了强队杀手角色，在主场曾击败过辽宁队。

2005 年 12 月 16 日蒋兴权突然下课，辽宁队一时士气低落，体育馆内撤掉了蒋兴权的照片，视其为自己恩师的杨鸣一度痛哭流涕。之后李戈接任，这中间，大家为走出阴霾还特意外出旅游

我的球队 我的比赛 我的CBA
B区
B区

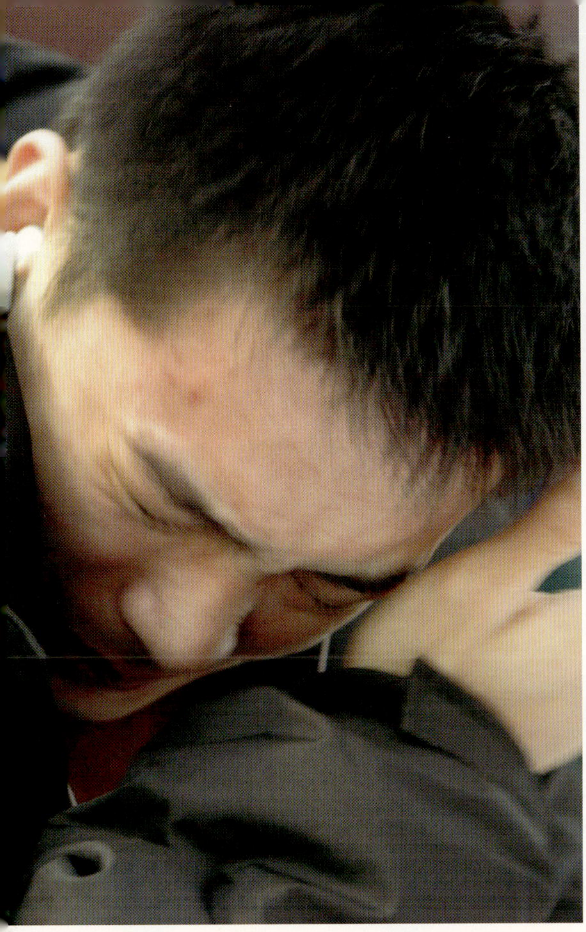
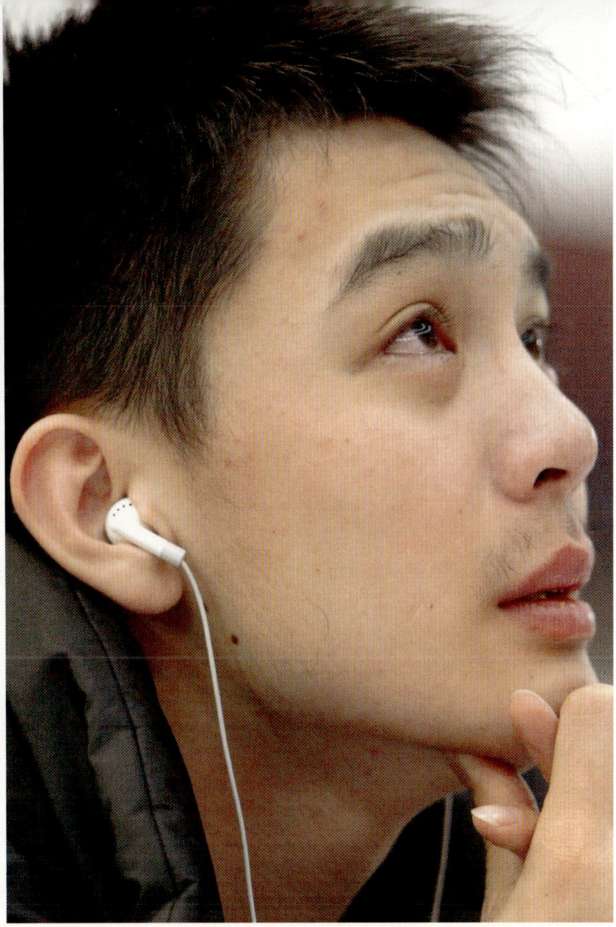

回頭是岸

我再次见到蒋指导，是在 4 月 20 日，辽宁体育馆，辽宁与广厦的总决赛第三场。

一头银发的蒋兴权，无论是与球迷挥手，还是与记者交谈，他的脸上始终挂着笑容。老爷子透露，辽宁男篮本赛季复赛的每一场比赛，他都会守候在电视机前观看。

看到曾经的恩师，辽宁男篮的将士们纷纷过来与蒋兴权打招呼。说起这批辽宁球员，他的语气里也充满了长者的关爱："相比自己带队时的那支辽宁队，现在球队的各个位置都比较整齐，包括外援在内，全队的实力比过去有很大的提升，赵继伟、刘志轩等人进步非常快。杨鸣的出场时间越来越少，但是他的作用也非常大，他经常给队友们鼓劲，表现非常好。"

4 月 22 日，总决赛第四场，能够在家门口看着自己的弟子高高举起总冠军奖杯，坐在场内座椅上的蒋兴权激动不已。

"小伙子们确实非常努力，小郭指导（郭士强）也是尽全力去指挥球队，球队能够夺冠，小郭指导功不可没。艾伦（郭艾伦）这个孩子是我看着长大的，这些年来他的进步也不小，在慢慢地成长为咱们辽宁队的领袖。希望辽宁男篮能够不骄不躁，踏踏实实地训练，争取再拿个总冠军。"

当我问他是否会再次执教辽宁队时，老爷子露出了慈祥的笑容。"当教练肯定不行了，现在当顾问。"蒋兴权坦言，"当主教练非常辛苦，而且压力也大，我现在年龄也大了。"

"相信辽宁夺得总冠军，是所有辽宁人共同的心愿。职业化以来，作为传统强队，辽宁男篮第一次拿冠军，今后这些运动员们在心理上以及战术水平方面会提高得更快。而且，辽宁男篮夺冠后，打球的孩子会越来越多，多好的事啊！"

蒋兴权依然是他的一贯作风：未雨绸缪，着眼未来。

但此时，他还是先享受辽宁男篮夺冠的美妙时刻吧，而作为辽宁男篮的缔造者，冠军功劳簿上必须刻下"蒋兴权"的名字。

TIANSHAN

对话蒋兴权：没收手机、拔闭路线、熄灯后搬板凳坐着守门……根本没有的事

笔者：蒋指导，您现在休假还是带队？

蒋兴权：现在和浙江队在封闭集训，在我的老家——辽宁兴城，集训有一段时间了，体能、技战术等等，队员练得不错。

笔者：您在带浙江、新疆、佛山等球队，包括现在又回到浙江，为何很多次夏训都选择回东北？

蒋兴权：东北天不错，很舒服，所以很多次集训都选择在东北。这是我个人的建议，俱乐部也同意了，这次带浙江回来的集训，相信和以往一样，在新赛季的联赛中都能得到体现，到时候看比赛吧。

笔者：是什么原因让您决定重新出山，加盟浙江呢？

蒋兴权：之前我对外讲过，不想再在一线工作，毕竟年龄比较大了，都 78 岁了，想休息休息。这两年也有球队陆续找过我，但我都谢绝了，去年开赛前大伟（浙江男篮主帅刘维伟）突然来沈阳找我，跟我说出山这事。浙江队从高层到俱乐部我都比较熟，大伟又是我原来的队员，很年轻，也很有魄力，这一点从他以前打球的时候就能看出来。他在各方面都比较认真，适合做教练，更重要的是能团结人。我想帮一帮，目前的身体状况，来协助他还是可以的，出于这个原因，就答应下来了。

笔者：再次回到一线工作，是压力大一点，还是兴奋多一点？

蒋兴权：教练这个行业，它本身就是一个压力比较大的工作，可以算是“高危”行业。我退下来不当主教练了，这次来做顾问，但是不管做啥，没有压力，我觉得有点说不过去。因为你想把一件事做好就会有压力，所以我会全力协助教练组把工作做好，但不会代替教练组。

笔者：大家都知道您铁腕治军，网上还流传着蒋氏军规，球员见着您都怕，是真的吗？

蒋兴权：这几年我也有时候看到网上说：蒋指导啊，那时候太严啦！没收手机、拔闭路线、熄灯后搬板凳坐着守门……其实根本没有这个，当时我腰也不好，一直坐门口守着是不可能的事。管理得严，要让队员清楚，这是对他们好。当然，他们晚上想干点啥是不方便，年轻人想出去吃点喝点，想放松一下也难免，但是运动员想取得成绩的话，和社会上的年轻人可不能一样。咱们讲人性化嘛，首先也要关心他将来的成长为前提，但不要卡得太死，通过惩罚的方式不妥当，也要讲究亲和力。

笔者：您作为顾问，在平时的相处中，希望和队员形成怎样的一种关系？

蒋兴权：希望队员和我多沟通，互相了解。我当教练的时候，他们是怕我，有时候脸绷着，恨铁不成钢导致脾气确实火爆了点，批评得太严厉。现在年龄大了后，我逐渐逐渐在变，也有以前国家队的队员来跟我说，蒋指导你怎么变了。我现在的身份，和队员相处能缓和一些，更便于做队员工作。教与学是对矛盾，教练和队员有些矛盾解决不了，比如说训练要求严格啊，上场时间多少啊，肯定会出现矛盾，这个时候就需要我做些工作。和队员沟通是长期的工作，教练的成绩都在队员身上，功夫要下在球员身上。

笔者：刚刚过去的这个赛季，浙江队表现不错，但没打进复赛，有点遗憾。

蒋兴权：也不算遗憾，浙江队本身是弱队，出成绩还得磨炼几年。但我觉得球队的路子是对的，狠抠基本功。现在年轻球员条件普遍比较好，缺的就是基本功。其实，基本功训练也好，战术训练也罢，必须严格细抠，马马虎虎是不行的，从每个细节抓起。天长日久，坚持一段，可能队伍就会有变化。静下心来好好练，新队员冒尖还是比较快的。我当年来浙江的时候，选了三个新人，张大宇、丁锦辉和唐海，他们很快打出了名堂。现在浙江的新人，在全国还没出名，但是真要下功夫，他们也肯努力，将来会成为大家关注的焦点。

笔者：说说辽宁队吧，CBA 总决赛第四场在沈阳，您现场看球了，谈谈吧。

蒋兴权：我当时和所有关注辽宁男篮球迷的心情是一样的，非常高兴。这一批队员对辽宁篮球事业发展做出了贡献，像杨鸣现在的出场时间越来越少，但是他作为核心力量的作用仍然非常大，我也经常观察他的表现，他经常给队友们鼓劲，表现非常好。另外，我们可以看到，各个位置的球员都比较整齐，包括外援在内，全队的实力比过去有很大的提升，而且，像赵继伟、刘志轩等人进步非常快。郭士强指导的训练、备战、临场调度指挥非常有水平，恭喜他！相信辽宁夺得总冠军，是所有辽宁人共同的心愿。职业联赛以来，作为传统强队，辽宁男篮第一次拿冠军，今后这些运动员们在心理上以及技战术水平方面会提高得更快，而且，打篮球的孩子也会越来越多。

第六章 6
CHAPTER

致传奇

那些年，辽宁男篮连续三年进入 CBA 总决赛。非常遗憾的是，他们这个时候偏偏遇上了当时的绝对霸主八一队，连续三次收获亚军。

三连亚的宿命及李戈小传

中国篮球联赛职业化初期，“三连亚”的辽宁队是东北大地很多“70后”“80后”的“篮球初恋”。

我喜欢辽宁男篮是从高中开始的。1994 年至 1997 年，我就读于沈阳市第 120 中学（辽宁大学附属中学）。120 中学是篮球传统学校，当时流传着一句话：只要在 120 中学学习过的男生，都能到篮球上“比划”几下。意思就是从这所学校毕业的男生几乎都会打篮球，而且还培养特长生，有些校友后来进入大学后还打了 CUBA。

那时的我们，对篮球喜爱到什么程度？沈阳一场鹅毛大雪过后，每个班的男生几乎全体出动，拿着笤帚，快速清扫出一块篮球半场。因为学校内只有五块场地，谁先扫完，场地就是谁的地盘。

零下 20 多度，冻得手都红了，但我们依然会在午休的时候，快速吃完饭，冲出教室，畅快地打一场篮球。

那时的我们，会买来《灌篮高手》小本子相互传阅，看流川枫、樱木花道的湘北篮球队故事。也会关注大洋彼岸的 NBA，首选乔丹、皮蓬、罗德曼领衔的芝加哥公牛队。看他们的“三角进攻”，如何在总决赛上与犹他爵士的“黑白双煞”卡尔 · 马龙和斯托克顿上演激烈碰撞。

而对在家门口沈阳火车头体育馆比赛的辽宁男篮，由于家里人偶尔能带着我们去现场看比赛，近距离观看吴庆龙、李晓勇、吴乃群、詹姆斯、李德、接君、王守强、郑永刚、郭士强、岳鹏飞等明星，如何骁勇善战，所向披靡。作为沈阳人，我们打心眼里喜欢和崇拜辽宁队。

那些年，辽宁男篮连续三年进入 CBA 总决赛。非常遗憾的是，他们这个时候偏偏遇上了当时的绝对霸主八一队，连续三次收获亚军。

在郭士强正式出任辽篮主教练后，原主教练、也是辽篮职业化以来首任主教练的辽宁篮坛功勋教练李戈出任领队兼助理教练，全力辅佐年轻人

这一时期，中国篮球顶级赛场上的辽宁和八一，一时瑜亮。尽管每次辽宁男篮都没能拿到总冠军，但是很多70后、80后的辽宁球迷的热爱和支持从此萌生，不断生长。辽宁男篮也在全国范围内圈粉无数，确立了强队地位。

职业化元年，1995年，CBA联赛共有12支队伍。当时还没有禁烟令，联赛早年叫过“555全国篮球联赛”，后来也叫过“希尔顿全国篮球联赛”。那时的联赛第一次有了赞助商、冠名商的概念，洋烟当冠名，也算是时代的产物。

我记得那时的辽宁男篮全称是“辽宁猎人沈飞客车篮球队”。为啥不叫东北虎呢？是因为“东北虎”被吉林队抢先注册了。“慢半拍”的辽宁队当时非常不爽，辽宁男篮俱乐部和辽宁省体育局双方一致认为要镇得住吉林队，把面子找回来，必须得起个与众不同的名字。后来经过商议，最后定下来叫猎人队，沈飞客车是当时企业的冠名。

当年，其他球队的命名也很有特点：八一火箭、上海东方大鲨鱼、北京首钢鸭、沈部雄狮、吉林东北虎、广东华南虎、浙江松鼠、山东火牛、江苏南钢龙、济军天马、前卫猎豹等，几乎所有CBA球队都拿动物当队名和吉祥物，正所谓“龙虎狮豹，野兽遍地”。

说来挺有意思，辽宁和八一争霸的年代，他们是仅有的两支不用动物作为名字的球队。辽宁男篮叫“猎人”，球队标识是一位猎人拿着一杆黑洞洞的猎枪，枪口俯视群雄。

在辽宁男篮“三连亚”期间，辽宁当地媒体，比如《辽沈晚报》《沈阳晚报》《辽宁日报》等报纸的体育版上，经常能看到类似“猎人射杀华南虎”“猎人枪杀首钢鸭”的标题，那叫一个牛气。

而八一男篮叫“八一火箭”，是整个联赛里最强大的热武器。当时很多人笑谈，就从装备来看，猎枪总打不过火箭也是正常现象。

adidas

老辽宁队的全家福

辽宁男篮职业化元年的主帅是李戈，后来我与他聊天，问过为什么那时辽宁打不过八一队。老李解释，职业化的前些年，辽宁根本就不怵八一队，甚至一直压制对手。只是在几次全运会决赛中，发挥失常，屡犯错误，痛失好局，要不辽宁队“全运冠军魔咒”早在 1993 年北京全运会就能破解了。

李戈当年还是球员，他是“1993 豪华版”辽宁队的两大超级射手之一，另外一个是李春江。李戈说他能吃篮球这碗饭，颇为传奇，和许多子承父业才进入体育圈的运动员不同，1960 年生的抚顺人李戈最初打篮球只是因为兴趣。

知识分子家庭出身，父母都是大学里的老师，母亲讲授化学，父亲讲授物理。除了让孩子一心向学，李戈的父母亲还会带着孩子打打篮球，而李戈也渐渐喜爱上了篮球这项运动。“那个时候，在我们那儿，篮球才是第一大运动。学校、厂子、机关单位都有篮球队，真叫全民运动。一有个篮球比赛，观众特别多，那才叫人山人海。”

一开始只是父母带着打打球，而少年时期的李戈便决心想要成为一名专业的篮球运动员。虽然父母还是更希望儿子能继续学业，但最终还是尊重了

李戈自己的决定。他就这样被送到了抚顺市体校，那是在 1975 年。

上了两年体校，李戈就以篮球专长被当时的沈阳军区选走当上了工程兵。当时抚顺体校篮球队在本溪参加比赛，八一体工队、当时的济南军区也都派人去选材，当时表现突出的李戈才刚一打完比赛，汗都没来得及擦，便被当时的沈阳军区派的一辆吉普车给接走了。“看我打得好呗，怕其他队伍也跟我联系，就当晚给我拉到部队了。当时到了队里，都已经是后半夜了。”

“当时可以继续留在部队，我那会儿的很多队友，现在都已经是师级的干部了。但当时留在部队就意味着不能再打篮球了；同时，我父母则是想正好借着这个转机让我回家复习一年，然后重新参加高考。可我就是想打篮球。这个决定可能在现在人眼里看未必是正确的，但当时的我非常地坚决。”

面对人生的三岔口，李戈终究还是选择了篮球这条路走了下来。1978 年 8 月，李戈摘下军衔，还穿着军装的他就自己找到了大院（辽宁省体育运动技术学院），那也是李戈第一回进大院。

“就合计我得找个能继续打球的地方。我就到处打听，找到了大院，想找到辽宁男篮的青年队去试试。我一进大院，一眼就看着篮球场，有人在打篮球。我就过去，一问是辽宁青年队，我就说让教练看看我行不。”

当年执教辽宁青年队的是名帅张秉宽。张指导听李戈讲明来意，看了看穿着一身军装的李戈，点了点头，指着场地，说了句：那你就试试吧。也赶巧，当天辽宁青年队正在与地方一支工人篮球队打比赛，张秉宽给了李戈半场球的时间。没带比赛服，李戈就穿着军装打完了这半场球，而这半场球过后，张秉宽留下了李戈。

到了 1979 年底，辽宁男篮一线队人员调整，李戈升上了由蒋兴权所执教的辽宁男篮一队。在蒋兴权的严格执教下，李戈和那拨新上来的队员进步神速。在 1982 年，辽宁男篮便在全国锦标赛上取得亚军；再经过 1983 沉寂的一年，1984 年在全国甲级联赛中再次得到亚军；1985 年全国锦标赛便拿下了第一名……而再往后的十年间，辽宁男篮已然是全国顶尖球队，辽宁男篮的辉煌时代也正式开启。

………………………………

之后那些年，辽宁男篮的王者地位在全国都是无可撼动的。当然，蒋兴权的严格执教也同样是无可撼动的。在老蒋的严格训练下，辽宁男篮人才辈出，李春江、沙国利、张学雷、吴庆龙，还有

李戈回忆起他们那个年代扑克几乎是唯一的娱乐活动，至今还津津乐道

当时还是小队员的李晓勇、吴乃群。

“我们那时候真没有什么娱乐，也没有现在这些卡拉 OK、电脑上网什么的，大伙在一起就好打个扑克，蒋导还给我封了个‘扑协主席’。有一回要出国打比赛，球队就住在北京体育总局的地下室。我跟李春江，还有两个队友一屋，大伙儿合计睡觉前打会儿。正打着，蒋爷就来查房，大家赶紧就都躺下了，人是都躺下，扑克怎么办？”李戈乐着回忆当时的情况。

“有个队友就直接把扑克搂到床上，他再一躺下就正好都给盖上了。这会儿，我就去给蒋导开门，大家还以为能顺利混过去，没想蒋导都已经在门外面听半天了。蒋导让我们都起来，热天，大家都是光膀子睡的，我们那队友一起来，一后背都是扑克牌，夏天出汗都给黏后背上了。给大家伙儿逗得不行，蒋爷也跟着乐。”

辽宁男篮从巅峰下滑到“千年老二”是在 1993 年 9 月，北京第七届全运会。决赛阶段，辽宁男篮顺利挺进了决赛，对手是集三军优势的解放军队。

此前，辽宁男篮在蒋兴权 (1976—1990 年) 和刘明洋 (1990—1993 年) 带领下于 1988—1992 年间蝉联了全国联赛冠军，而当时的部队球队亦有相

当的规模，除了八一队外，沈部、南部、济部、北部等都是国内篮坛劲旅，“战神”刘玉栋就是在那一年开始，从南京部队进入八一队的。

士气正旺的辽宁队决赛时，输了。赛后，所有的教练和队员都回到了休息室，只有已成为国家队主教练的蒋兴权独自坐在辽宁队的座席上发呆……北京，老帅刘明洋复制了他在 6 年前广东六运会上的噩梦。

李戈是在 1993 年退役的，之后带队国青，直到 1995 年再度回到辽宁男篮。1995 年的中国篮球开始正式迈上职业化的道路，李戈成为辽宁男篮进入职业联赛的第一任主帅。

只是那时，沙国利、李春江、张学雷、崔万军、王力，包括李戈等都已退役，辽宁男篮失去半壁江山。八一队因为刘玉栋、李楠等优秀队员的加入，挟全运会夺冠之威，开始一统 CBA。

辽宁队留下的老队员王治单、吴乃群受伤病困扰，状态很一般。值得庆幸的是进入巅峰状态的吴庆龙和李晓勇，带着接君、郑永刚、王守强、于学鹏、陈卫东等年轻球员让辽宁男篮依然保持强队风范。

……………………………………

李戈说那个时候能取得好成绩，就是一个字——练。

“我们那时候的训练条件跟现在比不了，大伙真是吃了不少苦。就说一堂下肢的力量训练课吧，每个队员下来都必须达到一万公斤。这一万公斤是个什么概念？一百公斤的杠铃扛着做蹲起，一堂课要做一百次。”

接君、于学鹏、王守强等内线队员，都是在这样的高压下，身体练得非常壮。后来姚明出道后，很多人都说“矮壮型”大前锋王守强是防守模板，2.02 米的王守强怎么防 2.26 米的姚明？我作为特派记者现场见识过，在 2001 年的抚顺雷锋体育馆，当时是辽宁主场打上海。当很多人都以为是 2.07 米的接君防守姚明，但到了场上却是王守强。

姚明进攻时，王守强在内线站住，一直是贴身防守，尽量往外顶姚明。当年的“小巨人”手感柔和，投篮精准，但他的身体总是被扛得不稳，投篮动作很容易变形。拼了命的王守强防了全场，还是让姚明得到全场最高的 28 分。但在“小巨人”屡屡进攻不顺畅，他的策应，尤其是传球出现不少失

误的情况下，章文琪、贾孝忠、刘炜等上海队内外线严重脱节，辽宁男篮也顺利拿下了那场焦点之战。

赛后愤愤不平的章文琪还找到王守强理论，为何下手那么狠。王守强摊摊手，很无奈，“我就是正常防守啊，平时就这么练的，没有犯规啊。下次再碰面，我还是这样防！”

另外一位大前锋于学鹏和王守强几乎一个风格，1.97 米的身高，超过 200 斤的身板，浑身腱子肉。当时在辽宁队内大家都叫他“大于子”，李戈回忆：于学鹏的球风更加强悍，很多对方的大外援，都由他防守，主要是能扛得住。“大于子的身体天生就好，加上后天苦练，撞他身上像撞上了铁板，真硬啊。还有大于子外语挺好，还总和外援唠嗑，软硬兼施吧。”李戈提到当年的两大内线，忍不住乐了。

当时的辽宁队依然保持着蒋兴权时代留下的优良传统——力量上不吃亏，比赛中才能在对抗上占优势；平时的体能储备好，才能高质量地完成整场比赛。

储备体能，就是跑。当年的辽宁男篮是除了田径队，去田径场最勤的运动队。辽篮少年队、青年队都是如此。辽宁男篮的体能训练，让辽宁田径队教练都曾发出过“看看人家是怎么跑的”的感慨。

回忆起当时的田径场，李戈笑了，“我们这个跑还是马俊仁给指导的呢，马俊仁告诉我们这些篮球队的教练，要怎么跑才能出效果，每圈怎样的速度，多少圈一组。我记得当时谁要是跑不到量，心里都很内疚，自己都给自己测速度，数圈呢。”

我记得当年供职的单位《球报》与辽宁男篮搞了一场足球友谊赛，《球报》足球队内有很多国家二级运动员，人员配置也非常合理，曾获得沈阳市媒体足球赛冠军，实力不俗。面对高大的辽宁队员，上半场《球报》2 比 0 领先，但到了下半场，辽宁男篮利用体能和速度的优势，王守强、岳鹏飞等连进 4 球，反败为胜。

只有储备好体能，才能打好比赛，辽宁男篮的传统一直延续到今天。本赛季郭士强率领的辽宁队，在与广东半决赛、浙江的总决赛，能在第三节、末节实现反超，最后赢得比赛，除了战术的多变，应该说充沛的体能也是他们屡屡获胜的法宝之一。

除了硬朗的球风、充沛的体能，辽宁队给人印象最深的另一大优势就是投篮准。辽宁男篮历来出“神投手”，还有“6 号投手”之说，就是说身披辽宁队 6 号的队员，一定是超级投手，要不根本没资格穿这个号码。从早期的吴庆龙，到中生代的岳鹏飞，到如今的贺天举，“6 号传奇”代代相传。

李戈拿郑永刚的练习投篮举例，虽然郑永刚当年身披 8 号，但他的投篮技术同样是顶级。李戈回忆：不完成任务是不能下课的！

“一堂课的任务不是轻松就能完成的，比如说最基础的投篮，要求郑永刚投 100 个篮，命中率要在 75% 以上，如果说他这 100 个只投中 74 个，他还得再补 10 个投篮，也就是说如果他命中率落到 65%，他就相当于白投了，重新再来。我说的不仅是郑永刚的三分球训练，接君、于学鹏、王守强等内线队员的半截篮，也是这样练。”

当年的郑永刚、吴庆龙、李晓勇、陈卫东都是这么练的，而且都练出来了。“队员都非常自觉，如果觉得不满意，下课后，都留下加练。”

很多人都知道接君，更多时候是看他西装革履坐在教练席上，其实球员时代接君的进攻很像如今辽宁男篮的大外援巴斯，精准的中投、篮下巧妙的勾手，还有强力的暴扣……客观地说，他的身体素质不如巴斯，但手上功夫却不落下风，这都是当年苦练的结果。

后来很多离开辽宁队的队员，到了新的俱乐部，都获得很高的评价。“从你们辽宁打出来的，基本功真扎实，投篮真准。”

李戈表示，这些都是继承老辽宁队的传统：“辽宁男篮的传统就是训练认真、管理严格。我当教练员之后，也理解了当初蒋导（蒋兴权）的苦心。辽宁男篮一直以来非常重视这两点。”

李戈当上教练后也执教过几拨队员，说起他的队员，他提到了张庆鹏。“现在大家都看到他的三分很准，可大家看不到他每堂训练课都会早到半个小时来练习投篮，这是一种氛围，从我们那时候就一直是这样。应该说，辽宁男篮在这些年一直能够长盛不衰，不是哪一代人的功劳，而是几代人的努力，是一种传承吧，传承下来的就是辽宁精神。”

对话李戈：

当“救火队员”好几回了，也是大家的信任

笔者：李指导，先请您谈谈现在的这支夺得总冠军的辽宁队。

李戈：现在的辽宁男篮是鼎盛时期，从人员上看，内外线各个位置都很好，两名外援也不错，他们是 CBA 最好的外援。与广厦队的比赛也能看出，整体实力辽宁队更强，祝福小伙子们拿到总冠军！

笔者：您作为职业化之后，辽宁男篮首位主帅，讲讲当时与八一争霸的年代。

李戈：那个时候八一队更强一些，辽宁队整体上有一定的差距。当时辽宁队能与八一队打到最后争冠军也是相当不容易的，有些遗憾的是没拿到冠军，但辽宁精神却一直传承下来了。

笔者：您多次“救火”辽宁队，刚才您也说外援，2012 年那次是不是很艰难？

李戈：是的，那个赛季，我接的郭士强指导，非常艰难。有场比赛，我记得是输给新疆的赛后，我呆呆地靠在沙发上，赛后餐都没心思去吃，因为那场球输了，季后赛基本无望。那个赛季，问题首先出在了外援身上，外援选得不够理想，所以造成球队实力大滑坡。

笔者：多次救火，您每次表现的都很好，尤其球队的精神面貌，焕然一新。

李戈：做好工作，问心无愧。比如那年中间让我接队的时候，我是想还是郭指导继续带，我来当助理教练帮忙，后来说要我当主教练，那我就尽自己的努力，我也确实尽到我的努力了。其实我这些年职业生涯，当救火教练也好几次了，我是这么想的，这是大家对我的信任。

笔者：您觉得辽宁队未来该如何打造属于自己的王朝？

李戈：现在的辽宁队是鼎盛时期，就像郭指导说的，只要保持目前的人员完整，尤其是两个外援哈德森和巴斯能留下，不受伤病困扰，目前的 CBA 没有球队是我们的对手。

笔者：上个赛季，您带山西女篮拿了 WCBA 亚军，今后有何打算？

李戈：山西队已经聘请新的主教练了，是西班牙外教，我还是当球队的助理教练，专心辅佐外教打好比赛。当然还会一如既往地关注支持辽宁队和辽宁篮球。

一个名叫詹姆斯·哈吉斯的家伙叫火箭吃了首败

CBA 元年，1995—1996 赛季，辽宁男篮苦练后的战绩仅是联赛第四名，尤其遇到八一队毫无取胜机会，很是郁闷。

正是这个赛季，浙江万马成为第一支引进外援的俱乐部，来自乌兹别克斯坦的米哈伊尔·萨芬科夫成为 CBA 史上第一个外援。受他的影响，各支球队开始纷纷引入外援，CBA 也就此进入外援的繁荣时代。

……………………………………

1996—1997 赛季，辽宁男篮觅得良将，终于因为一个叫詹姆斯的外援到来，有了与八一队“掰手腕”的机会。

提起“詹姆斯”这三个字，映入许多人脑海的一定是那个在 NBA 叱咤风云的小皇帝。但是对于 CBA 的老球迷来讲，他们一定还记得，我们的联赛曾经也有一位“詹姆斯”。当年他凭借着出众的扣篮技艺独步中国篮坛，第一次让 CBA 见识了传说中的在“篮筐之上”打球。

出生于 1972 年的詹姆斯，身高 2.05 米，他是最早加盟 CBA 的外援之一，同时也是辽宁男篮史上的第一位外援。1996—1997 赛季，辽宁队引进了当时名不见经传的詹姆斯，而他留给球迷的第一印象就是身体素质和弹跳极为出众，但其他技术几乎一片空白。

不过，在那个年代的 CBA，詹姆斯能扣篮决不上篮的“特殊”打法，还是为他在中国球迷中赢得了很高的人气。詹姆斯曾回忆：“他们像对待迈克尔·乔丹一样对待我。”

我记得詹姆斯真正在中国联赛名声大噪，是在 1996—1997 赛季的 CBA 全明星扣篮大赛中。

JINLING
2
12
大显
虎牌
佳得乐

那个赛季全明星赛刚刚扩展为全明星周末，首次引入了扣篮大赛，而参赛的詹姆斯当仁不让。

他在比赛中凭借着飞跃吉祥物和模仿 NBA 扣篮大赛冠军——迪 · 布朗的蒙眼扣篮，毫无争议地夺得了 CBA 史上的第一个“扣篮王”称号。此后两年，难逢敌手的詹姆斯再次两度折桂，完成扣篮大赛三连冠的伟业。而他的飞跃吉祥物和模仿迪 · 布朗的蒙眼扣篮也成为 CBA 的经典镜头，让人不能忘却。

詹姆斯不仅在扣篮大赛中独领风骚，在联赛中同样屡屡上演高光时刻。他加盟辽宁男篮的首个赛季，就有场均 15.6 分、6.3 个篮板、1.1 次盖帽的表现，而他与李晓勇的空接配合更是成为那个赛季辽宁队进攻端的“标配”。

也正是由于詹姆斯的加盟，辽宁队在那个赛季攻下了八一的魔鬼主场。

1996 年 12 月 25 日，辽宁男篮在西安客场挑战八一队。我清楚地记得，虽然高中功课很繁重，但在当晚父母还是破例让我看了电视直播，当时是辽宁有线电视台直播。那场比赛，辽宁队上来就非常有气势，内外结合，多点开花，而且防守非常强硬。

非常过瘾的一场比赛，92 ： 80，辽宁男篮终止了八一队在中国男篮甲级联赛（主客场）中连续 48 场不败的纪录。詹姆斯在那场比赛中砍下 32 分，成为球队获胜的最大功臣，郑永刚砍下 18 分，吴乃群砍下 15 分、10 个篮板，李晓勇贡献 5 分、8 次助攻。

第二天，我到学校后发现，大家都在说这场经典之战，原来他们也都是不好好复习，忍不住看直播了。

时任八一主帅王非表示：“那场比赛是我执教八一队以来，输的第一场比赛，印象非常深。当时不清楚这个外援的特点是什么，不像现在有很多科技，包括录像、剪辑，所以在临场抑制他进攻时出了很大问题。”

王治郅在回忆此事时表示，当年这可是新闻头条，央视体育主播在播报新闻时直接说：“告诉全国人民一个特别大的好消息，八一队终于被打败了。”

此后的一个赛季，表现出色的詹姆斯被江苏队挖走。不过，在代表江苏出战的 19 场比赛中，场均只有 10.3 分、4.5 个篮板、0.9 次盖帽，数据下滑明显。1998—1999 赛季，詹姆斯重返辽

宁，在 30 场比赛中场均贡献 19.3 分、8.0 个篮板、1.1 次盖帽，算是重新证明了自己的实力。

离开 CBA 之后，詹姆斯曾短暂在一些小联盟打球，直至退役。退役之后的詹姆斯曾从事过家具销售助理的工作，虽然待遇颇丰，但是由于心中对篮球难以割舍的情感，还是让他最终选择了回归篮球，他在朋友的帮助下成立了青少年篮球训练营，用他自己的话说“我的目标是成为青年球员进入职业联盟的领路人”。

在离开中国后，詹姆斯一直挂念着 CBA 和辽宁队，他曾在采访中多次表示一直想找机会再次回到辽宁，回到这个他曾经风光无限的地方，能与以前的老朋友们好好聚一聚。

在今年辽宁男篮夺得队史首个总冠军之后，詹姆斯在社交媒体上向老东家送上了祝福。“恭喜我曾经的主队——中国辽宁猎人队赢得 CBA 联赛总冠军！”请注意：老詹用的称谓依然是猎人，可见辽宁往事对他是何等的刻骨铭心。

当有网友告诉詹姆斯，辽宁男篮总决赛对手广厦队的执行教练是李晓勇时，詹姆斯表示：“他可是我们队的主力后卫，我的很多次暴扣都是他送出的妙传。他是我的队友，同样也是一个好人。”

好人李晓勇及李晓勇小传

正如詹姆斯所说，李晓勇是队友、对手、球迷、媒体，包括好友等眼中绝对的好人。

对于詹姆斯的赞誉，李晓勇会心一笑，“他太能跳了，球传过去了，他就直接暴扣了，配合真的很默契。”

李晓勇谈起“三连亚”时期的老辽宁队，是从当时的主场，沈阳火车头体育馆开始的。“你还记得以前辽宁队得亚军那时候，在营口鲅鱼圈球馆是什么气氛不？还有今年打总决赛的辽宁体育馆的火爆场景，原来的火车头就是那样的。”

火车头从辽宁队进入职业化以后就成为辽宁队的主场，火车头也成为沈阳与篮球结缘的见证者。而这个“火车头”还曾将辽宁男篮引领向了一段辉煌历程——三连亚。

“火爆！”回忆起火车头体育馆，李晓勇一上来就说了这么两个字。“三连亚”的好成绩使得火车头的球市异常火爆，李晓勇说：“那时候成绩好，大伙也特别热情，就感觉球场都能掀起来。我现在的好多朋友也是那个时期开始喜欢篮球的，也是因为篮球才成为了朋友。”

“那时候成绩越来越好，来看球的球迷也越来越多，也是那个时候，沈阳培养了一批真正懂球的球迷。”

由于球迷越来越多，仅有 3000 多个座位的火车头体育馆每逢精彩的比赛，就一票难求。价值一百元的球票，动辄就被炒到了三五百元。尤其到了决赛，只能是有价无市。

由于火车头的体育馆太小，辽宁队决定将主场从火车头搬到大馆（辽宁体育馆）。大馆是万人馆，虽然此前在火车头，球票不够用，但一到了大馆，倒是显得冷清了。就算是球市好的时候，

adidas
辽宁
盼盼 PANPAN
15

也达不到万人，球馆里怎么看着都很是冷清。球队对此也很无奈，最后想了个办法，用蓝布把第二层前十排的座位都覆盖起来，只留下 6000 多个席位。

“大馆那时候是烧暖气，暖气不热，好多座儿甚至都带着冰碴，我们在场上活动着还好，球迷就干坐着，馆还大，看场球再冻感冒了，球迷也就不爱来了。”

如今辽宁男篮在沈阳的主场还是叫“辽宁体育馆”，算是大馆的重生。李晓勇表示，现在这个球馆太好了，“硬件设置真好，绝对的一流。辽宁成绩更好，夺冠了，球市会更火爆。”

说到辽宁队，说到沈阳，不善言谈的李晓勇总会变得滔滔不绝。“辽宁是我的根，永远也忘不了，是辽宁队给了我广阔的发展空间。非常感谢。”

就像之前说的，辽宁男篮当年圈粉无数，李晓勇作为那个岁月的旗帜性人物，是人们最喜爱的球星之一。我记得工作后，120 高中的同学聚会，当我说曾采访过李晓勇时，很多男同学说得最多是：你真厉害，居然能和李晓勇认识，太酷了。很多当年迷恋李晓勇的女同学则是不太相信：真的假的啊？快说说，他本人是不是比电视上更帅，我现在家里还有他的照片呢，上学的时候，真是太喜欢他了。

粉丝无数，李晓勇的帅，不仅是外表，更是他的球技。

就像姚明可能成为一名考古学家一样，如果与篮球无缘，李晓勇多半会进入军队，成为一名带兵的骁勇战将。隐忍、低调、利落、直爽的处事原则，再加上高大、强健的体魄，很容易让他在军队打出一片天地，成为统领千军万马的一名将官，说一不二。投身篮球圈，李晓勇同样将身上的锋芒发挥到了极致。

李晓勇的家乡，是有着“玉都”之称的辽宁省岫岩。他小时候，岫岩还是归丹东市所管辖，而非现在的鞍山市，所以外界人常说李晓勇是辽宁丹东人。岫岩不仅产出了许多矿石宝玉，也出了李晓勇这样一块中国篮球的宝玉。

出身篮球世家的李晓勇有两个哥哥，分别比他大 4 岁和 6 岁，都是篮球运动员。父亲曾是辽宁省军区的篮球运动员，身高 1 米 8。母亲是业余篮球运动员，身高 1 米 7。

李晓勇不仅球打得好，人帅，而且还堪称好人，粉丝多是必然的

小时候的李晓勇身体并不是很好，那时候父母还是希望他能够多注重文化课的学习。李晓勇最初接触篮球是在五六岁的时候，那时候父亲主要是想培养两个哥哥，顺便带着李晓勇。老爸骑着自行车，带着三个儿子跑步，把他们带到操场上练习篮球基本功。

父亲是他的启蒙教练，两位哥哥则是他的第一批队友。那个年代篮球还没有这么多的花样，否则李晓勇一家五口人就可以凑成一个篮球队，而这个篮球队的实力不可小觑。

儿时的李晓勇很内向，家中因为已经有了两个儿子，父母就想要个女孩。“我妈就想要个女儿，没想到我出生的时候一看又是个男孩。小时候我妈就把我当姑娘养，给我穿女孩的衣服，直到上了小学才不穿了。”

但小时候李晓勇也会和其他男孩一样，去河边抓鱼，去山上摘苹果。

在李晓勇 12 岁那年，也许是因为累着了，他得了一场怪病，浑身发麻，连头皮都发麻，身上掐上去没有知觉。父母赶紧把儿子送到了医院，接诊的医生经验尚浅，他给李晓勇测量了心跳后，吓了一跳，“哎呀妈呀，这孩子心脏有毛病啊！一分钟才跳 46 下。”于是便把李晓勇送进了重症监护室，这可吓坏了李晓勇的父母。

随后将近一个星期的时间里，医院多方检查，但就是查不出什么病因，为了给李晓勇的父母一个交代，最后，医院找来了院里经验最丰富的老中医给李晓勇检查。了解完了情况后，老中医笑着说，“没事了，赶紧出院吧，运动员的心率在每分钟 40~50 次之间是最好的，这孩子天生就是个运动员的料。”

13 岁时，李晓勇开始在丹东市体校接受正规的篮球训练。说起那时的同批队友，名气最大的竟是辽宁男排名将李海运，“他以前是打篮球的，后来才改成排球。”

如果只论在球场上的对手，李晓勇的对抗是真正的从1号位到5号位：范斌，胡卫东，张博雨，孟克·巴特尔

16岁的李晓勇被招进了辽宁省队，当时辽宁人才济济。刚到省队时，李晓勇身高刚刚接近1.8米，又比较瘦，一些人感叹这样的小孩怎么都能进来呢。“在我之前张学雷、李春江、沙国利的身体条件也都不是很好，但是他们还是都被招进了队中。那时候教练看重的是潜力，我那时候测骨龄是1.91米，可惜还是差了两厘米没有长到。”

在省队的时候，李晓勇训练非常自觉。每天都是早来晚走地自己加练，练习罚篮、远距离投篮、手型。“基本上大部队开始来的时候，我都已经热身得差不多了，要是赶上夏天就一身大汗了。”李晓勇也带动了几个从丹东来的老乡一起加练。

那时也没有现在的篮球鞋，“我们那时候穿的都是回力鞋，带着红边

的”。那时候队员的衣服少，有的队员一着急就会穿错衣服。有一次，李晓勇在训练场上看到一个队员的衣服觉得不太对劲，走近一看才发现，原来穿的竟是自己的衣服。

都说李晓勇大器晚成，毕竟他率领辽宁男篮获得 1996—1997 赛季 CBA 亚军时，已经 27 岁了，而后虽然包揽了三个赛季的助攻王称号，成为第一个得分超过 5000 的球员，但“三连亚”最后一年他已经 30 岁了。

……………………………

其实，早在蒋兴权带中国男篮打 1994 年世锦赛历史性获得前八时，当时 25 岁的李晓勇就很有机会入选国家队，但由于之前严重受伤，让这次机会擦肩而过。“那是在一次训练中，脚错位了，整个脚都掰到了后面，队医给掰回来，好在休息了半个月后没有留下后遗症。但休养了很久。”

在国家队，李晓勇庆幸自己是受伤比较少的。除了和所处的后卫位置对抗相对较少外，也得益于他自己的保护意识。“条件好的球员打到一定条件后没能再发展，主要是心理上过不去，好的运动员应该越是在重要的时刻发挥得越好，投得越准。”

李晓勇就是这种在越关键的时候发挥越好的球员。1996 年的亚特兰大奥运会，中国男篮历史性闯入八强，绝对有一份功劳要记在李晓勇身上。也就是从那之后，李晓勇和他的队友们，被标注为“1996 黄金一代”。

……………………………

2003 年，在为辽宁篮球征战了 20 余年，立下无数功勋后，李晓勇因为种种原因离开辽宁男篮，由此开始了在 CBA 的漂泊生涯，直到 2006 年在云南红河退役。

五年前之所以来广厦男篮，李晓勇就是冲着李春江来的。“2012 年底吧，李导离开了宏远，在沈阳待的时间比较长，那时我也在沈阳。当时，他还没决定好去哪一支球队，就邀请我一起。所以无论最后他选择去哪一支球队，我都会一起。”

做出这个决定并不难，“就是冲着李导这个人，当年我上辽宁一队的时候，他就特别照顾我，像我大哥。”这还是哥俩不当队友后，第一次在工作上搭档，“合作非常舒服，也学到了很多东西。”

令人意外的是，在辽篮夺冠的最后一场比赛中，李晓勇又和郭士强相遇，不过，双方的身份变成了主教练，而且是各为其主

本赛季 CBA 联赛已经落下帷幕，7 次进入总决赛的辽宁男篮终于得偿所愿，23 年来首次品尝到了总冠军的滋味。首次晋级总决赛的广厦经验不足，以 0 ： 4 的总比分遭到横扫。

值得注意的是，双方第四场比赛，广厦主帅李春江因为技术犯规累积遭到停赛，球队助理教练李晓勇站在场边指挥球队，而这位曾经辽宁男篮的传奇后卫，也正是在家乡父老的面前，以对手的身份见证了辽篮夺冠。

“作为辽宁人，恭喜辽宁队获得总冠军，也希望广厦的未来越来越好。”

对话李晓勇：最大遗憾是全运会没拿到冠军

笔者：勇哥，你作为辽宁人，也作为总决赛第四场广厦的代理主教练，当时是什么心情？

李晓勇：心情挺复杂的。应该说，非常感谢这么多年辽沈的球迷，还是这么关心我，不管在哪，我一直是为了篮球。不管是现在在浙江，我还是辽宁人，一些情感因素，希望辽宁队打好，更希望我们广厦能打出水平、打出风格。

笔者：说说辽宁队吧，你眼中的这支辽宁队是什么样的？

李晓勇：非常强，各个位置都很强，经验丰富，善打硬仗。郭士强指导战术运用得非常合理，非常有针对性。郭指导是非常优秀的教练，希望在他的带领下，辽宁队越来越好，但首先还是先恭喜辽宁队获得总冠军。

笔者：你认为自己作为教练员还需要加强什么？

李晓勇：主要是理论方面的。在圈子里摸爬滚打了这么多年，亲身经历了许多事情，实践方面并不缺乏。但是在理论方面需要好好地研究、学习，争取早日达到自己理想的状态。

笔者：你认为一名篮球运动员最重要的素质是什么？

李晓勇：一个篮球运动员要德才兼备，但是首先是德，也就是做人。这么多年来我对自己也是这么要求的。一个球员如果不爱国、不爱省、不爱自己的球队，他就绝不可能打好球。另外在与队友的相处上也要宽容，篮球毕竟是一个具有高强度对抗的项目，训练中难免有些磕磕碰碰，如果在这些事情上斤斤计较，就不算是一个合格的篮球运动员。

笔者：你在篮球生涯中最大的遗憾呢？

李晓勇：最大的遗憾就是没有夺得过全运会冠军。我一共参加了三次全运会，第一次是在 1993 年。由于李戈、李春江等老队员都退下去了，而 1965—1967 年龄段的球员又顶不上来，那时的辽宁篮球出现了断档。只有靠着我们这批 69 的球员打比赛。如果有一两个老球员带一下的话，我们应该能够拿到一枚全运会的金牌。

笔者：你在沈阳创办了自己的篮球培训基地，目前运营得怎么样？

李晓勇：虽然这几年我在外面工作，但是毕竟我是辽宁人，时刻不能忘记自己的家乡，辽宁是一个篮球人才的宝库，也希望在这里能够为中国篮球挖掘出更多的好苗子。

笔者：为什么会选择普通学校去合作，而不是专业的篮校？

李晓勇：这样做的目的首先是响应国家体教结合的号召，我现在合作的五十六中学是高中，同时在沈阳于洪区政府和教育局的大力支持下，还有几所初中和小学也加入了进来，形成了一个连贯的体系，让孩子可以在不脱离文化课的前提下，发展自己的体育爱好。现在喜欢篮球的孩子很多，他们的出路也不应该局限于以往的专业队，还可以去上大学，或者学习一些类似经纪人等体育产业相关的领域。现在国家提倡体教结合，就是让这些去学篮球的孩子，将来能够更好地去适应社会，在社会上发挥出学校里学到的东西。

吴乃群的漫画书、江湖传说及吴乃群小传

和李晓勇一样，辽宁男篮“三剑客”之一的吴乃群也是在球队辉煌过后，因为种种原因选择离开。但与吴庆龙、李晓勇在职业化初期的骁勇善战相比，由于遭受伤病困扰，吴乃群那些年在辽宁队已不复当年之勇。所以说，吴乃群在辽宁男篮职业化初期的辉煌，更多是一个神奇的江湖传说。

本赛季 CBA 季后赛第一轮，广州男篮被淘汰后，主教练崔万军和教练吴乃群回沈阳休假，我与他们吃饭时深聊过，问过吴乃群当时状态为何急速下滑。

“1995 年底，腿伤让我差点告别篮球，还行，咬牙坚持住了。没想到一坚持就是 10 年，而且还刚好是经历了整个 CBA 十年的发展历程，都成活化石了。”说这话时吴乃群脸上的肌肉略微抽了一下，似乎还能体会到当年伤病的痛苦。

作为“94 黄金一代”最具灵性的大前锋，中国男篮主力，吴乃群球风轻灵飘逸，天性自由，样貌清秀，为人谦和。场外的乃群，活脱脱一个清秀儒雅的大学生。

篮球生涯 20 多年，每次见到吴乃群，他都没什么变化。云淡风轻的神情，彬彬有礼的谈吐，不急不缓的个性，浑身上下自然散发着一股浓浓的书卷气。

我对吴乃群印象比较深的是，这位人高马大的东北汉子非常喜欢看漫画书。

说起漫画，吴乃群如数家珍：“1993 年左右吧，那时候就迷上了《七龙珠》《乱马》，现在是拿到漫画书就看。”看个漫画，吴乃群还总结出了人生哲学：“我觉得卡通书最简单了，非常符合我的性格，我做人做事都喜欢简简单单的，这样活着也不会累。”

吴乃群说：“平时我也非常喜欢看书看报，倒不是像有些人那样想学太多的东西，我就想从

LIONING
10

中放松放松自己，平时训练比赛太紧张了——就是那么简单。”

转投浙江队后，吴乃群焕发了第二春。对于喜爱他的辽宁球迷来说，每次回辽宁比赛，几乎变成了粉丝见面会。

2002—2003 赛季，吴乃群再次回到沈阳火车头体育馆，对手变成了辽宁男篮。我那场比赛在现场采访，场面确实太壮观了，赛场到处都是吴乃群球迷后援团扯出的横幅。整场比赛，只要吴乃群拿球，无论突破还是投篮，就算是传球，尖叫声和欢呼声都是此起彼伏。忠实的女粉丝们，谈论她们的偶像，说到动情处，甚至痛哭流涕……

他也开始以他的方式回应球迷，当一个好球被裁判吹罚进球无效时，吴乃群在女球迷的尖叫声中，顺势躺在地板上，把球往头下一枕，又帅又酷的摆造型。顿时，全场再次尖叫连连。

赛后，他与我们几个相熟的媒体朋友坐在一起，喝酒，聊天。席间，时任浙江男篮主教练的郑武向我介绍球队小前锋缪寿守，我小声说，“就是他把乃群的牙撞掉的吧？”不想坐在我对面正与朋友们推杯换盏的吴乃群听到了，接话说：“对，就是他，撞掉我一口好牙。”说完，还对我一笑，露出一口泛着青幽幽光亮的烤瓷牙。

吴乃群就是这样喜欢淡淡地生活，从来不刻意强调什么。只是说到篮球，他能谈的多些。

吴乃群小时候曾练过 110 米栏，而且发展前途也让教练们看好。“不过练着练着觉得自己还是对篮球的兴趣大，篮球中有那些单项体会不到的乐趣。一次掩护，一次突破，一次投篮……都能让我高兴上半天。”吴乃群手舞足蹈地说着，“我就是喜欢篮球，对于当初的选择我从来没有后悔过。”

20 多年的打球生涯，篮球已经彻底融入了吴乃群的血液。他几乎不穿正装，直到现在，我每次见到他时，基本都是运动服。“我还真没便服，一件都没，柜子里全是运动服。唉，我这辈子算是把自己都卖给篮球了。”吴乃群自嘲说。

为辽宁队服役时，吴乃群长年累月和“战神”刘玉栋这样的 CBA 巨星对抗；而当他离开辽宁后，第一次回沈阳打比赛和他对抗的则是自己的小师弟王守强

35

对话吴乃群：现在的辽篮强在心态和经验

笔者：乃群大哥，你好，今年的总决赛，去现场看球了吗？

吴乃群：还真没有，无论是在熟悉的杭州，还是家乡沈阳，都没去现场。但我看了电视直播，一场没落下。广厦打得不错，但实力真不如我们辽宁队。恭喜辽宁队夺冠。

笔者：2016年，辽宁打四川的总决赛第四场，你去现场看了，我记得你当时说了很多。

吴乃群：那场打完，辽宁1 ∶ 3落后，我当时发了微博给队员打气，说了总决赛还没结束，辽宁要打回来。那年总决赛，谁也不怪，这帮孩子那时还是孩子啊，大家都想我们东北人啊要起来，但担子有点重。其实以前不是这样的，

当时真的不应该把我们的担子全都压给他们。

笔者：你觉得现在的辽宁队，真正强大在哪方面？

吴乃群：心态和经验。我作为辽宁男篮的前辈，一直支持晓旭、艾伦、小贺、大韩等队员，也支持郭士强指导，一直看好他们。那年打四川，太年轻了，没处理好细节，像场外因素，根本就没在意，所以吃大亏了。通过两年的磨炼，他们都成熟了。就像我上面说的，他们担起了东北人，辽宁人的脊梁，这次真正地起来了，真心祝福他们。

笔者：你基本常住杭州，但也总看你回沈阳，是想家还是工作的原因？

吴乃群：作为辽宁人，还是喜欢回到东北，这里的家人、亲属、队友、朋友，都很多。我的根在辽宁，对这里的感情一直没变。

岳鹏飞续写6号传奇及成长轨迹

视篮球为生命的还有他的师弟——岳鹏飞。作为辽宁男篮的中生代，岳鹏飞是“三连亚”的最后一个赛季入队的。用一鸣惊人形容他并不为过，作为替补，1998—1999 赛季当选最佳新人，屡屡打出上佳表现，精准的三分，惊艳全场，辽宁男篮一代神投手横空出世。

说到上队就能打总决赛，岳鹏飞表示很激动。“那时候的辽宁队很强，队伍很团结，也很有霸气，我很荣幸能成为当时的一员。”说唯一遗憾的就是被伤病拖了后腿，要不，他还想为辽宁队好好打几年。

岳鹏飞显然是自谦，大伤过后他再回巅峰。凭借老道的经验和出色的表现再次赢得了球迷的欢呼，一个默默地为球队做着贡献的“6 号投手”，更是用连续命中的三分球帮助球队取胜的“关键先生”。2006 年他更是神勇地获得 CBA 全明星三分球大赛冠军。

后“三连亚”时代，辽宁队调整了战术，将岳鹏飞再次推向前台。基本上在每场比赛的第三节，就派上岳鹏飞来稳定局面，小岳的沉稳让全队有了取胜的信心，他的神投更是让对手生畏，就这样，有多场比赛在岳鹏飞的带动下，最后取得了胜利，也帮助球队走出了低谷。

“拼命三郎”“神投手”这样的称号，让岳鹏飞脸上那种得意的笑容多了起来，这个在场地上让对手发愁的老将在场地下面绝对是一个受人欢迎的人。他的友善、进取让辽宁队其他的小老弟们都以这个老大哥作为榜样。球队的“民选”队长，他也果然担当起了队长的职责，开始成为队员们的榜样。

在场上，他是关键先生，到了场下，他是队长，是老大哥。每次球队出行，作为队长的岳鹏飞还要协助领队办理各种手续。对于这些，他从来没有怨言，“为球队做点事是应该的，我是队中年龄最大的队员，现在应该为球队做点事情。”憨厚的笑容里面，是一颗真诚的心。

现在的岳鹏飞是辽宁青年男篮主教练，全力备战 2021 年全运会，继续为辽篮贡献自己的力量

当球员时，每次坐飞机或者乘车的时候，岳鹏飞的手中总是有一本书，虽然比赛没有太多的业余时间，但小岳却希望从书中汲取更多的知识。这是一个有理想的人，也是一个一定能实现自己理想的人。

岳鹏飞目前是辽宁青年队主教练，在去年的天津全运会上，他带领“辽小虎”在男篮乙组比赛中取得第四名的不俗成绩。“我也总和小队员说，多向一线队的大哥们学习，辽宁篮球要想一直保持辉煌，以后就看他们的了，所以他们从现在就要打好基础，争取早出成绩。”

时代在变迁，辽宁男篮打球的人也从像吴庆龙、李晓勇、吴乃群这样的 60 后，换成了 70 后、80 后再到现今的 90 后，每一代人都有各自的时代印记，每一代人都有时代赋予的属性特征，像是一波波的人潮浪涛追逐、扑腾、翻滚、退去。而之于辽宁男篮，几经潮水刷洗，辽宁精神仍旧是那片永恒的沙滩，激励着更多的人前赴后继。

对话岳鹏飞：未来三年内辽篮都是争冠强队

笔者：岳指导，谈谈总决赛吧，听你语气很激动啊。

岳鹏飞：是啊，激动，更高兴！广厦队是不错的，但辽宁队整体更强，而且郭士强指导包括队员们心态很好，他们也拥有总决赛经验，祝福辽宁男篮。这个 CBA 的总冠军极具含金量，从目前的阵容配置看，在未来三年内，辽宁男篮都将处于争冠强队之列。

笔者：你参加了 1998—1999 赛季的总决赛，谈谈当年的“军辽争霸”。

岳鹏飞：当时辽宁队跟八一队还是有一定的差距。当年我们进入总决赛后，主场和两个客场比赛输给了八一。但那次总决赛的经历对我自己的帮助很大，作为年轻人，当时也是抱着学习的态度，锻炼价值很大。

笔者：你觉得辽宁队成功的秘诀是什么？

岳鹏飞：辽宁队比以前成熟很多，像郭艾伦、大韩、赵继伟等队员，对比赛节奏的把控，阅读比赛的能力提高得很快。总决赛夺冠，是实力的体现，更是多年历练的结果。他们决赛中一直保持稳定的发挥，稳扎稳打，处乱不惊，打得真好。还有最重要的就是郭指导的用兵和对队员心理辅导，这个最关键，细节处理得也好，还很有霸气，无敌了。

笔者：作为辽宁青年男篮的主教练，你觉得这次夺冠对青少年培养有何影响？

岳鹏飞：可以这么说，这次夺冠热潮将给辽宁篮球的基层环境带来非常大的积极影响，让辽篮的基层人才储备更上层楼。第一个，就是会影响到更多人关注篮球，尤其是让更多孩子喜欢上篮球，然后产生从事篮球运动的愿望，毕竟学篮球的孩子越多，整个选材的面就越大，出好苗子的概率也就越大；第二个，随着社会关注度的提高，对篮球能投入的社会资源也会更多，青训也会同样受益；第三个，俱乐部、全运会的青训梯队会得到更多扶持。其实在辽宁队四年三进总决赛的这段时间里，辽宁篮球青训环境就已经受到了很多积极的影响，今年 5 月份组建起来的新一届全运 U18 队伍，在选材环境上比上一届已经有了很大的改善。

笔者：你现在带的辽宁 U18 男篮小队，队员都从哪里上来的？

岳鹏飞：主要是靠省内各市体校输送，但也有慕名而来的，甚至还有山西、吉林过来的小球员。辽宁篮球的青训本身在全国就很有名，现在又有了 CBA 总冠军这块金字招牌，相信未来会吸引越来越多的外省好苗子加入我们。

笔者：这批队员里，会涌现出下一个周琦或赵继伟吗？

岳鹏飞：目前带的队员有 30 人左右，以 2003、2004 年龄段为主，是 2021 年陕西全运会男篮青年组的适龄球员。身高在两米左右的孩子就有六七个，其中一个 2003 年出生的队员，身高已经长到了 2.08 米，未来非常值得期待。反倒是后卫线，人才储备相对薄弱一些，一号位还好，主要是二号位偏弱一点，得分手段和进攻能力，需要提高的地方还有很多。

笔者：从你的角度，如何选材？

岳鹏飞：第一，最重要的是打球的感觉，对篮球的理解。第二就是对篮球的热情，愿意为篮球付出。第三才是身体条件，但我总告诉队员，这些只是一些固定数据，能不能打出来，主要看自己。想成为一名优秀运动员，是要经历几番磨炼的。首先心理必须强大；其次是努力，不断提高自己的水平；最后要有机遇。举个简单的例子，人们都说李晓勇是大器晚成，而赵继伟是年少成名，为什么？就是因为全运会设置了小男篮，赵继伟抓住了这个机会打出来了。所有的因素综合在一起，才能成就一名优秀运动员。

对话接君：
这个冠军，我们等了太长时间

笔者：接哥，你从职业化开始一直为辽宁队效力，20 多年了，夺冠后感触很深吧？

接君：是啊，这个冠军，我们等了太长时间。最早的 3 个亚军，2008 年的亚军，还有打北京和四川的总决赛，真的太不容易了，经历了太多事。夺冠的时候，我都哭了，为辽宁队高兴，也为所有辽宁的篮球人感动。

笔者：说说韩德君，他出道时，一直到走上巅峰成为内线核心，都是你负责他的训练。

接君：大韩其实也很不容易，克服了很多次伤病，其实很多场比赛，他都是带伤打比赛。我觉得他现在最好的是心态，以前技战术方面已经非

常好了，但心理还是不太成熟。现在完全不一样了，做得非常好，有霸气，有统治力，很好地鼓励队友，尤其是头脑更清楚、更灵活。希望他保持现在的状态，为辽宁队多拿几个冠军。

笔者：说说你的兄弟郭士强，你们搭班子带领辽宁队征战好多年，如何看他？

接君：郭指导最大的优点是人品好，业务能力更没得说。通过这些年的征战，我在他身边，通过训练、比赛、生活，见证了他从少帅变成名帅的过程。恭喜我的兄弟，也希望他再接再厉，为我们辽宁男篮创造更多的辉煌，祝福他。

对话郑永刚：
我们老辽宁队的那批队员，总有热乎劲

笔者：郑指导，上次您让大家熟知，还是去年全运会带广东青年队夺冠时刻。

郑永刚：是啊，最近几年在准备天津全运会的比赛，一直在带广东队，最后的结果还挺好，算是给这几年苦练一个满意的交代吧。

笔者：你这些年一直带青年队吗？

郑永刚：我从吉林队退役后就留在长春了，带吉林青年队，后来去中国青年篮球特训队，再后来带了湖北男篮成年队，但大部分是在青年队工作。

笔者：作为辽宁男篮三连亚时期的神投手，还关注辽宁队吗？

郑永刚：肯定关注啊，我是辽宁人，家乡球队哪能忘了。其实在辽宁队拿到最后一个亚军，就是 1999 年之后，我伤挺重的，养伤之后，状态下滑太快，很无奈转会到吉林队了。走南闯北这么多年，20 多年了，我对辽宁的感情一直没变。我们老辽宁队的那批队员，现在也总联系，关系还是像当年一样，总有热乎劲。

笔者：谈谈这次辽宁男篮夺冠吧，你怎么看？

郑永刚：实至名归，无可挑剔。在郭士强指导这么多年的调教下，这支辽宁队非常强，我说的不仅是强硬的球风，多变的战术，他们打比赛的心态和气势，目前是国内篮坛最好的队伍。为他们高兴，作为辽宁人，由衷地自豪。希望他们在未来有更大的发展，取得更好的成绩。

对话王守强：
晓旭都夺冠了，比我强啊

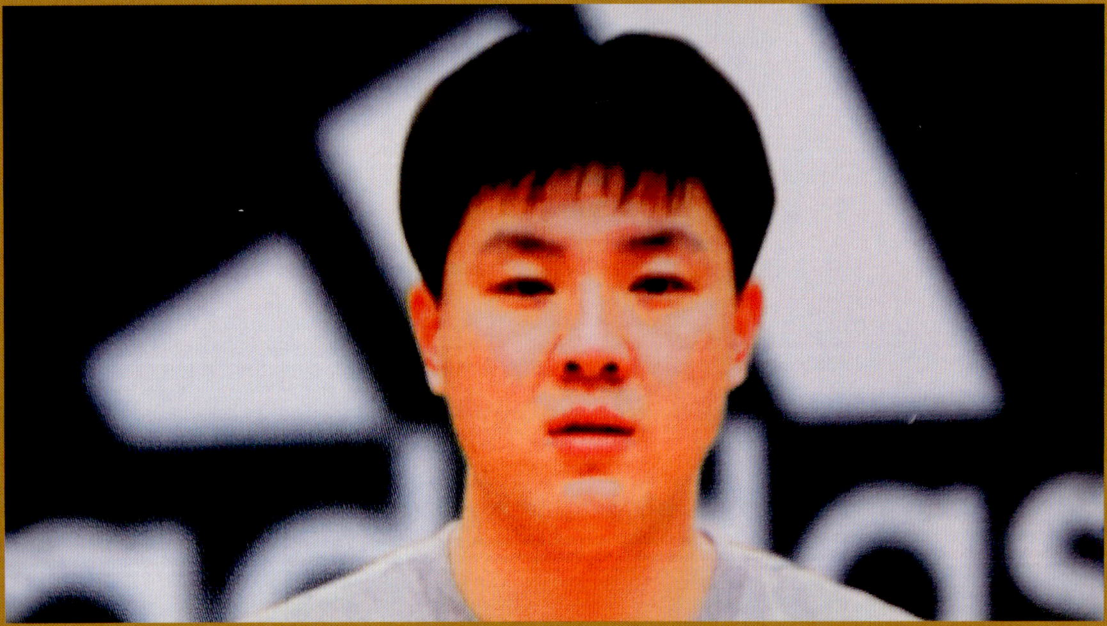

笔者：强哥，好久不联系，看辽宁队的比赛了吗？（注：王守强全家已移民国外）

王守强：有时差，但通过手机直播，比赛基本都看了。恭喜辽宁队夺冠，祝福。

笔者：你觉得辽宁队最大优势是什么？

王守强：霸气，有股天王老子也要拉下马的气势，非常好。还有就是基本功扎实，无论是外线队员，还是内线队员，在体能练好的情况下，动作运用非常合理。我以前带辽宁青年队时，就总和队员说，想打好比赛，必须练好基本功，连最基本的投篮、三步篮、贴身防守，都没练好，怎么

打比赛。现在的辽宁队，应该是各个小队学习的榜样，真的非常好。

笔者：作为三连亚时期辽宁队的主力大前锋，谈谈现在和你一样位置的外援巴斯，还有李晓旭。

王守强：巴斯身体太好了，非常硬，打得坚决，半截篮准，挡拆做得也好，他非常适合辽宁队的战术体系，在目前的CBA，他绝对是顶级外援。晓旭进步非常大，以前都说他的防守好、篮板好，其实他的进攻，尤其是跟进补篮这一项，很好，还有就是半截篮、三分也打出来了。

笔者：和你当年的比，他们如何？

王守强：人家都夺冠了，比我强啊（大笑）。希望巴斯能留队，加上李晓旭、韩德君，我们辽宁队的内线谁也不好使，绝对的联赛最强内线。

笔者：回辽宁次数多吗？回来看看父母和朋友吗？

王守强：当然要回家，看看父母，会会朋友。给家乡球迷带好，请大家多支持我们辽宁队。

35

第七章 7
CHAPTER

建王朝

"希望以后越来越好，创建我们队的王朝。"

这是很简短的一句话，当卫猛在新闻发布会现场说出这句话的时候，很多人的第一反应竟然是惊愕，然后则是响起了一片善意的笑声和掌声。之所以惊愕，很大原因是人们总以为提出"王朝"这样的口号，总应该是出自主教练或者是球队中当家球星的口中，而当这两个字从卫猛这样的角色球员，甚至可以说是"饮水机管理员"级别的球员口中说出时，多少会给人带来一点抢戏的感觉。

卫猛是谁？为什么是卫猛？

“当你没有获得过冠军的时候，冠军就是你的目标；但当你获得冠军之后，目标就一定会是下一个冠军。人不会因为一次冠军就满足，这是竞技体育的必然规律。”这段话，是在辽篮夺得总冠军之后，身为前辽篮球员、主教练的吴庆龙发出的一番感慨。

的确，对于辽篮来说，这个冠军不仅仅是这一批球员奋斗的结果，更个承载了 23 年来无数代辽宁篮球人的心血与期盼。在经历了如此漫长的积累与奋斗之后，一个总冠军绝不会令他们轻易感到满足。

就如同吴庆龙所说的，当辽篮终于成为一支总冠军级别的球队之后，他们依然会有更高的追求，比如最现实的一个目标，那就是能否在接下来的几年时间里，再寻突破，建立起一个属于辽篮的“王朝时代”。

当然，想要建立王朝并不是一件容易的事情，尤其是在最近几年的 CBA 中，已经连续三个赛季诞生了新的总冠军球队，而且每一支总冠军球队在接下来的第二个赛季中，都没能重新回到总决赛的舞台上。这样的现状，足以说明 CBA 已经进入了一个群雄逐鹿的时代，任何一支球队想要持续地保持对总冠军的冲击，都不是一件很容易的事情。

辽篮上下的每一个人，也都很清楚这个目标的难度，绝对不比夺得首冠要容易，甚至只有更难。不过，在夺冠之后那天晚上，出乎很多人意料的是，第一个谈起“王朝”这个概念的人，竟然会是一直处于球队板凳席末端的替补球员卫猛。

“希望以后越来越好，创建我们队的王朝。”

这是很简短的一句话，当卫猛在新闻发布会现场说出这句话的时候，很多人的第一反应竟然

是惊愕，然后则响起了一片善意的笑声和掌声。之所以惊愕，很大原因是人们总以为提出“王朝”这样的口号，应该是出自主教练或者是球队中当家球星的口中，而当这两个字从卫猛这样的角色球员，甚至可以说是“饮水机管理员”级别的球员口中说出时，多少会给人带来一点抢戏的感觉。

但没有人怪卫猛抢戏，甚至在我看来，由卫猛来率先捅破“王朝”的概念，应该是一个最好的选择。因为辽篮如果真的渴望建立一个属于自己的王朝，或者说在未来很长一段时间里仍旧保持着对于总冠军的冲击力，那么卫猛在其中起到的作用不可忽视，或者更为准确地说，是卫猛这样的球员背后所象征着的意义，对于辽篮其实是格外的重要。

……………………………………

卫猛并不是一个典型的辽宁球员，他甚至不是土生土长的辽宁人，也不像丛明晨那样从小来到辽宁的梯队接受培养。出生于河北唐山的卫猛，是一名成长于大学校园的篮球运动员，在2012 年的大超联赛上，卫猛场均能够贡献 21.8 分、12.5 个篮板外加 2.8 次盖帽，并且率领天津工业大学最终夺得了总冠军，还获得了总决赛 MVP 的称号。值得一提的是，那一年的大超总决赛上，卫猛所击败的东北大学阵中，就有他未来加盟辽篮后的队友刘志轩。

在 2013 年，卫猛因为在大超联赛中的出色表现，卫猛第一次入选了国字号级别的球队——中国大运会篮球队，并且参加了 7 月份在喀山举行的大运会。那一届大运会上，虽然中国大运会男篮的成绩并不太好，但卫猛作为球队的主力中锋依然是表现最为抢眼的人物，他在总共 8 场比赛中，场均能够得到 7.6 分 5.9 篮板。尤其是最后 2 场比赛，他分别砍下 19 分 11 篮板和 12 分 12 篮板，展现出极佳的个人潜力。

在大运会结束不久，辽篮突然宣布签下了卫猛，将这名来自大超联赛的内线悍将收入阵中。这个消息在当时也产生了不小的震动，因为这是辽篮第一次主动签约非辽宁籍球员，这也被很多人视为辽篮从俱乐部层面开始打破以往“自给自足”的梯队输送模式，开始尝试多种途径来丰富球队阵容。毕竟在当时，大学联赛已经开始逐渐成为 CBA 的一条输血线，就拿卫猛所在的天津工大来说，在此之前就已经有张春辉和翟小川进入了 CBA 联赛。

辽篮当时能够也在大学篮球界挖掘人才，虽然有些令人出乎意料，但也算是情理之中。毕竟在那一段时期里，辽篮正面临着一个非常尴尬的境地，就是外线人才过剩，而内线人才匮乏。这已经是困扰辽篮很多年的一个问题，尤其是在谷立业和刘相韬退役之后，本土内线球员只剩下韩德君、李晓旭和廉明三个人，从一支球队的阵容结构来说，这是绝对不够的。为此，辽篮甚至尝

试过在当时的“摘牌大会”上摘下了青岛队年轻小将王庆明，但最终发现这种方式并不理想。

当然，很多人在当时忽略了一个很重要的细节，那就是卫猛其实并不是第一个辽篮从大学校园中挖掘出的球员。在此之前还有一个非常著名的案例，那就是从武汉理工大学挖掘出了后来成为 CBA 顶级内线的“功夫熊猫”韩德君。

在卫猛加盟辽篮之后，其实在短期内并没有给辽篮带来太大的帮助，毕竟从大学联赛过渡到职业赛场，这种变化并不是每一个大学生球员都能够很好地适应，尤其是对于卫猛来说，他在大学联赛中可以依仗身高的优势在内线翻江倒海，可是到了职业联赛中，身体对抗上就不再具备优势，而且因为没有从小在专业梯队中接受训练，卫猛在战术环节上也和那些青训出来的球员有很大差距。

比如辽篮通常有十六七套的固定战术需要球员背下来，那些从小在梯队中练出来的球员，几乎一听到战术指令就能凭借本能反应开始往正确的位置上跑。但是对于卫猛来说，他首先需要经过一个下功夫背战术的过程，然后在没能将这种记忆和身体之间的关联形成本能之前，他在场上跑战术的时候必然会出现一些延迟。

这些困难，是卫猛在进入 CBA 后必然面对的挑战，但幸好他足够努力和勤奋，在过去的几个赛季中，还是可以明显看出他的成长与进步，虽然目前他还不是那种可以独当一面的球员，但也足以在一些特定的场次中，帮助内线分担很重要的任务。

比如在本赛季主场迎战浙江队的比赛中，在韩德君缺阵的情况下派出了卫猛首发，结果收到了奇效，卫猛在第一节中就一口气拿到 8 分，帮助球队迅速打开了局面；到了季后赛，虽然卫猛出场机会不多，但是一旦出场也总能收到很好的效果，和北京队的 G3 大战，就是因为卫猛在首节中突然登场，有篮板有抢断还有得分，一时间让原本状态出色的北京大外援汉密尔顿都有点发懵。

卫猛在球场上的成长与进步固然可喜，但更为重要的是从他的身上，让外界看到了辽篮打破传统，开始尝试通过更多的渠道来构建球队，这种变化对于辽篮这种与体制合作下的老牌球队来说，有着很重要的意义。尤其是在这个夺冠的赛季当中，他们又进行了一笔罕见的球员交易，从吉林队引进了内线球员钟诚，大大地加强了内线的轮转厚度，这也是他们最终能够成功夺冠的一个重要因素。

在未来，辽篮如果想要继续保持对总冠军的冲击力，势必还需要根据每个赛季的不同情况，对阵容做出适当的调整。一方面，需要卫猛这样的球员继续保持进步，能够给球队带来帮助；另一方面，也需要辽篮更为积极地去尝试寻找下一个“卫猛”或者“钟诚”这样的球员，让球队能够始终保持有新鲜血液的补充。

……………………………………

在卫猛提出了“王朝”这个概念之后，也有记者顺势将这个问题抛给了郭士强——辽篮能否创造一个属于自己的冠军王朝?

面对这个问题，郭士强回答说道：“首先最重要的一点，就是要把这些优秀的球员继续留在辽宁，只有这样才能继续创造辉煌。”

在八一队和广东队的时代结束之后，CBA 联赛中已经很难再有这种八冠王朝，在近年来北京队四年三次总冠军就已经可以算是一个比较成功的王朝时期，当然这也受益于当时那几年里北京队始终保持着一个稳定的阵容构架。

在这一点上，其实对于辽篮来说并不算太难，毕竟辽篮和其他 CBA 球队相比有一个最大的特点，就是其民营与体制共建的模式，在辽宁省体育局的鼎力支持下，辽篮的本土阵容始终非常稳定。本赛季结束之后，赵继伟、李晓旭和贺天举都将面临续约，这也是俱乐部接下来的首要工作，不过相信最终留住这批球员应该没有什么问题。

同时，本赛季夺冠之后，很多人都评价这支辽篮是史上最佳，但事实上他们还远没有达到自己的最好状态。比如李晓旭和贺天举这两人，在本赛季都是经历了大伤之后回归，状态远没有恢复到自己的巅峰。如果下赛季两员大将都调整到更好的状态，势必能够给球队带来更多的帮助。

再加上赵继伟、丛明晨这样的年轻球员，他们本身在年龄上就有很大优势，正处于“涨球”的年纪，未来也有很大的上升空间，经历这次夺冠之后，也会给他们的个人实力带来很大提升，同时也迎来更多的机遇，比如丛明晨就已经再次入选了国家队的集训名单。

当然，这也要确保留住两名功勋外援，无论是合作了四个赛季的哈德森，还是本赛季刚刚加盟的巴斯，都已经证明了自己是非常适合辽篮这个体系的球员。幸好 CBA 目前已经有优先续约条款，这让辽篮在续约两名外援的时候能够占据很大的主动。

辽宁
辽篮
不可挡
沈阳球迷
辽篮
回家真好

综合这些因素来看，如果能够完整地保留下夺冠阵容，辽篮的整体实力非但不会下降，反而还会有增长的可能，因此在接下来的几个赛季里必然有足够的实力去继续向冠军发起冲击！

如果从更为长久的角度来看，辽篮想要长远地保持住自己在联赛中的竞争力，不因为某一批球员的退役而产生整体实力的大落差，那么在保留住球队的夺冠阵容之余，也要继续巩固自己的梯队建设，好让新鲜的血液能够随时补充到团队当中。

事实上，辽篮在最近几年里已经开始为长远发展进行布局，比如将球队内一批有潜力但暂时无法打上球的年轻球员租借出去，获取锻炼的机会。尤其是在上个赛季，将高诗岩租借到吉林队，让这名在星锐赛上大放异彩的小将得到了长足的锻炼，进而在不久前入选了国家队的集训名单。随着下个赛季杨鸣可能退役进入到教练组中，高诗岩也很有可能被召回辽篮，保持球队在后卫线上的阵容优势。

当然，相比于后卫线上近乎“过剩”的人才储备，辽篮更为令人担忧的是内线的情况，毕竟在过去几年里辽宁在基层苗子上的流失格外严重，导致在去年全运会的青年组比赛中已经非常明显地可以看出内线乏力。

不过面对这种情况，辽篮也并非毫无对策，前面提到的卫猛，甚至更早些时候的韩德君，都已经可以看到俱乐部层面早已开始打破了以往辽篮球员全部从体育局青训中提拔上队的传统，对球队未来的人才贮备做两手准备。除了从大学联赛引进球员，辽篮更是开始按照职业化模式去从其他球队引进球员，比如从吉林交流来钟诚，可以说这些操作都很好地弥补了球队目前内线轮转上的薄弱环节。

其实，无论是体育局还是俱乐部，都在尽量挽回过去几年基层人才流失的局面，新一届全运青年队已经收罗了不少适龄才俊，俱乐部也积极地四处挖掘、储备年轻的人才。目前，多名1999—2000年龄段的“潜力股”已经加入到了辽篮的人才库中，尤其是其中包括几名身高条件非常好的苗子，相信在经过两到三年的悉心培养之后，很快将出现在球迷们的视线当中，为辽篮建立自己的王朝添砖加瓦。

对话卫猛：
未来一起建立王朝

笔者：你加入辽篮五个赛季后，终于和球队一起拿到了总冠军，对你来说是怎样一种感受？

卫猛：是的，我加入辽篮的时间不算长，但也经历了这四年里的 3 次总决赛，可以说总冠军是每一个职业球员的梦想，如今能够实现梦想，我觉得很开心，也感到很幸运。

笔者：在联赛中，你的出场机会并不多，但每当有机会出场总能给人留下深刻的印象，你是如何做到的？

卫猛：作为一名替补球员，我也很清楚自己的职责，时刻在场下做好准备，只要需要我上场的时候，肯定就会拿出百分百的状态去完成教练的

布置，尽可能地给球队带来一些帮助。

笔者：在实现总冠军的梦想后，对于未来还有什么样的期待？

卫猛：当然，总冠军不会是一个终点，我希望这支球队能够在未来越来越好，建立起一个属于我们自己的王朝。

曾经是中国的重工业基地，曾经在中国篮球、中国足球乃至中国体育的版图上占据了半壁江山，正如“85后”辽宁人、新华社体育记者林德韧在《回不去的家乡，辽篮为我们点亮灯塔》中所写：

在总决赛第三战以后，广厦队主教练李春江很动情地谈起了家乡辽宁，他说，在外漂泊了40多年，辽宁依然是他的家乡。他用了“漂泊”这个词，这也是辽宁游子们的心声。我们漂泊在外，对于故土的感情反而更加难以割舍。辽宁人身上有着漂泊的基因，因为在东北的大部分人都是从全国其他各地迁移过来的。爷爷奶奶这一辈是从山东闯到东北的，奶奶提到山东，总会说是“关里家”，过了这么多年，奶奶依然没有改掉山东的乡音，依然觉得，关（山海关）里，才是家。我们也一样，不管身在何方，少年生活的故土，才是家。

23年的CBA联赛史，辽篮终于实现了总冠军的突破，而为之流泪，为之哭泣，希冀辽篮重建王朝的又岂止是4300万辽宁人？

在卫猛公开表达了希冀后，且看辽宁的篮球人又怎么说。

CBA
2017-2018中国
CBA
2017-2018中国

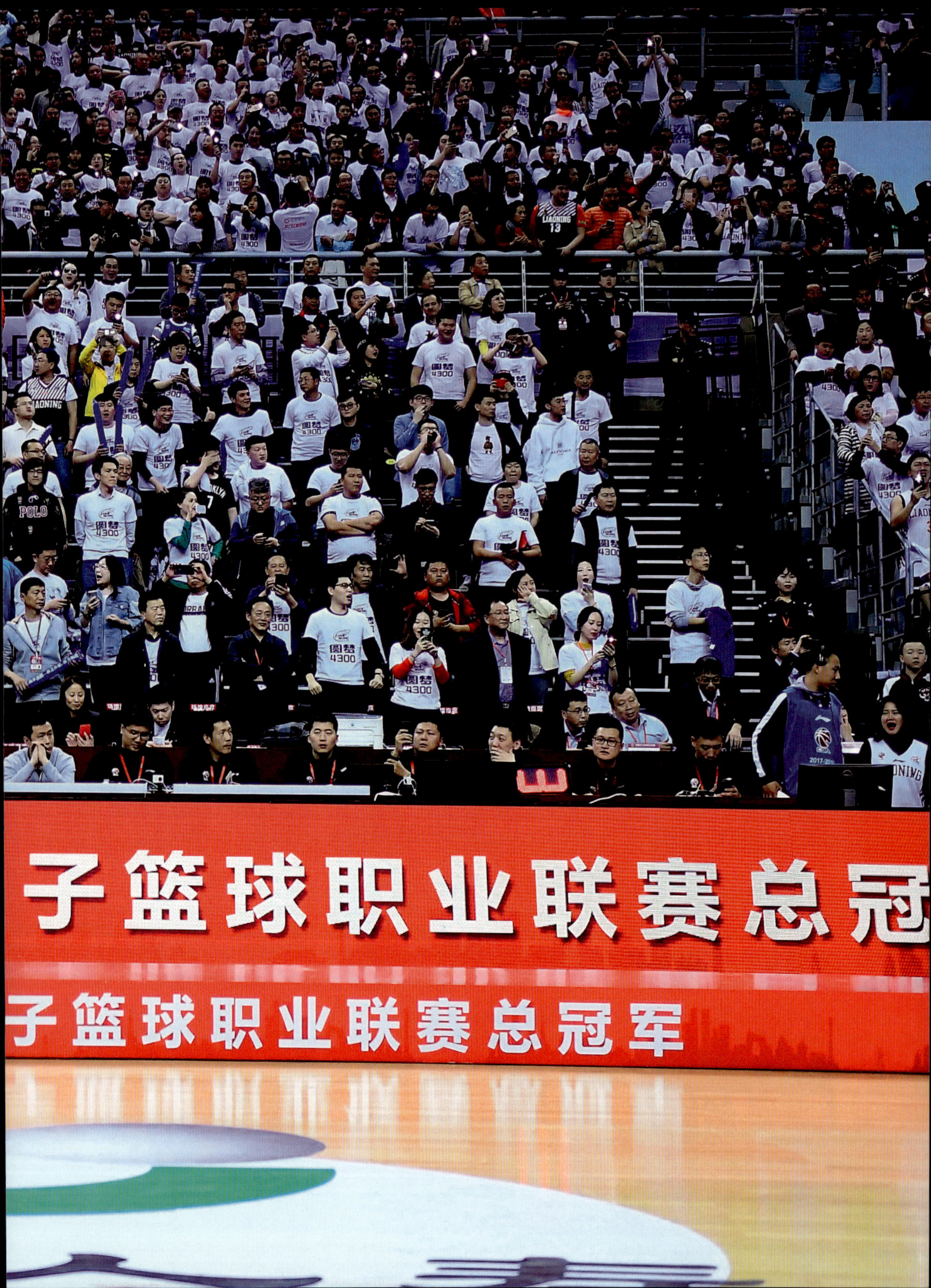
子篮球职业联赛总冠
子篮球职业联赛总冠军

对话辽宁衡润飞豹篮球俱乐部总经理 李洪庆

这几年辽篮变得更加成熟

笔者：李总您好，您觉得辽篮在今年夺得总冠军对于辽宁来说有着怎样的意义？

李洪庆：23年了，在此刻东北经济较为低迷的状态下，夺得了总冠军，对一座城市，一个地域来说，相信会带来一种积极向上的正能量。它会成为每一个辽宁人或者是喜爱辽宁队球迷朋友们在生活中一种独特的庆祝方式，也会激励他们在各自的工作岗位上不断努力。我想辽篮的胜利会给他们带来积极向上、永不言败、拼搏的精神。对于辽宁队来说，这个意义可能比我们夺得一个冠军、赢得一场比赛的胜利要更重大一些。

笔者：这个总冠军同样是球队和俱乐部渴望已久的，这个过程中付出了怎样的辛苦？

李洪庆：大家都知道郭指导对这冠军的渴望，其实俱乐部投资人刘景远对冠军的渴望更为强烈，衡业集团2011—2012赛季接手当时濒临降组的辽宁男篮，之后制定了三年打基础五年冲冠军的目标，2014—2015赛季终于站在了总决赛的赛场上，但是连续两年都铩羽而归！在最近几年里，俱乐部持续地追加投入，目的就是为了保留这批国内最好的球员班底，实现夺取联赛冠军的目标。在本赛季开赛之前，刘总特别表示：为了夺取冠军，只要是球队需要，不惜一切代价！只要能对辽篮夺冠有帮助，不管外援身价多高，尽管去签。正因为有刘总的大力支持，才有今天的完整阵容。

笔者：您觉得辽篮能在今年拿到总冠军，最大的优势是什么？

李洪庆：对于一支运动队来说，要想取得好成绩，所有细节都需要把控，不是说队员是顶尖的就一定能取得好成绩，特别是对团体项目来讲，必须需要一个队伍的团结，上上下下每一个环节都不能出现任何问题。其实每家俱乐部都有自己的特点，客观上讲，二十家俱乐部都有自己的优势存在。我觉得最明显的就是球迷的热情与忠诚度，可以不夸张地说，全国只有辽宁队在主客场比赛都能听到为球迷主队加油的呐喊声，有的很多客场地方甚至比主队球迷的呐喊声还要响亮。

笔者：您觉得在最近这几个赛季里，球队最大的变化在什么地方？

李洪庆：今年球队最大的变化就是成熟了。团结一直是我们球队的特性，但是队伍的成熟度不是通过一年两年就可以培养出来的。而现在，可以说我们这支队伍是一个成熟的团队。第一，运动员成熟了，无论是从年龄上还是心智上，都成熟了；第二，教练员成熟了，郭志强从一个少帅变成满头白发的中年角色，经历的比球员经历的更多，他也成熟了；第三，俱乐部成熟了，在经历了媒体的质疑，球迷的质疑，教练的质疑等等，俱乐部变得更加成熟；第四，辽沈的媒体成熟了，这些年来，球队经历的成功也好，失败也罢，媒体起到了很大的推动作用，在这个过程中，他们也成熟了；第五，球迷成熟了，以前输一场比赛，球迷情绪可能就会比较激进，现在，在球迷文化建设上我们也成熟了。这些成熟也使得我们今年的成绩有了些变化。

笔者：夺冠之后，俱乐部下一阶段的目标会是什么？

李洪庆：下一步我们的目标是继续保持现在的成绩，毕竟打江山容易坐江山难。但目前来说，我们现在队伍的稳定性是最好的，因为没有太大的出入。巴斯和钟诚虽然是今年刚加入我们的，但是已经初步融入了队伍当中。下一步需要他们能够与队伍融合得更为默契。所以在这方面，我们还会进行一些调整，但是在其他大方面的改动应该不会有了。

笔者：您是否考虑过将辽篮打造成一家顶级职业篮球俱乐部？

李洪庆：由于各地方不同，球队文化不同，地域文化不同，在打造俱乐部的过程中，肯定会有一些不同的地方。其实所谓的顶级俱乐部，就是要有一些先进的管理经验和管理制度，在这点上我认为可以借鉴国内的足球俱乐部，他们职业化程度比较高，相对而言比较成熟，有成功的经验。另一个就是NBA，NBA在球队的具体运营和管理上的科学方法我们可以去借鉴，但是在具体实践操作过程中，由于地域不同，需要做一些调整。

笔者：那么在俱乐部的运营上，我们遇到的最大问题是什么？

李洪庆：最大问题其实还是人的问题，所谓的人，就是人才。在我管理俱乐部的过程中，我们整个团队很不错，但是由于地域和其他原因，还是遇到了一些瓶颈。如果想发展到先进俱乐部的层面上，人才必不可少，拥有先进运营、管理俱乐部的人才。而现在东北地区面临着严重的人才外流，在这方面，一直是我们遇到的一个比较大的问题。至于谈到如何将人才吸引回来，目前存在这样几个问题，一是人才愿不愿意来，二是在这样一个大势所趋的环境下如何留住人才？这些问题还有待解决。

对话辽宁衡润飞豹篮球俱乐部董事长 刘景远

辽篮夺得总冠军是水到渠成

笔者：刘董您好，辽篮在四年三进总决赛后，终于夺得了总冠军，这是否符合您的预期？

刘景远：在俱乐部的持续投入下，辽宁男篮近年来的阵容呈现出国内球员数量多、水平高、年龄结构合理，外援特点鲜明、针对性强等特点。再加上主教练郭士强对队员非常了解，制定了成熟的战术体系，在四年三进总决赛后举起CBA冠军鼎自然水到渠成。

笔者：都说辽篮这套冠军班底已经非常成熟，您是如何打造出这样一套阵容？

刘景远：为了留住这些全国拔尖的优秀球员，俱乐部做了很多工作，韩德君、哈德森、郭艾伦等重要球员陆续完成续约。同时，俱乐部也以培养更多人才为出发点，帮助赵继伟成长以及把高诗岩交流到吉林，这些有助于球队的持续发展。

笔者：在夺冠的过程中，也感受到了社会各界对于辽篮的支持，您对此有着怎样的感受？

刘景远：确实，辽篮能够获得冠军除了加强球队自身建设外，也少不了社会各方的支持，在这里我特点要感谢本溪市委市政府，可以说是举全市之力无私奉献与帮助球队。尤其是本钢集团，是本钢给予了辽篮俱乐部和球队良好的参赛环境和特别支持，是你们帮助我们不断强大。七年的并肩作战，不离不弃的支持呐喊，一如既往的鼎力支持，毫无保留的全情倾注，我想对本钢集团和本溪人民说，辽篮人和喜爱辽篮的球迷朋友们不会忘记你们的！当然，辽篮夺冠也离不开辽宁省体育局在业务上的帮助与指导，以及在后勤保障方面的大力支持。

笔者：从辽宁省体育局的角度，还给球队带来了哪些和以往不同的帮助？

刘景远：这个赛季开始前，我们也找到辽宁省体育局，聘请了体育局的竞赛专家韩伟民参与到球队的训练和比赛当中。在韩伟民的帮助下，球队教练组将夺冠的总目标分解成一个个具体的计划，对可能预见到的主客观困难都做出了周密的预案。从制订赛季夺冠计划，到按照计划按部就班地逐个推进，回头来看，周密的安排发挥了应

有的作用。

笔者：那么在夺得这个总冠军之后，您对接下来的俱乐部还有怎样的规划？

刘景远：首先我们终于圆梦了，这期间遭遇了很多困难，不过我们都挺过来了。接下来我们将持续加大投入，争取建立属于辽篮的王朝！上赛季我说过，为了夺取冠军，只要是球队需要，不惜一切代价！只要能对辽篮夺冠有帮助，不管外援身价多高，尽管去签。下个赛季如果球队认为有需要继续补强的位置，我还会继续支持。

笔者：除了着眼联赛之外，辽篮也激励了很多青少年投身篮球运动，俱乐部在这方面有怎样的计划？

刘景远：辽宁男篮在夺冠后，会有更多孩子因为喜爱辽宁队的拼搏精神，喜爱上篮球并更加积极地投入到篮球运动当中。我们也计划在接下来几年里，与一些学校建立一些良好的互动关系，能使辽篮精神和篮球普及程度达到一个更高的水平。像这几年，我们在青少年培养上投入的力度也在逐年加大。仅2018年，已有30多名15~18岁的年轻球员经过层层选拔进入到辽篮的梯队。下一步，他们中的精英还有可能由俱乐部资助前往美国和欧洲学习训练。现在2005年、2006年出生的孩子的选拔工作我们也开始着手去做，我想只要认认真真、踏踏实实地搞青训，未来一定会看到一个好的结果，辽宁也将持续为中国篮球输送优秀人才。

对话辽宁省体育局党组书记、局长 宋凯

辽篮夺冠证明现行体制是正确的

笔者：宋凯局长您好，您是如何看待辽篮成功夺取CBA总冠军？

宋凯：应该说辽篮能够在四年内三次杀入总决赛，终于在第三次的时候拿了总冠军，这反映我们目前辽篮这种运行的体制、机制，是非常正确的。从这次夺冠来看，主要的工作在俱乐部，但是辽宁省体育局、本溪市委市政府、沈阳市委市政府，也都给予鼎力支持，可以说整个辽宁体育都是在省委省政府的领导下，取得了很好的成绩。

笔者：您觉得辽篮现行的这种体制是一种优势吗？

宋凯：因为我也分析了其他一些职业俱乐部的情况，我感觉辽篮目前这种体制，是比较符合国情和省情的，既借助了企业和社会的力量，同时又依靠政府的坚强有力的领导，使我们这支球队，非常平稳地保证训练，保证俱乐部在目前辽宁经济环境下，生存的空间比较大。

我始终有一个观点就是，职业体育一定要有三个支架：一个是政府支架，以体育局为代表；一个是社会支架，俱乐部、企业的鼎力支持；另一个是市场支架。这三条腿都支起来了，这个队伍就会非常好。而且在行政办体育的原有体制下，辽宁的青训也是全国知名的，各个项目都是，业训搞得也比较好。在新的历史时期，尤其是职业俱乐部成立之后，辽宁也在探索一种新的模式，我觉得从我个人来讲，这种三支架一体的模式，目前为止是最符合中国国情，也是符合辽宁省情的。

笔者：辽篮夺冠的同时，我们也注意到辽宁籍球员在CBA中占据很大比例，您也曾经说过，辽宁体育会不断为中国体育贡献人才，那么以篮球为代表，辽宁在体育人才上的培养有哪些独特的举措？

宋凯：我感觉考察辽宁后备人才培养，应该从全国的范围来审视它，而不是仅仅在辽宁的地域上审视它。我们也总结过，在CBA赛场上一共有46名辽宁籍球员，足球更是有90多人。作为辽宁省来讲，毕竟需求的顶尖人才是有数量限制的，一个球队最多12个人，再多也就是15个人，那么还有人才就得放进市场让他流动，促进人

才的培养，这是个良性的循环，如果处理得好，你就能够培养更多篮球人才。

这个作为辽宁来讲，一直在利用我们比较优厚的待遇，利用我们有前景的事业，利用我们良好的训练氛围，来吸引辽宁的优秀运动员。甚至外省的运动员，也来到我们这里加入训练中。当然如果我们没有看中，或者人家觉得还有更好的发展，我们也会提供这个平台，都是为中国体育做出更大的贡献。

实际上我一直有一种观点，就是辽宁体育一定要敞开心胸，实际上这种市场流动也是势不可挡的，你挡也挡不住，与其这样还不如敞开心胸，拥抱市场，让大家都来共同发展中国体育的基础业余训练，如果处理得好，也会是良性的循环。

笔者：这次辽篮夺冠，可以说在一段时期内，营造出一种氛围，通过辽篮这个载体，将全省人民拧成了一股绳。您觉得辽篮精神对全省振兴有怎样的意义？

宋凯：辽篮夺冠在目前辽宁经济社会的发展中主要起到三大作用。第一个是“强身体”，大家都知道“发展体育运动，增强人民体质”这句话，辽宁人身体好，靠的是积极开展体育工作，让大家能够加入体育锻炼的洪流中，获得一个好的身体。

第二个方面是精神层面，叫“鼓干劲”。有个浙江的记者来到沈阳后说过，“你不到沈阳来，你感受不到辽沈人民对于这个冠军的渴望，大街小巷都能看到为辽篮加油的口号，男女老少都在议论辽篮”，这是一个很好的鼓舞社会民众士气的载体，所以辽篮通过这四年不断地向总冠军发起冲击，可以说除了带动球迷这种观看篮球的热情之外，更重要的是通过这个实践证明了“辽宁人，行！”，辽宁人在各行各业都能行，所以这个在辽宁振兴的过程中意义非常重大。

第三个方面是“促振兴”。为什么这么说呢，现在我们说的体育，在现行市场经济下它是一个体育产业，我们统计辽宁人均的体育消费在全国排第六，现在体育产业的总量在全国是第八，辽宁还有很大的潜力。所以我觉得通过辽篮在职业联赛上夺得总冠军，把辽宁体育消费、体育市场的这个水试探出来，我们还有很大的潜力和上升空间，那么辽篮夺冠可能在辽宁经济振兴的过程中起到独特的作用。

作者简介

我们是冠军——辽篮冠军之路全纪实

出　品　人： 刘景远（辽宁衡润飞豹篮球俱乐部投资人）

策　划　人： 李洪庆（辽宁衡润飞豹篮球俱乐部总经理）

策划执行人： 王　宏（辽宁衡润飞豹篮球俱乐部新闻发言人）

作者介绍：

刘　放

沈阳人，70 后，资深媒体人，大连外国语大学毕业，2001—2005 年供职于《球报》，2006 年起至今供职于《辽沈晚报》，历任体育记者、编辑、部门主任，关注中国篮球、辽宁男篮 20 余年。

高　鹏

资深体育媒体人，现供职于《辽沈晚报》，2008 年开始接触体育新闻报道，2012 年转职为篮球专项记者，跟随辽宁男篮报道 CBA 联赛至今，亲历辽宁男篮从崛起到夺取全运会冠军、CBA 总冠军全过程。

张文魁

1976 年生人，现供职于《沈阳日报》，辽宁男篮随队资深摄影记者。参与多届全运会、亚运会报道，从 2003 年第九届男篮亚锦赛开始，一直报道 CBA、亚锦赛、亚运会、斯坦科维奇洲际篮球冠军杯（斯杯）等多项赛事。

数据提供：

朱　俊

CBA 数据专家，收集、整理联赛数据超过 20 年。

作者简介

我们是冠军 ——辽篮冠军之路全纪实

出　品　人： 刘景远（辽宁衡润飞豹篮球俱乐部投资人）

策　划　人： 李洪庆（辽宁衡润飞豹篮球俱乐部总经理）

策划执行人： 王　宏（辽宁衡润飞豹篮球俱乐部新闻发言人）

作者介绍：

刘　放

沈阳人，70 后，资深媒体人，大连外国语大学毕业，2001—2005 年供职于《球报》，2006 年起至今供职于《辽沈晚报》，历任体育记者、编辑、部门主任，关注中国篮球、辽宁男篮 20 余年。

高　鹏

资深体育媒体人，现供职于《辽沈晚报》，2008 年开始接触体育新闻报道，2012 年转职为篮球专项记者，跟随辽宁男篮报道 CBA 联赛至今，亲历辽宁男篮从崛起到夺取全运会冠军、CBA 总冠军全过程。

张文魁

1976 年生人，现供职于《沈阳日报》，辽宁男篮随队资深摄影记者。参与多届全运会、亚运会报道，从 2003 年第九届男篮亚锦赛开始，一直报道 CBA、亚锦赛、亚运会、斯坦科维奇洲际篮球冠军杯（斯杯）等多项赛事。

数据提供：

朱　俊

CBA 数据专家，收集、整理联赛数据超过 20 年。

CHINA